新时代文化和旅游融合发展研究丛书
应用型本科院校文化旅游专业丛书
总主编：李钢　副总主编：黄渊基　杨再喜　蔡保忠

乡村振兴背景下美丽乡村建设研究

黄渊基　郑毅◎著

北京·旅游教育出版社

新时代文化和旅游融合发展研究丛书
应用型本科院校文化旅游专业丛书

编委会

编委会主任：李　钢　黄创霞

编委会副主任：李常健　何福林　陈灿军

编委会委员：黄渊基　杨再喜　谢韶光　潘清远　姚先林　蔡保忠

　　　　　　李晓红　刘　进　黄　萌　吴翠燕

编委会成员（以姓氏笔画为序）：

　　　　王　丹　王　跃　刘幼平　刘旸沛筠　刘　辉　李爱军

　　　　李　满　肖　可　肖辉军　吴宇辉　何　真　张宝辉

　　　　张施冲　张　程　欧阳平彪　郑　毅　钟杨宇　郭莉芝

　　　　黄华勇　梁茂林　傅宏星　曾　荣　曾　旎

代序
FOREWORD

建设什么样的旅游理论体系，培养什么样的旅游人才

戴 斌

坚持以文塑旅、以旅彰文，推进文化和旅游深度融合发展，是党的二十大做出的战略部署，也是学术共同体必须回答而且必须要回答好的时代之问。习近平总书记对旅游工作做出重要指示强调：新时代新征程，旅游发展面临新机遇新挑战。要以习近平新时代中国特色社会主义思想为指导，完整准确全面贯彻新发展理念，坚持守正创新、提质增效、融合发展，统筹政府与市场、供给与需求、保护与开发、国内与国际、发展与安全，着力完善现代旅游业体系，加快建设旅游强国，让旅游业更好服务美好生活、促进经济发展、构筑精神家园、展示中国形象、增进文明互鉴。新时代新征程，我们应建设什么样的旅游理论体系？培养什么样的旅游人才？

新时代新征程，应着力构建以人民为中心的当代旅游发展理论体系

一、大众旅游全面发展，新时代需要重构学术研究的价值取向和理论意义

20世纪80年代发展旅游是为了创汇，90年代中后期聚焦于拉动消费、投资和就业，现在更加强调为了人民群众"诗与远方"的美好生活，强调文化和旅游深度融合，推进旅游业高质量发展。随着全面小康社会的建成，大众旅游进入全面发展新阶段，"吃不愁、穿不愁，还有余钱去旅游"成为城乡居民对美好生活的共同向往和刚性需求，也是

每年"两会"热词和社会各界共同关注的焦点。当代旅游是人口规模巨大的发展中国家的旅游,也是地区之间、城市之间、不同年龄段之间发展不平衡不充分的旅游,更是中国式现代化进程中精神享受和文化休闲需求持续增长的旅游。我们既要看到有人拥有丰富的旅游经验,随时都可以来一场说走就走的旅行,每到节假日就飞到世界各地度假,也要看到有人还没有去过一次旅游景区,也没有享受过一次真正意义的观光旅游。高线城市的95后开始追求个性化和多样性的旅游体验,60后则在开启康养旅居新生活,而低线城市的"小镇青年"才刚刚成为旅游初体验者,更有数以亿计的农村居民、低收入群体和行动障碍者的休闲方式仍然是几千年不变的走亲访友、晒太阳和打纸牌。直面现实可能是沉重的,更可能是灼热的,无论如何,作为一名理论工作者都不能对国家战略和人民期盼视而不见,而是应在与实践同行的过程中,系统回答"新时代旅游发展为什么"这一根本问题。

科学技术的进步,特别是数字化和人工智能,ChatGPT、Sora等大数据模型,正在深刻改变旅行方式、文化空间、旅游场景和体验内容。 多年以来,我们习惯于将山山水水的自然环境和丰富多彩的历史文化当作旅游资源的全部,习惯于将旅游业视为传统的劳动密集型、经验驱动型的传统服务业,习惯于认为政府具有信息、数据、人才的垄断优势和行政动员能力,将开大会、发文件、做规划、定标准、创牌子视为政府主导型旅游发展战略的全部。受基金项目、论著发表和考核体系的影响,理论界在范式精致化和定量研究方面配置了太多的学术资源,应用研究则更多聚焦于旅游资源开发、目的地营销和行业管理。随着社会主义市场经济体制的完善和"大众创业、万众创新"的进展,金融资本、产业资本和社会资本广泛进入旅游消费的各个环节,不同所有制、不同规模的旅游景区和度假区、旅游住宿商、旅游零售商、餐饮和休闲项目运营商、旅行服务商共同构成了生生不息的产业生态,一个投资机构和市场主体推动旅游业高质量发展的时代已经到来。大数据、人工智能和高端装备领域的科技进步让知识和技能很容易在更广泛的人群中横向传播,而不完全是自上而下的纵向传播,旅游领域正在孕育新一轮的现象级创业创新热潮。不得不承认,在投资、研发、创业、创新,包括文化、艺术、体育、科技、时尚与旅游融合发展方面,市场主体已经走在了理论工作者和专家学者的前面,行政与市场、系统与行业、官员与企业家之间的关系也在消解与重构。我们需要深刻认识并且系统回答"新时代旅游发展依靠谁"这一现实问题,并努力让更多人认识到这一点:没有充分竞争的市场,没有与新质生产力相匹配的投资机构和市场主体,就没有旅游业的高质量发展。

文化和旅游深度融合的国家战略和创新实践,是新时代建设国家旅游发展理论的现

实背景。2018年国家机构改革以来，文旅融合成为理论界和学术研究重点关注的现实课题，也是业界和媒体讨论的热点话题。受全国哲学社会科学规划办公室、文化和旅游部的委托，中国旅游研究院和全国旅游学术共同体承担了一批重大和重点课题，发表成千上万的专著和论文，提报若干资政建言成果，初步回答了为什么融、融什么、谁来融等理论问题。现在的问题是，绝大多数的学术成果还没有转化为社会影响力和产业推动力，相当多的理论问题和现实课题还缺乏基金支持，也少有理论和科研工作者"揭榜挂帅"的勇气。直面文旅融合重大需求和现实问题，用深厚的学理和社会科学研究方法推动旅游业高质量发展的高水平成果还相对不足。如果任由学术界只在期刊发表的小圈子里，为了高影响因子而加速内卷，终将面临与行政主体、市场主体和消费主体渐行渐远的危险，就算发表再多的论文，拥有再多的"帽子"和"牌子"，也摆脱不了道统不存的无力感和意义悬置的虚无感。是重回"风声雨声读书声，声声入耳；家事国事天下事，事事关心"知识分子传统的时候了，是重做"我是江南第一燕，为衔春色上云梢"知行合一启蒙者的时候了。旅游学术共同体要系统把握并务实推进"新时代旅游发展做什么"的战略选择，从理论、学术和教育诸方面推进文化和旅游在更深程度、更广范围和更高层次的融合发展。

二、国家旅游发展理论需要价值引领的勇气、学科建构的能力和持续创新的体系

坚持以人民为中心的发展理念，重构大众旅游价值取向。改革开放以来，旅游业的经济属性日益彰显，市场化和专业性程度越来越高。作为管理学科门类工商管理一级学科下的旅游管理，很容易将创汇、消费、投资、就业、资源开发、政策设计等内容作为学科建设的方向和学术研究的重点。需要反思的是，发展旅游的目标固然有赚取外汇、扩大消费、带动就业等经济功能，也有稳定预期、提振信心、国泰民安的情绪价值，还有促进人的全面发展、城市更新和乡村振兴、对外对港澳台文化交流和文明互鉴的社会功能。学习习近平文化思想，研究中国式现代化对旅游业提出了哪些新要求，旅游发展在中华民族伟大复兴中扮演什么新角色，在全球文明倡议中发挥什么新作用，以及为何和如何提升人民群众包括旅游在内的精神享受和文化消费水平，是新时代旅游理论建设和学术研究的首要任务。如果只是从消费拉动和经济增长的视角研究旅游，完全以效率为导向，就会得出旅游资源和生产要素配置给高收入者并努力提升其旅游频次的结论。马克思主义经济学会告诉我们这样做的结果只能是总需求不足和总供给过剩，中国特色社会主义理论更是证明这条路行不通。只有让最大多数的城乡居民参与旅游，让"读万

卷书，行万里路"的梦想照进小康社会的现实，让"书生意气的研学、家国天下的旅游"伴随中小学生的成长，让每一位小镇青年都能有"说走就走的旅行"，才会有温暖向前的旅游中国。

培育新质生产力，推动旅游业高质量发展。新质生产力代表先进生产力的演进方向，是由技术革命性突破、生产要素创新性配置、产业深度转型升级而催生的先进生产力质态。新质生产力以劳动者、劳动资料、劳动对象及其优化组合的跃升为基本内涵，具有强大发展动能，能够引领创造新的社会生产时代。新质生产力是新时代对包括旅游在内所有产业发展方式的重构，用新质生产力对劳动者、劳动资料和劳动对象的优化组合提升旅游产业的全要素生产率。导入和培育新质生产力，推动旅游业从传统服务业转向现代服务业，非得从劳动者、劳动工具和劳动对象三个方面入手不可。在新时代旅游消费需求变迁的情境下，需要新型旅游投资机构、市场主体和新型旅游从业者来推动产业高质量发展。我们不能继续将星级饭店、旅行社和旅游景区当成旅游业的全部，也不能只是把导游、领队、讲解员、酒店和餐饮服务员、景区管理者和专家学者当成旅游从业人员的全部。随着市场边界的变化，越来越多的跨界者成为旅游业的新生力量。没有新质生产者就不会有新质生产力，我们需要具有现代思维、国际视野和专业能力的新质旅游人，特别是具有原始创新能力的企业家、职业经理人和高技能劳动者。如果不能提高2825万直接从业人员的综合素质和专业能力，再先进的科学技术也不能实现旅游产业的转型升级。我们需要导入和培育人工智能等新质生产要素，加持和赋能旅行社、酒店、民宿、旅游景区、度假区、旅游零售等传统业态。没有人工智能、高端装备和现代商业模式的赋能，我们就走不出大众旅游初级阶段陷阱。我们需要秉持"近悦远来，主客共享"的新理念，以全新的开放视野，创造出更多"旅游+""+旅游"的新业态。新质生产力与科学技术和高端装备制造密切相关，同时也要看到，没有文化的引领，没有艺术和时尚生活的加持，我们就无法将当代生活和现代文明转化成为新质旅游资源，而只会在山山水水和文化遗产等传统资源里打转转。

坚持绿色发展理念，推动绿色旅游理论创新与经验总结。我们要看到旅游业对经济社会发展和文明演化的积极影响和促进作用，也要看到诸如旅游"飞地"、过度旅游、文化冲突、道德弱化、环境破坏等需要正视的负面问题。就是从经济影响的角度看，旅游业对不同国家和地区的影响也不尽相同，欠发达国家和地区在全球旅游经济体系获得的份额相对较低。只有让世界各国各地区都能够从旅游发展中获得经济增长、就业岗位增加、削减贫困、推进社区振兴、保护传统和文化遗产等方面的收益，这个世界才能变得更好，旅游业才可能持续发展下去。党的十八大以来，以习近平同志为核心的党中央从中华民族永续发展的高度出发，深刻把握生态文明建设在新时代中国特色社会主义事业中的重要地位和战略意义，形成了习近平生态文明思想，奠定了绿色旅游和可持续发展的理论基础和实践方向。"绿水青山就是金山银山""冰天雪地也是金山银山"，指引了青海打造国际生态旅游目的地、桂林建设世界级旅游城市、阿尔山实现"旅游业一定会火起来"，以及全国范围内的避暑旅游、冰雪旅游、森林旅游、温泉康养旅游创新发展的新方向。研究绿色旅游和可持续发展，不能只有基础理论和政策设计，也要密切关注旅游投资机构和市场主体，特别是中旅旅行、广之旅、飞猪、携程、去哪儿、马蜂窝等旅行商推出的绿色线路和生态产品。通过主流媒体、行业媒体和抖音、小红书、B站等新媒体提示游客在行程中爱护生态环境、尊重当地文化遗产和风俗民情，培育起广大游客的绿色消费观念。在理论建构的过程中，重点关注旅游活动与自然环境、游客权利与居民权益、经济增长与社会发展之间的协同促进。为此，旅游学者和科研机构在绿色旅游、生态旅游、可持续旅游、负责任旅游的研发创新和宣传推广过程中，稳步建立可独立发挥作用、也可以连线成片的监测点、案例库和数据库。

践行全球文明倡议和大国外交思想，发展文明旅游，讲好新时代的中国旅游故事。 2018年以来，中国旅游业进入了一个文化和旅游深度融合的新时代。旅游能够为文化培育市场，也需要当代文化和现代文明引领旅游业发展新方向。没有文化的产业是走不远的，没有思想建构和价值引领的产业也是走不远的。旅游学者要打破学科层级和学术范式的固有藩篱，以更加开放的心态，重构知识生产和传播的学科体系、学术体系和话语体系。团结旅游学术共同体、旅游投资机构和市场主体，为加快建设世界旅游共同体而贡献自己的才情与智慧。除了图书馆、工作室和学术论坛，旅游学者也应在生活场域中寻求文化建设和文明对话的可能性。我去天津参加海棠花节和五大道旅游论坛，晚上去安里甘艺术中心欣赏了以"春天和花"为主题的室内交响乐。120多年历史的教堂、青春感拉满的乐园，还有蓝色多瑙河上飘浮的茉莉花香，彼时的我，分不清什么是诗，什么是远方，也不会去想什么是文化、什么是旅游，只是觉得一切都那么古老又那么年轻的样子，真的很好。

三、国家旅游发展理论需要有信仰的建设者遵循科研实践的规律，将理论与实践相结合的道路进行到底

理论的力量首先来自建设者发自内心的信仰，没有真正的信仰，就不会产生有效的传播、接受和行动。 在理论建设、传播和接受的过程中，经由调查研究、数据分析和理论抽象而来的概念、观点和命题，包括语言、文字、平台和渠道在内的传播体系固然重

要，但是知识分子和专家学者发自内心的认同更为关键。《共产党宣言》《资本论》《国家与革命》等马克思主义经典著作，无论语言文字，还是概念及其展开的逻辑，在一百年前的中国，即使留过洋的教授也有很大的阅读障碍，传播和接受更有坐牢杀头的危险，为什么还有那么多人去翻译、去传播、去实践？因为这些文字闪耀着理性的光辉和实践的热情，指明了救国救民的方向，给先知者以信仰，予先行者以力量。才有了瞿秋白的首次将《国际歌》翻译成中文，才有了李大钊、李汉俊、郭沫若、陈启修、潘冬舟、侯外庐、王思华、郭大力、王亚南等知识分子接力传播、翻译《资本论》，倾尽毕生的才华和心血，有人甚至献出了宝贵的生命。作为一名知识分子和专家学者，如果徒有个人名利而无国家视野，只有个人恩怨而无铁肩道义，则道统何在？价值何在？我们今天的努力和成就，能经得起后人的审视吗？今天的中国，经历了20世纪80年代入境旅游的"黄金十年"和21世纪前二十年市场化取向的大众旅游初级阶段，迫切需要回答旅游发展"为了谁""依靠谁""做什么"等时代之问。唯有从人民立场出发，努力让人人都能在这块美丽的国土上、在这颗蓝色的星球上尽享属于自己的"诗与远方"，方能建设既有时代价值，也有历史意义的国家旅游发展理论。

旅游演化进程中有理论问题，也有实践课题，还有人文主题，旅游学者和理论工作者既要研究问题，也要关心主义。 20世纪80年代，旅游、酒店、接待等学科建设与实践水乳交融，你中有我，我中有你。学院派的期刊是政府官员、业界经理人的案头书，政府的机关报和协会的内刊也是大学图书馆借阅率很高的参考文献，学者可以到基层和一线对话，官员和经理人可以到院校讲课。那时的旅游教育和学术研究可能没有成熟的理论体系，可是一切都是生机盎然和无限可能的样子啊！当时只道是寻常罢了。90年代中后期开始，基金立项、学术期刊、同行评议、专业评奖机构在学科体系拥有越来越多的话语权，在现有的学科分层和专业分类的框架中，旅游理论成为旅游理论家的事情，旅游学术成为旅游学者的专属。我们应当，也可以吸纳一切可以吸纳的自然科学、工程科学、社会科学乃至医学、军事学研究方法和工具，但是这并不意味着旅游领域的一切问题都可以纳入科学范式，更不可以用"自然科学原理"去分析所有的旅游活动，并试图重构一个"旅游理想国"。必须直面的事实是，这一观念普遍影响了旅游学科的主流平台、权威机构和一线学者，并波及研究生培养和本科生教育。几乎所有从事旅游研究的学者，包括具有人文学科背景和接受过社会科学训练的学者，也在基本治学方法上严守逻辑实证论的门庭，认为凡是在经验上不能验证、实验上不能重复、期刊中不能发表的问题，都是没有意义的，也是无法讨论的。按照这一思路，与文化和旅游融合发展密切相关的若干思想性话题就无法深入讨论，打通行政、市场和学术各界的共识就无法得到真正的构建，学术共同体的理论成果也无法转换为推动旅游业高质量发展的精神力量。须知，没有实践的思想，就没有思想的实践；没有理论指导的实践是盲目的实践，而没有经过实践检验的理论则是空洞的、悬置的理论。在建设国家旅游发展理论的过程中，我们需要再别康桥，寻一支思想的长篙，向知行合一的历史最深处漫溯，满载一船知识的星辉，在星辉斑斓的旅游产业里放歌。

高校应当，也可以成为国家旅游发展理论建设、创新和传播的主阵地，着力引导学生对旅游产业的认同感和责任心。实践性很强的旅游管理学科，应循国际惯例而构建新型产教合作关系，为现代旅游业培养用得上、留得下的产业后备军，也为旅游发展理论构建理论与实践的互动界面。如果任由学术研究、人才培养与产业需求渐行渐远，理论建设就会成为小圈子里的自说自话，就算有些影响，也不过是"茶杯里的风暴"而已。一千余所旅游院校，每年培养的旅游管理、酒店管理、会展管理的毕业生数以十万计，为什么很少在旅游领域就业？甚至每次有关旅游管理招生就业的讨论，除了吐槽，还是吐槽？高质量专业教育的缺失是主要原因。从幼儿园卷到高三，对社会基本无感的十八岁娃娃，刚进了大学校园，就加上"未来产业领袖"的光环，好吗？学完教学计划规定的课程，文献阅读、概念推演和论文写作的确得到了很好的训练，但是对产业的实感几乎为零。再一番放羊式的实习下来，就是被现实摁在地上摩擦的感觉，除了考公、考编、考研，心甘情愿地进入旅游业而倾尽才情与努力者，能有几人？无论是专业思政，还是课程思政，都应该告诉学生一个真实的旅游业，培养学生快乐工作和幸福生活的阳光心态。正是从这个意义上讲，先培养今天的快乐学生，再谈明天的产业领袖。

新时代新征程，应努力培养国家需要、行业认可的旅游人才

一、新时代的旅游人才必须是国家需要、时代呼唤的，也应当为行业所认可

旅游人才必须是国家需要的和时代呼唤的。从历史上看，任何一个时代的进步，都离不开善于思考并勇于作为的国士，比如提出"仓廪实而知礼节，衣食足而知荣辱"的管仲、变法强国的商鞅和王安石、"鞠躬尽瘁，死而后已"的诸葛亮，以及1840年以来科学救国、实业救国、教育救国的仁人志士。任何一个产业的成长和进步，都需要变革创新的企业家，比如张瑞敏、任正非、曹德旺等。任何一个学科的繁荣和进步，都需要一批富有创新精神、历史意识和专业能力的思想者和理论家，如孙冶方、陈准等经济学

家和"两弹一星"功勋。他们都是国家的栋梁之材，也是时代发展的推动者。

旅游人才固然有其专业性，但是不能因此而过于强调学科背景和工作岗位的特殊性。所有愿意为了人民的旅游权利、为了旅游业的高质量发展而奋斗者，都是时代呼唤、国家需要的旅游人才。《中国旅游人才发展报告（1949—2021）》有个"两个多数"的研究结论：近年来高校培养的旅游管理和酒店管理毕业生大多数都去了旅游以外的领域就业，旅游企业的高级管理人员特别是创业创新人才则大多数来自其他专业，比如携程、去哪儿、马蜂窝、七天、途家的创始人多有计算机学科或者商科的背景。仔细想想，也没有什么值得惊异的。在市场经济条件下，人才流动是由价格决定的，价格的背后是供求关系。从国际酒店集团前100名的高管团队的专业背景来看，也是商科居多，其中酒店管理名校毕业生占了三成，与国内相比，已经很高了。从旅游行政部门的管理者或者公务员的专业背景来看，所谓科班出身者就更少了。随着就业观念的变化，自由职业和灵活就业越来越成为包括旅游管理在内的高校毕业生的新选择，包括网络主播、自媒体人员、文案写手、快递员、外卖员、群众演员，灵活就业者已经达到2亿人。

旅游人才必须是服务行业，也为行业所认可的。 旅游人才的内涵是不断丰富的，外延是动态演化的。能够戴个帽子当然好，那是体制或者同行的认可，假如戴不了帽子，但是行业认可了，也一样是人才，将来历史会记住的。盛世王朝需要开拓雄图大业的君王，需要开疆拓土的将帅和保境安民的官员，也需要伟大的科学家、思想家和文学家。① 无论是理念，还是实践，都不能简单地把旅游人才与学历和职称挂钩，更不能只将博士、教授当作人才，那些从市场中拼杀出来的企业家，为旅游业创造价值的管理人员、服务人员和技术人员就不是人才？没有这个道理嘛！旅游强国、中国服务业和旅游业高质量发展，都离不开企业家、经理人、专业技术人员和基层一线的大国工匠。现在的问题是，教育、科技、文化和旅游部门搭建了很多平台，培养了大批学术名家，可是除了圈子里的热闹，又回应了多少旅游产业实践重点、难点和热点问题，并获得了行业的真正认可呢？如果高端人才一直在"基金申请和论文发表"中打转转，出了再多影响因子高的论文又如何？也许是时候对奉若神明的"影响因子"认真审视了：我们每年发表的论文和文章可谓是汗牛充栋，可是到底影响了谁？这是一个问题。

旅游人才还应当是自我驱动的，坐言起行并切实引领产业创新发展的。 创造性人才的成长看上去具有相当大的偶然性，但无不是理想牵引和价值驱动的天选之才。正如爱因斯坦所观察到的那样：几乎所有与人的本性有关的基础工作都是由非专业的物理学家

---

① 电影《妖猫传》有句台词，是杨贵妃看完"云想衣裳花想容"应制诗后说的，"李白，大唐有你，才真的了不起"。

做的，他们仅仅把物理学看成自己的一大爱好而不是生活的全部，比如多才多艺的苏格兰人布莱克、德国医生迈耶、美国冒险家伦福德，还有英国酿酒师焦耳，他在工作之余做了有关能量守恒的几个最重要的实验。① 但是放在一个更大的时空看，似乎又是必然，全社会对科学的尊重、对异己的包容，天才学者的自我驱动，都是不可或缺的要素。戴帽子的大师、名师或许可以培养，但是那些开山立派的宗师又哪里是培养出来的啊！多数人是因为看见而相信，但是对于战略领军人才和历史托命之人而言，他们是因为相信而看见。他们如同盗火的普罗米修斯，如同填海的精卫，如同逐日的夸父，倒下也是一片泽被后人的森林。

二、新时代的旅游人才需要专业培养，更需要实践锻炼，以及竞争与淘汰

高等教育和职业教育是旅游人才培育的主渠道，需要规模化的制式教育，也需要年轻人的自我修养。古代中国并没有近代意义上的科学，特别是基于实验室的科学体系，为什么也能出那么多的数学家、天文学家和工程师，创造璀璨的科技文明？虽然有这么多人才，工业革命为什么却没有发源于中国？在众多的"李约瑟之谜"的解答中，我认同林毅夫教授的观点：在以经验为基础的技术发明过程中，人口规模是技术发明率的主要决定因素。中国在现代时期落后于西方世界，是因为中国没有及时从以经验为基础的发明方式，转换到基于科学和实验的创新上来。同时期的欧洲，至少经由18世纪的科学革命已经成功地实现了这种转变。② 现代科学的进步，进而生产力的进步和市场主体的商业创新，越来越依赖科学家严谨的科学方法、理论验证和生产实践。严谨科学方法的显著特征就是把有关自然的假说和积累的经验"数学化"，并与严谨的实验检验相结合。③ 旅游人才的培养更离不开以高等教育、职业教育为代表的国民教育体系和相应的科技支撑平台，包括初等、中等和高等职业教育，也包括学士、硕士和博士学位教育，以及实体化的理论和科学研究机构、博士后科研流动站和工作站、国家重点实验室等支撑平台。

如果将人才看作是人口基数的函数，那么拥有2850万直接就业人员的旅游业，不用高等教育、科学研究和系统性的职业发展计划，也会有百分之一的人成为各方面的领军人物和行业骨干，哪怕是千分之一，也是很可观的数字。这么想对不对呢？当然是不对的。我们可以举出无数的例证说"刘项原来不读书"，或者历史上的不少状元终其一

---

① 爱因斯坦，英费尔德.物理学的进化［M］.张卜天，译.北京：商务印书馆，2019：41.
② 林毅夫.制度、技术与中国农业发展［M］.上海：上海三联书店、上海人民出版社，1994：257.
③ Needham, 1969, 转引自林毅夫.制度、技术与中国农业发展［M］.上海：上海三联书店、上海人民出版社，1994.

生也是寂寂无闻，也可以列举更多的栋梁之材饱读圣贤之书，或者接受了系统的专业训练。同志们多是从事教育、科研和管理工作，或者将来要从事教育、科研和管理工作的，在看到问题并努力改进的同时，更要有教育自信和科学自信。那些以小概率案例得出"博士有啥了不起，不读书也照样成才"的结论，要么是柠檬精附体，要么是无知无畏，或者说是一种轻佻的姿态。

在我的心目中，理想的人才培养空间是一座空气中氤氲着咖啡香的图书馆、一个绿茵茵的大操场，加一群白发先生和白衣少年。不论是本科生还是博士生，都要尽可能多地在图书馆停留些时光。不能只读教科书和期刊论文，要多读些经济学、管理学、文学、历史学、哲学、自然科学方面的经典著作。不能只在手机上刷短视频，要多看《人民日报》《光明日报》《经济日报》《经济研究》，才能了解天下事。基础厚实了，眼界开阔了，知道自己将来要成为什么样的人，要为谁服务，浑身就有使不完的力气，用不尽的才华。唯有响应国家需要、时代呼唤和行业需求，才能够经得起旅游者的评价和从业者的审视，并为历史所记忆。

只有经过产业实践和市场竞争而胜出的旅游人才，方能不负时代不负旅游，名至而实归。人才培养的主阵地在综合性大学和职业院校，但景区、度假区、国家公园、酒店、民宿、旅行社和在线旅游平台更是值得关注的社会大学和实践课堂。为落实"三定"规定的高层次新型人才培养任务，中国旅游研究院（文化和旅游部数据中心）持续推进产学研结合的学术共同体建设，通过博士后工作站、重点实验室、专题研修班、会议论坛、行业咨询和专题授课，培养出将教员作为自己终身职业的人才。我们将结合亚太经济合作组织（APEC）的专题资助项目，在峨眉山风景名胜区设立"数字化旅游人才培养基地"，通过实践教学培养行业所需的专门人才。对于真正的人才来说，不能总幻想着戴着学位帽子走出校园，等别人把舞台搭好，观众组织好，自己再范儿十足地出场。没那么回事！绝大多数人，绝大多数时间，在绝大多数地方，都是配角或者群众演员，而不是角儿。要想成角儿，就要在实践中摔打，就要与同龄人竞争，与自己较劲。这么多年来，每当自己被问及"为什么几十年如一日地熬夜，身体还这么好？"，都不知道怎么回答是好，因为真实的答案有些残酷吧——身体不好的人早就被淘汰了。就像热带雨林，地球上最适合植物生长的地方，也是空间竞争最激烈的地方，"高耸入云的巨树高达40米，粗大的树枝四处伸展着抢夺阳光"①。自然界的生物和社会中的人一样，不经过脱胎换骨的蜕变，就不可能有枝繁叶茂的华盖。

旅游业真正需要的人才得有理想，更得有化理想为现实的行动力。人才培养的方式应当是多种多样的，学校教育、家庭教育、社会教育和实践培养，总之需要全身心投入的学习，而不仅仅是大脑的训练。为什么说穷人的孩子早当家？从小就得开始学着煮饭、烧菜、洗衣、照看弟弟妹妹，抓紧一切可能的时光看书学习，没有那么多的工夫去想那么多为什么。反观我们培养出的旅游人才，多是立志读万卷书，做大学问，奔着立功、立言、立德去的。事实上，真正能够成名成家者又有几人，绝大多数还不是活成了柴米油盐和家长里短？这没什么，只要我们尽力了，以所学所思所行助力旅游业品质提升和现代化转型，都是当代中国所需要的旅游人才。人尽其才，则天下皆才。

旅游领军人才需要宽松的环境和包容的心态。中国科学院院士、北京大学副校长张平文说，"北大数学科学学院的天才不是培养出来的，而是保护出来的"。清华大学强调"要为杰出人才营造一个好的环境，让他们在这个环境中自主学习和研究"。② 如果把杂草、杂树和杂质都去除了，只剩下横平竖直的人工林，哪怕我们再努力，收获的也可能只是平庸。一种想把什么都安排得妥妥帖帖的父系思维，只能导致什么都要等待安排的婴儿思维。在一个演化的自然科学体系中，提出一个问题往往要比解决一个问题更重要。解决问题也许只是数学演算或者反复实验的事情。而提出新的问题，新的可能性，从新的角度看旧的问题，却需要创造性的想象力，标志着科学的真进步。③ 从这个意义上说，自然科学、工程技术领域的开创者，社会科学和人文学科的"历史托命之人"，经济学和工商管理等领域的"颠覆性创新"或者"破坏性创造"，都需要自由思想和思想自由的包容，才可能让每个人在任何可能的方向自由地探索，进而提升整个社会人才与人力资源的比率。

说到包容与宽容，我想起在挪威国立美术馆看名画《呐喊》的感受来。伟大的作品是由伟大的艺术家创作的，问题是峡湾城市奥斯陆可以容纳一个抑郁症患者或者精神病

---

① 爱登堡.我们星球的生命[M].林华，译.北京：中信出版集团，2021：78.之所以阅读这本看上去与旅游研究很远的非学术著作，是因为自己对科普著作和传记作品的偏好，也是因为文化自信不能走向自我封闭，而是要以更加开放的心胸欣赏和接纳人类文明的一切先进成果。本书第6页的一段话也让我印象深刻："只有当无数有机个体最充分地利用每一种资源、每个机会的时候，只有当千百万物种的生命相互关联、彼此维持的时候，我们的星球才能有效运行。"

② 赵婀娜，吴月.强基础研究育拔尖人才[N].人民日报，2022-03-18（11）.

③ 爱因斯坦，英费尔德.物理学的进化[M].张卜天，译.北京：商务印书馆，2019：72.在广泛的阅读和求学经历中，自然科学、工程技术和社会科学之间的互通互鉴是常有的事，多数情况下，其有效性仅限于哲学或者原理层面。一旦走向仿生学意义的操作，则需要经过科学和伦理的双重考验，比如达尔文的进化论已经成为人类知识图谱的重要组成，但是社会达尔文主义则很难通过"人是目的而不是手段"的拷问。

人蒙克，就像荷兰和法国可以包容凡·高和高更那样。从这个意义上讲，艺术创作的高度取决于观众的数量和质量，或者更直接地说是市场的厚度。现实呢？我们可能很难容下那些各方面都比自己优秀的人。忌妒是人的天性，也许大家中间的最优秀者可以没有忌妒心，但是平凡如我辈者倒是常有的。问题是如何把忌妒心化作前行和超越的动力，而不是拉高踩低、远交近攻的破坏力。这需要每个人加强自我修养，也需要大环境的制度保障和小环境的机制保护。

三、新时代的旅游人才要到地方基层，到产业一线，到祖国最需要的地方去

旅游管理是实践性很强的学科，旅游人才应当是行动研究的倡导者和践行者。生活丰富多彩，经济有那么多产业，社会有那么多事业，旅游只是其中小小的组成部分。不是为了发论文和评职称，而是为了让这个世界一天天变得更美好，这才是人才该有的样子。19岁就参与"曼哈顿工程"的核物理学家，和丈夫阳早一起将自己的一生献给中国奶牛养殖事业的农业科学家寒春，写下这样的句子：世界上的事，只要下定决心并用心去做，一定会变得有意思，并成为你的专业，我觉得我不属于任何一个专业，我做的任何事情都是我的专业。我的老家蚌埠位于淮河岸边，是一座中等发达城市，而不是典型的旅游城市。在研究蚌埠"十四五"旅游业高质量发展规划时，我反复强调要着眼于300多万城乡居民的文化需求和休闲消费，建设公共文化项目和休闲基础设施，培育当地的旅游市场主体和创业创新者。当地的禾泉山庄和卫食园两个项目之所以给人留下了深刻印象，是因为其带头人和入选"旅游思想者"[①]的企业家一样，都是知行合一的专业人才。

到旅游产业第一线去，广阔天地，大有作为。历史已经证明并将继续证明，只有经过基层的历练和实践的磨炼，才会有专业的尊严和学者的独立性。每年数以万计的旅游管理毕业生，不能总沿着"本科—硕士—博士—发表—基金—教授—博导—大师"这条路子无休止地走下去，也不能总想着从官员那里分些权力，从老板那里打些秋风，以便在同行面前做出高人一等的模样来。不能再内卷了，走出书斋和实验室，外面的天地很是广阔，除了写论文、评职称、做课题，我们还有很多工作可以做。2022年，浙江在全省范围内开展艺术家驻村制度，对于乡村振兴和人才成长都是十分有益的。这么多高

---

① "旅游思想者"由中国旅游研究院创设于2015年4月，在中国旅游科学年会或旅游管理博士后论坛定期发布。该奖项旨在致敬旅游领域知行合一的创业创新者，感谢他们以前瞻思想、卓越才情和不懈努力，持续提升游客、员工和居民的获得感，提升中国在世界旅游业的影响力。首位"旅游思想者"颁于梁建章博士和携程旅行网联合创始团队。

校和科研机构，能不能推出专业志愿者制度？我看是必要的，也是可行的。

到旅游教育第一线去，言高为师，身正为范。1985—1995十年间，一大批优秀的初中毕业生报考了中等师范学校，学成后充实到县乡中小学的教学第一线。现在看来，他们中的大多数并不比升入高中再上大学的同龄人生活得更好，但他们是一个时代的师资典范，是今天各行各业骨干人才的托举者。[①] 现在越来越多的旅游院校之所以有名，是因为教员有名而不是毕业生有名，而教员之所以有名，是因为论文发得多而不是教书教得好。这不正常啊！

我们发布过旅游业急需人才的调研报告，其中就有"双师型人才"。不仅旅游教育，旅游科研和产业实践领域都需要类似的复合型人才。复合型人才不是要艺术家、科学家变成企业家或者反之，而是不同领域、不同层级的人才，在旅游需求的牵引下聚集到同一个时空，面向旅游市场，面向基层一线，形成人才复合体。中国旅游研究院出站的一名博士后，"双一流"高校的旅游管理博士，放弃去几所院校和旅游集团的机会，而决定要去南方的某职业院校任教，让我感到由衷的高兴：你们知道了什么是自己真正想要的，你们走向旅游教学第一线的身影，传道授业解惑的样子，真的很美啊！

到旅游科研的第一线去，建设以人民为中心的当代旅游发展理论。在学位论文开题或者基金申请时，青年学者经常被要求回答理论价值或者说科学问题是什么。结论往往是从文献特别是本领域的知名期刊和知名学者的论著中获得的。我从不反对研究生和青年学者在文献综述上下功夫，相反，这是科班训练的基本功，也是理论著述而非观点表达的分水岭。问题是我们现在只停留在理论对话这个层面，进一步地，只与知名学者发表在期刊上的论文对话。事实上，好的理论是看它对世界的解释力，更好的理论是看对实践的指导性，知行合一的行动研究才能出大成果。现在有些社会科学的文献从现行的评价指标上看很厉害的样子，其实不过是茶杯里的风暴，贡献其实很有限。希望当代旅游学者，也是未来中国旅游发展理论和生产实践、管理实践的领军人才，既要与理论对话，也要与实践对话，通过与本土的实践对话更能够产出原创理论和伟大思想。不要把"学"与"术"分得那么开，尤其不能有"君子不器"的自我精英化。马克思主义理论及其中国化的代表，都是如此，既与现有的理论（广义，不只是学术意义上的理论）对

[①] 我还想致敬乡村教师之外的另一个群体——赤脚医生，他们是活跃于20世纪六七十年代农村的半农半医的基层卫生人员。1965年，毛泽东同志在同身边医务人员谈话时提出："把医疗卫生工作的重点放到农村去。"作为一种制度安排，以王桂珍为代表的成千上万的赤脚医生真正使我国的卫生防疫体系深入到农村，用最经济、最实用的方式解决了农村缺医少药的燃眉之急，使科学的医疗方法开始进入数亿农民和千万自然村落。世界银行和联合国称"赤脚医生的出现是中国第一次卫生革命"。这样的群体还有很多很多，比如乌兰牧骑、大庆油田、铁道兵部队的工程技术人员等，都是旅游人才应当致敬和看齐的。

话，更与丰富多彩的生产和生活实践对话。

很多高校将公开发表C刊论文作为博士论文答辩或者是博士后出站的前置条件，虽然我对此一直就不认同，这相当于把学位授予权变相让渡给了期刊审稿人或者责任编辑，但是也不得不承认这是现阶段必须接受的规则。既然是发表导向，青年学者就必须也只能按学校要求的八股文来写，但是心里要清楚：思想高于理论，理论高于学术。要谨防年纪轻轻的，正是理论创造力最为活跃的时候，即锁进了《肖申克的救赎》揭示的"体制化"：这些围墙很奇怪，刚来的时候，你会恨它，慢慢你就会习惯它，日子久了，你会发现你离不开它，那就是被体制化了。哪怕多年以后自由了，却因为无法适应高墙外的自由而郁郁离世，因为没有人告诉他不可以做什么，也不会有人指引他应该做什么。尽管这是我一刷再刷的经典，每次看到这一段时我还是不由自主地落泪而忧郁起来：这么年轻的面孔，连真正的自由都没有尝试过，就老去了。更令人不安的是，这么多的院长校长和导师，不管看到了还是没有看到这一点，都不得不像电影《狗十三》里的父亲那样，一边流着痛苦的泪水，一边将女儿强行纳入到自己也不认同的规范之中。

到国际交流的第一线去，讲好新时代的中国故事，分享当代中国的旅游经验。告诉世界一个小康社会的旅游梦想照进现实、人民旅游权利日渐彰显的中国，"旧时王谢堂前燕，飞入寻常百姓家"的中国。告诉世界一个旅游企业数字化转型、旅游产业高质量发展的中国，"无边落木萧萧下，不尽长江滚滚来"的中国。告诉世界一个政府统筹疫情防控和企业纾困扶持的中国，"周公吐哺，天下归心"的中国。告诉世界一个习近平生态文明思想指导旅游业和旅游可持续发展的中国，"绿水青山就是金山银山，冰天雪地也是金山银山"的中国。还要告诉世界一个旅游教育繁荣、旅游学术创新和旅游思想进步的中国，"有些鸟儿是注定不会被关在牢笼里的，它们的每一片羽毛都闪耀着自由的光辉"的中国。

前言
PREFACE

党的二十大报告指出："坚持以文塑旅、以旅彰文，推进文化和旅游深度融合发展。"文化和旅游融合，既有历史根源，也是现实所需，更是未来趋向。文化和旅游融合，既是一个理论问题，也是一个实践课题。位于国家历史文化名城湖南省永州市的湖南科技学院，植根地方悠久厚重的历史文化土壤，观照地方蓬勃发展的文旅产业实践，深入开展文旅融合理论研究，不断创新文旅融合人才培养机制，努力服务文旅融合产业发展，着力打造旅游管理、文化产业管理、航空服务艺术与管理等文化和旅游类专业群，取得了显著成效。

习近平总书记在全国教育大会上强调，要提升教育服务经济社会发展能力，着重培养创新型、复合型、应用型人才。作为地方应用型本科院校，如何通过学科、课程、教材建设，完善人才培养体系、创新人才培养模式、提高人才培养质量，如何贯彻落实立德树人根本任务，紧密结合党和国家大政方针，培养一代又一代德智体美劳全面发展的社会主义建设者和接班人，培养一代又一代在社会主义现代化建设中可堪大用、能担重任的栋梁之材，如何通过人才培养、学科建设、专业发展、科学研究、社会服务、文化传承创新积极服务党和国家战略，加快构建中国特色哲学社会科学体系，努力推动经济社会高质量发展，这些仍是需要努力破解的重要理论和现实问题。

在文旅融合的大背景下，文化和旅游类学科成为典型的交叉学科。文化和旅游的理论创新和实践发展为学科专业注入了新的动力。为进一步推进新形势下文旅融合理论创新和实践发展，加强新文科背景下文化和旅游类专业建设和学科建设，助力培养堪当重任的社会主义时代新人，我们组织编写了"新时代文化和旅游融合发展研究丛书·应用型本科院校文化旅游专业丛书"，涉及文旅融合、旅游文化、乡村振兴、乡村旅游、美丽乡村、农旅融合、文化创意、资源普查、研学旅游、会展旅游、航空服务、学科前沿、专业英语、地方文化以及学科竞赛、调研论文和实践报告等方面。丛书除支撑国家和省级一流本科专业建设、一流本科课程建设，助力相关专业教学、教研教改、实训操练、专业认证、新文科建设和人才培养外，还支撑相关应用特色学科和科研平台建设。丛书既突出理论性、学术性和战略性，又紧扣时代主题、实践前沿和产业动态。在贯彻党的路线、方针、政策和国家有关法律、法规的基础上，丛书融入课程思政元素，符合学科发展理论前沿和时代特征。丛书内容新颖生动、案例多样、可读性强，具备较强的理论性、学术性、时代性、实用性、可读性和可操作性。

本丛书得到湖南省普通高等学校"十三五"专业综合改革试点项目"旅游管理"、湖南省一流本科专业建设点"旅游管理"、湖南省"十四五"双一流建设应用特色学科"马克思主义理论"和"中国语言文学"、湖南省一流本科课程"永州旅游文化"和"茶艺与茶道"、国家级一流本科专业建设点"英语"和"日语"、湖南省中国特色社会主义理论体系研究中心湖南科技学院基地、湖南省当代中国马克思主义研究中心湖南科技学院基地、湖南省普通高等学校哲学社会科学重点研究基地"乡村振兴与区域经济发展研究中心""南岭走廊与潇湘文化研究基地""永州地域文化与文化自信研究基地""湘粤优势特色产业协同发展研究基地""思想教育与道德文化研究基地"、湖南省社科研究基地"湖湘文化对外交流传播研究基地""湖南省舜文化研究基地""湖南省濂溪学研究基地""湖南省李达与马克思主义'三化'研究基地"、湘粤社科智库联盟等平台和项目资助。

编者

2023 年 12 月

目录
CONTENTS

第一章 导论 ·· 1
   第一节 研究背景、目的和意义 ·· 1
   第二节 国内外研究动态 ·· 7
   第三节 研究目标、内容与思路 ·· 14
   第四节 研究创新与不足 ·· 16

第二章 美丽乡村建设的相关理论分析 ·· 18
   第一节 美丽乡村建设相关概念 ·· 18
   第二节 美丽乡村建设的理论基础 ·· 23
   第三节 乡村振兴战略及其内涵 ·· 27

第三章 城镇化进程中的美丽乡村建设 ·· 33
   第一节 美丽乡村与文明寻根：城市化进程的必然追求 ······················ 33
   第二节 美丽乡村与农村再造：农村发展的内在要求 ·························· 35
   第三节 城乡双向互动："美丽乡村"建设的现实路径 ·························· 37

第四章 美丽乡村建设的现实背景——新时代城乡融合发展 ························ 43
   第一节 问题的提出 ·· 43
   第二节 中国城乡融合发展的主要成绩和历史经验 ···························· 45
   第三节 当前城乡融合发展的主要问题 ··· 48

  第四节 新时代城乡融合发展的对策建议：六个融合及其实施 …………… 51

第五章 美丽乡村建设现状分析——以湖南省为例 ………………………… 55
  第一节 湖南省区域发展情况简介 ……………………………………… 55
  第二节 湖南省美丽乡村建设主要实践与成效 ……………………………… 63
  第三节 当前湖南省美丽乡村建设存在的障碍分析 ………………………… 69

第六章 美丽乡村示范村建设典型案例——以湖南省为例 ……………………… 79
  第一节 长沙市湘江新区光明村：区域融合发展跑出乡村振兴加速度 …… 79
  第二节 娄底市娄星区洪山村：以增加农民收入为主线推进乡村振兴 …… 83
  第三节 永州市江永县邑口村：塑形与铸魂协同推进乡村振兴 …………… 86
  第四节 长沙市浏阳市竹联村：农旅融合促进乡村振兴 …………………… 88

第七章 美丽乡村建设评价指标体系和模型构建 ……………………………… 92
  第一节 美丽乡村建设评价的现状 ……………………………………… 92
  第二节 美丽乡村建设评价指标体系的构建 ………………………………… 95
  第三节 美丽乡村建设评价模型的构建 ……………………………………… 99

第八章 美丽乡村建设评价实证——基于湖南省浏阳市的分析 ……………… 107
  第一节 浏阳市美丽乡村建设现状分析 ……………………………………… 107
  第二节 浏阳市美丽乡村建设水平评价 ……………………………………… 117
  第三节 浏阳市美丽乡村建设存在的问题 …………………………………… 120

第九章 国内外美丽乡村建设的实践探索、经验及启示 ……………………… 124
  第一节 国外美丽乡村建设的实践探索 ……………………………………… 124
  第二节 国内美丽乡村建设的实践探索 ……………………………………… 127
  第三节 国内外美丽乡村建设的经验启示 …………………………………… 132

第十章 美丽乡村建设实施策略 ………………………………………………… 136
  第一节 深入分析美丽乡村建设的内在逻辑 ………………………………… 136
  第二节 全面把握美丽乡村建设的关键要素 ………………………………… 138

第三节　扎实推进美丽乡村建设的具体举措 …………………………………… 140

附录一　美丽乡村建设水平评价指标专家咨询表 …………………………………… 144
附录二　美丽乡村建设水平评价与提升策略研究调查问卷 ………………………… 146
附录三　美丽乡村建设水平评价的部分指标说明 …………………………………… 149
附录四　2018—2023年湖南省省级美丽乡村示范创建名单 ………………………… 152
附录五　湖南省美丽乡村建设指南 …………………………………………………… 161
附录六　湖南省美丽乡村评价规范 …………………………………………………… 175

参考文献 ………………………………………………………………………………… 188

后　记 …………………………………………………………………………………… 201

第一章 导论

党和国家历来重视乡村建设,党的十一届三中全会后,以安徽小岗村"大包干"和乡村企业改革为标志,乡村建设拉开了改革开放的序幕;党的十六届五中全会后,在全面建成小康社会新时期,"生产发展、生活宽裕、乡风文明、村容整洁、管理民主"作为社会主义新农村建设的目标和要求被正式提出。党的十八大以来,中国特色社会主义进入新时代,乡村振兴战略、乡村建设行动、"建设宜居宜业和美乡村"等重大决策部署相继推出,美丽乡村建设进入新发展阶段。

第一节 研究背景、目的和意义

一、研究背景

(一)美丽乡村建设与实现美丽中国、乡村振兴战略息息相关

党的十八大报告强调,要在顺应、尊重、保护自然的基础上建设美丽中国。美丽中国的实现不仅要求环境优美,更要在共同富裕的基础上促进经济、政治、文化、社会、生态等持续发展。实现美丽中国建设,关键要从美丽乡村建设抓起[1]。《中共中央 国务院关于全面推进美丽中国建设的意见》进一步提出"建设美丽乡村",要求"实施美丽乡村示范县建设行动""因地制宜推广浙江'千万工程'经验,统筹推动乡村生态振兴和农村人居环境整治""到2035年,美丽乡村基本建成"。美丽乡村与美丽城市、美丽蓝天、美丽河湖、美丽海湾、美丽山川等共同构成了"美丽中国"建设的内核。只有持续加大美丽乡村建设力度,深入推动城乡融合发展,实现乡村全面振兴,才能加快建成美丽中国。党的十九大报告提出,"要按照产业兴旺、生态宜居、乡风文明、治理有效、

---

[1] 陈静伟.美丽乡村建设评价研究:以保定市司徒村为例[D].石家庄:河北师范大学,2016.

生活富裕的总要求，建立健全城乡融合发展体制机制和政策体系，加快推进农业农村现代化。"[1]；《中共中央 国务院关于实施乡村振兴战略的意见》提出，要"塑造美丽乡村新风貌""持续推进宜居宜业的美丽乡村建设"[2]。当前，乡土中国面临百年未有之大变局，随着全面脱贫如期实现，乡村经济和农民收入水平得到显著改善，但农业农村问题仍是当前社会主义现代化建设的短板。因此，深入推进美丽乡村建设提质增效，加快实施乡村振兴战略，努力建设美丽中国，是顺应人民群众殷切期盼的正确方向，也是符合新型城镇化建设的正确路径。

（二）美丽乡村建设日益受到各级政府部门重视

随着改革开放的深入，资源、资金和社会资本不断涌向农业农村，乡村经济持续走向稳定繁荣发展，党中央和省市各级政府立足于"三农"发展实际，高度重视美丽乡村建设问题。党的十六届五中全会提出建设社会主义新农村的重大历史任务，明确了"生产发展、生活宽裕、乡风文明、村容整洁、管理民主"的总体要求[3]。农业农村部下发《"美丽乡村"创建目标体系》文件，对"美丽乡村"的发展模式和内容均提出具体要求[4]。2015年"中央一号文件"对"改善农村人居环境，提高乡村基本公共服务设施建设，让农村成为农民生产生活的美好幸福家园"做出新要求[5]；随后，《美丽乡村建设指南》作为国家技术标准正式对外发布，以有效指导美丽乡村建设[6]。从2013年开始，历年"中央一号文件"，以及《乡村振兴战略规划（2018—2022年）》等系列文件，对美丽乡村建设都有相对明确的落实要求。至此，美丽乡村建设正式成为实施乡村振兴战略的一项重要考量，得到各级政府的高度重视，一批美丽乡村建设典型如浙江省安吉县、江西省婺源县、江苏省牟家村等相继涌现，工业拉动型、产业带动型、旅游推动型、资本互动型、合作社引领型等多种发展模式不断被探索完善。

（三）构建美丽乡村评价指标体系十分必要

2012年党的十八大提出"美丽中国"建设，2013年中央一号文件明文指出要建设一批"美丽乡村"，2015年中央一号文件继续强调"中国要美，农村必须美"，同年，《美丽乡村建设指南》正式发布。2017年党的十九大报告提出要走中国特色社会主义乡

---

[1] 黄渊基，蔡保忠，郑毅.新时代城乡融合发展：现状、问题与对策[J].城市发展研究，2019（06）：22-27.
[2] 吴秋凤，程天然.美丽乡村建设中农村生活垃圾治理的实践困境及破除：基于鄂州市X区五个社区（村）的调查[J].湖北经济学院学报（人文社会科学版），2018（11）：14-16.
[3] 汪金英.关于社会主义新农村建设的几点思考[J].黑龙江科技信息，2007（13）：82.
[4] 农业部"美丽乡村"创建目标体系[N].农民日报，2013-05-15（005）.
[5] 美丽乡村建设指南：GB/T 32000-2015[S].北京：中华人民共和国国家质量监督检验检疫总，中国国家标准化管理委员会，2015.
[6] 余丽平.江西婺源乡村民宿产业发展研究[J].延边党校学报，2017（03）：76-78.

村振兴道路，美丽乡村建设仍是国家发展战略的重点。在中央相关政策和部署的指引下，各地各部门相继开展了美丽乡村建设实践。建设美丽乡村始于"安吉模式"。早在2008年，安吉县便提出开展美丽乡村建设工作，彼时的安吉尚属于浙江省的欠发达地区，地方财政捉襟见肘，但县委、县政府仍旧下定决心将美丽乡村建设作为统揽全县经济社会发展的总抓手，用一套行之有效的方法，将有限的财政资金花在刀刃上，县乡村三级协同推进，推动乡村产业发展，促进村容村貌和生态环境改善，最终成就了如今的"绿水青山就是金山银山"重要理念诞生地、中国美丽乡村建设发源地。2020年3月，习近平总书记视察浙江省安吉县余村时指出，安吉的美丽乡村建设"在全国形成了示范"，并鼓励安吉"既然这条路是对的，要坚持走下去"。

自浙江省安吉县在2008年开展美丽乡村建设工作并获得中央充分肯定后，海南、广东、安徽、江苏、江西、河南等省份也开始了如火如荼的美丽乡村建设。但我国美丽乡村建设尚存在政策顶层设计质量缺失、资金来源和分配方式错位、项目管护机制不健全、建设效果不显著等诸多问题。推进美丽乡村建设不仅在于要为村庄建设增添一份"美丽外表"，更多的是要提高当地农村的生产水平和农民的生活品质。对美丽乡村建设成效的客观评价，既能够有效检验一个乡村的"美丽"实现程度，判断美丽乡村建设相关政策落实和执行情况，以及既定政策目标能否如期完成；同时也是规范后续项目建设和完善、保证资金合理有效分配、保障政策可持续性的重要措施。虽然国家层面发布的《美丽乡村建设指南》等在不同层面有着重要借鉴，但由于各地、各村特色不同，发展定位存在差异，仍需要通过评价梳理其具体情况，来论证政策总体实施效果，以此对不同地区的乡村发展模式予以分类指导，因地制宜加以衡量评价，构建"由各村至整体"的评价路径和科学的评价指标体系。但当前学界对于乡村振兴视域下的美丽乡村评价相关研究犹待健全，尚未形成成熟的理论框架，仍需要学者们以前沿视域加以完善，进而探索出一套成熟的美丽乡村建设有效评价路径和机制。

二、研究目的

党的十八大提出建设美丽中国的宏伟目标，2023年11月7日，习近平总书记在主持中央全面深化改革委员会第三次会议时再次强调，"建设美丽中国是全面建设社会主义现代化国家的重要目标，要锚定2035年美丽中国目标基本实现，持续深入推进污染防治攻坚，加快发展方式绿色转型，提升生态系统多样性、稳定性、持续性，守牢安全底线，健全保障体系，推动实现生态环境根本好转。"中国是一个传统农业大国，农村人口众多、产业基础薄弱，要建设好美丽中国，重点和难点都在乡村。在新型工业化、城镇化、农村现代化改革的关键时期，美丽乡村建设是中国共产党立足社会主义新农村建设取得重大成果后推出的又一"升级版"举措，既是加快生态文明建设、实现城乡发展一体化、推进美丽中国建设的客观需要，也是促进乡村振兴战略全面落地的有效抓手。

湖南作为中部地区农业大省，地处长江沿江开放经济带和沿海开放经济带接合部，发展潜力得天独厚，但也面临人多地少、小农大省的省情。2019年前三季度，湖南省农村人均可支配收入为10 791元，居全国第16位，增速居全国第18位，在中部六省中居第4位，这与湖南经济总量在全国及中部地区的整体排名是极不相称的。当前，农村发展和农民增收问题仍是全省实现高质量发展任务的巨大挑战。近年来，湖南省贯彻落实党中央、国务院决策部署，坚持不懈实施乡村振兴战略，有力推进以精细农业为导向的农业供给侧结构性改革，在农村人居环境整治、精准脱贫和美丽乡村建设上迈出新步伐，现代农业得到快速发展，乡村建设得以扎实推进。2014年，湖南省委、省政府印发《湖南省改善农村人居环境建设美丽乡村工作意见》，提出要以改善农村基本生产生活条件、综合整治农村环境和建设美丽宜居乡村为工作重点全面推进湖南省美丽乡村建设；2015年10月，湖南省农业农村厅正式出台《湖南省美丽乡村建设示范村考核办法》，并于2017年4月发布《湖南省美丽乡村建设村级评价指标体系（试行）》和《湖南省乡（镇、街道）整域美丽乡村建设主要评价指标（试行）》。截至目前，全省累计建成省市县三级美丽乡村示范村7500余个，农村生活垃圾治理率达98%，农村生活污水治理率提升至29%，村庄规划覆盖率达82%，形成了以"长沙样本、湘潭经验"等为主要代表的典型模式。

基于前述时空背景和湖南省美丽乡村建设的生动实践，本研究通过系统梳理国内外乡村建设的实践探索和经验启示，总结湖南省美丽乡村建设的历史和现状，分析当前存在的主要问题，构建评价指标体系，客观评估湖南省美丽乡村建设成效，并选取部分样本进行实证研究，以此探讨新发展阶段高质量推进湖南省美丽乡村建设的实践路径，提出相关对策建议，既丰富美丽乡村建设的标准体系构建方面的理论研究，也为湖南省全面推进乡村振兴、加快推进农业农村现代化提供理论支持和决策参考。

三、研究意义

（一）理论背景及意义

绿色是农业发展的底色，生态是农业发展的底盘，生态兴则文明兴。只有生态文明建设和乡村振兴战略协同推进，才能加快建设农业农村现代化，有效推动实现人与自然和谐共生的中国式现代化。党的十九大报告明确指出"坚持人与自然和谐共生"是新时代坚持和发展中国特色社会主义的基本方略,党的二十大报告强调"建设宜居宜业和美乡村",在人与自然和谐共存基础上解决好生态文明建设不平衡、不充分问题是当前回应避免乡村陷入"现代化悖论"困境的应有之义。正如马克思在《1844年经济学哲学手稿》中所阐述的,"自然界的生态环境系统和人类生产活动系统是一个有机整体,人类社会就是生产劳动在生态系统中相互交换的结果。"[①] 又如恩格斯在《自然辩证法》中提出的"把人从其余的动物中提升出来"的能动改造自然的观点,要"按照客观规律开展的人类活动,能够让人与自然和谐共存"。对此,习近平总书记指出,"良好生态环境是最公平的公共产品,是最普惠的民生福祉。"生态文化在乡村振兴中的作用显著,只有尊重自然、保护生态的观念深入人心,才能维护乡村的生态环境基础,维护好和谐的人与自然关系,使乡村建设的各个层面发生显著变化。

进入21世纪以来,随着经济发展进入改革开放的新阶段,中国经历着史上速度最快的城市化,2012年城镇人口首次超过了农村人口,乡村面临萧条和解构危机。数据显示,2000年中国有360万个自然村,2010年自然村减少到270万个,10年间有90万个乡村消失,平均每天有将近250个自然村落消亡,中国乡村发展面临陷入"现代化悖论"的困境[②]。在党的十九大提出实施乡村振兴战略、城乡融合发展的背景下,乡村逢工业文明衰,遇生态文明兴。因此,如何运用好马克思主义生态观基本原理,以及习近平生态文明观这一马克思主义生态观中国化的最新成果,并将其与乡村资源日益匮乏、人口逐渐流失的国情巧妙结合,通过具体实践的反馈,来客观分析当前乡村建设所面临的难题,为生态建设有效提升美丽乡村建设质量寻找理论支撑,这是本研究的重点。

美丽乡村建设是乡村振兴的重要组成部分,建设美丽乡村是世界上所有国家向现代社会转型所必须经历的阶段。国外发达国家大多已经经历了这个转型阶段,虽然农业发展国情和社会制度等都不尽相同,但国外的成功经验和失败教训同样可以作为我国美丽乡村建设的研究方向和借鉴内容。从学术研究的层面看,国内外学界对于乡村建设评价有着较为丰富的研究,但如果具体到国情和区域地情,对相关经验的借鉴、转化仍是不可缺少的重要环节。目前,系统分析美丽乡村建设进展的文献还相对较少,国内相关

---

① 张颖,马金龙.乡村振兴视域下生态文化的生成、价值与实现[J].山西高等学校社会科学学报,2020,32(06):47-51.
② 张孝德,杜鹏程.乡村生态文明建设的使命、道路与前景:基于文明形态与"现代化悖论"理论的分析[J].中国农业大学学报(社会科学版),2022,39(06):5-19.

研究尚处于爬坡阶段，且多是定性的简要分析，尚无权威的、规范化的评价指标体系和系统科学的评价方法。由此，学界仍需强化对美丽乡村建设进展的评价研究，加强对指标体系构建、评价内容和工具选择等的理论和经验分析，以便为各地美丽乡村建设考评提供实践参考。本研究选取湖南省作为研究对象，其美丽乡村发展模式和特点突出，通过转换视角、拓展深度，能够实现多学科交叉研究；同时兼顾政府、社会和农民等多主体，系统探讨美丽乡村建设的相关概念和理论基础，进一步明确了湖南省美丽乡村建设的现状经验、主要问题、评价指标体系及发展路径。通过综合考量湖南省美丽乡村建设水平，解答高质量推进乡村发展的题中之义，以期为美丽乡村的科学规划、准确评价、定量考核和具体实施等提供参考决策依据。

（二）现实背景及意义

乡村振兴是新时代党和国家推动乡村建设的总体目标。改革开放40多年来，改善农业、农村和农民生产生活状况始终是党和国家制定政策的重心所在，党对农村工作的领导始终是具体的，而不是抽象的内容。纵观改革开放以来国家主导的乡村建设历程，虽然乡村发展的过程曲折而复杂，但乡村发展的成绩显著辉煌。1978年党的十一届三中全会召开后，改革开放首先从农村开始破冰，家庭联产承包责任制的推行使得剩余劳动力迅速从土地中解放，从而进入非农部门，这也为农村经济繁荣和资本积累奠定基础；1992年党的十四大明确提出建立社会主义市场经济体制，促使市场经济向农村快速拓展，同时引导农村的资金、土地和劳动力等资源大量流向城市，城乡二元结构矛盾突出；2003年10月党的十六届三中全会提出要"统筹城乡发展"，并将其作为"五个统筹"的首位；2005年党的十六届五中全会提出"工业反哺农业、城市支持农村"，全面取消农业税，乡村建设又一次摆在国家发展的重要位置，这是中国对农村的长期畸形发展做出调整的开始；2006年，中央出台《关于推进社会主义新农村建设的若干意见》，做出开展社会主义新农村建设的重大决策；2008年中共十七届三中全会进一步提出农村建设"三大部署"，拉开乡村产业调整的序幕。据统计，截至2012年底，中央财政共安排农村环保专项资金135亿元，带动地方各级政府财政投入180多亿元，支持2.6万个村庄开展环境整治，6000多万农村人口直接受益。2012年十八大报告提出"美丽中国"的概念；2013年中央一号文件中，首次提出建设"美丽乡村"的奋斗目标，同年中央提出"新型城镇化"的构想，乡村建设开始由重数量、轻质量向质量为重转变发展；党的十九大报告将生态宜居作为乡村振兴战略的重要内容，明确建设"美丽中国"必须建设"美丽乡村"。至此，中国美丽乡村建设正式步入以乡村生态文明建设为主的成熟阶段。

在国家政策的有力引导下，全国各地进一步有效落实，持续改善农村生产生活条件，乡村综合治理体系不断提升，先后涌现出浙江安吉、福建长泰等美丽乡村建设先进典型。湖南省美丽乡村建设启动早、特色足，自2006年启动实施新农村建设"千村示范工程"开始，到2014年提升为美丽乡村建设，湖南省委、省政府先后出台《湖南省改善农村人居环境建设美丽乡村工作意见》《关于加快推进美丽乡村建设的意见》《湖南省乡村建设行动实施方案》等系列文件，积极稳妥推进美丽乡村建设。经过近20年的努力，"和美湘村"建设取得显著成效，农村基础设施日趋完善，农村居民人均可支配收入稳定增长，产业生态化和生态产业化步伐明显加快，新产业、新业态蓬勃发展，以农旅休闲、特色餐饮、健身康养为主要产业的一批生态型农业产业逐步成型，一批美丽乡村建设典型如雨后春笋般涌现，农业农村发展新动能得以有力增强。

但当前诸如发展重点不明晰、总量较多但特色不鲜明、集聚效应相对欠缺等问题仍较突出，与发达省份相比还存在较大差距。因此，构建美丽乡村建设评价指标体系，对指导地方政府美丽乡村建设具有重要的指导意义。本研究以城乡一体化、可持续发展和生态文明建设等相关理论为指导，采用统计分析、实证分析、比较分析等方法开展调查研究，构建"自上而下"与"自下而上"相结合、层次性与综合性兼备的评价指标体系，以此对湖南省美丽乡村建设的成效进行综合考量，发现其可取之处及当前存在的问题，提出提升策略，一方面是帮助地方政府进一步增强对美丽乡村建设的科学有效指导，另一方面是帮助其在做出行政决策前更好明确自身定位，加强宏观管控和协调能力。

第二节 国内外研究动态

一、国外研究现状

乡村建设不仅是我国经济社会发展的重要主题，也是全世界人民的共同关切。为促进乡村发展，各国相继推出"造村运动""新村运动""村庄更新""农地整改"运动等不同模式。纵观国外乡村建设的相关研究，其主要聚焦乡村建设理论、城乡融合发展实践及农业产业化等方面，具体研究如下：

（一）关于乡村建设理论的研究

在国外，乡村建设研究始于"二战"结束后，当时主要侧重于乡村居住环境建设及村镇整体规划，同时对乡村规划布局、空间利用和地域特点等也有一些深层次探讨。伴随着相关研究的深入，许多关于乡村发展的代表性理论陆续产生。一是恩格斯（1878）的"城乡融合"理论，在他所著的《反杜林论》一书中，明确指出"城乡间的对立贯穿着人类全部的文明历史直至现在"①；列宁（1917）和斯大林（1929）则在"城乡融合"理论的指导下，提出"社会主义条件下的新型城乡关系是在各个层面上实现城乡平等，而非消灭它们的差异性"②。二是舒尔茨（1960）的城乡发展理论，他认为"随着发达国家城市化和工业化加速进行，农业农村发展应在其中贡献重要的资源和人力供给作用，因此要着力加强乡村建设"③。三是埃比尼泽·霍华德（1902）的"田园城市"理论④，基本点在于解决大城市的拥挤、卫生等问题。四是泰勒（1915）的卫星城镇理论，他在"田园城市"理论的基础上提出大规模建设卫星城镇的构想，希望以此缓解城市人口激增带来的交通堵塞和环境污染问题。五是麦克·道格拉斯（1985）的城乡一体化理论，他主张"要加大城乡互动和联络，促进共同发展与进步"⑤；同时，他还与另一位学者约翰·弗里德曼（1991）提出了"城市偏向"理论，强调"城镇不应该只作为一个经济增长点单独存在，也应当承担非农产业发展和行政管理的功能"⑥。六是昂温（1998）的城乡统筹发展理论，他借助对"Desakota"模式⑦的深入研究，提出"空间经济的相互作用对聚居模式和经济活动具有显著的正向影响，并有利于促进城乡融合"⑧。

针对与城乡发展的相关理论，国外研究多是建立在城乡共同进步、共同发展的观点之上，着眼于如何缩小城乡差距。其中，大卫·李（1955）等人通过观察发展中国家的乡村经济增长过程⑨，提出"要整合乡村发展力量，使乡村生产力、居民生活水平、经济发展和基层管理组织得到一定改善和提升"⑩。戴维·莫利（1983）等认为，"农村基础设施质量和服务水平的提高，是当地经济得以迅速发展的保障，因此要对城乡经济

---

① 中共中央马克思恩格斯列宁斯大林著作编译局.马克思恩格斯全集[C].北京：人民出版社，2008：224.
② 白雪秋.党的三代领导核心统筹城乡发展思想之演进[J].毛泽东思想研究，2004（02）：111-114.
③ 舒尔茨.经济增长与农业[M].北京：北京经济学院出版社，1991：24-30.
④ 霍华德.明日的田园城市[M].金经元，译.北京：商务印书馆，2000：9.
⑤ 淮建峰.国外城乡统筹发展理论研究综述[J].科技咨询导报.2007（14）：205.
⑥ 弗里德曼.区域发展政策：委内瑞拉案例研究[M].北京：商务印书馆，1991：54-59.
⑦ 加拿大学者麦吉（T.G.McGee）在对亚洲一些国家进行长期研究后提出了"Desakota"概念，即一种"城乡边界混合、城市用地与乡村用地用途同时存在"的特殊城市化类型。
⑧ R UNWIN. Urbanization Patterns：European Versus Developing Countries[J]. Journal of Regional Science，1998（02）：231-252.
⑨ LEE. Chinese Village：Taitou, Shandong Province[M].New York：Columbia University Press，1955：246.
⑩ D E CHAUDHRI. Rural China：Imperial Control in the Nineteenth Century[M].Seattle：University of Washington Press，1962：198-201.

的多元化发展推出鼓励政策"[1]。伊纳亚图拉(1979)则认为"乡村发展带来的新技术理念,使其反作用于农业生产技术的进一步提高,促进与社会、文化、政治等因素共融共促"[2]。西村幸夫(2007)认为"城镇本身所具有的特殊性使得折旧成为乡村更新面临的主要问题,这时就需要采用一种新模式去挖掘每个地方的个性和共性资源"[3]。

(二)关于乡村建设水平评价的研究

乡村发展水平是衡量乡村建设是否规范、现代化水平孰优孰劣、生产力发展有无提升的一项重要指标,通常来说,发达国家会将生活宜居舒适、环境优美、生态文明、经济发展等作为评价的重要指标,并着重强调遵循村民个人意愿进行乡村建设。学界聚焦农村地理学和聚落地理学理论,分析了乡村发展现状、空间分布、地区差别,并对城市化影响下的乡村聚集形态转变进行重点探讨[4]。国外研究多从乡村发展类型、模式、水平及内部差异等方面开展研究,对乡村性论题展开深入探讨[5]。如克洛克(1977)结合自身田野调查经验提出关于乡村性衡量评价的16项指标[6],随后他还与爱德华兹(1986)合作验证性评价了英格兰和威尔士地区的乡村性发展程度[7]。舒宾(2006)指出"时代所带来的新变化对俄罗斯农村地区的乡村性与乡村发展有着显著影响"[8],马斯登和索尼诺(2008)发现"由于英国区域经济的增长与当地农村发展有着较为明显的相互关系,乡村性应当被人们重视"[9]。随后,乡村理论研究在20世纪70年代又迎来一段高涨期。那时,发达国家的研究者们重点探究了乡村社会因地理条件的不同会发生哪些变化,以及其中动因和结果是什么,相对落后的国家或地区则主要看重乡村发展能够带来经济、社会、政治等哪些方面的影响,并借此希望对乡村发展类型提出划定方法[10]。学者们融

---

[1] MORLEY. Rural Development and the State: Contradictions and Dilemmas in Developing Countries [G]. London and New York: Methuen Publishing, 1983.
[2] INAYATULLAHAL. Approaches to rural development: some Asian experiences [M]. Kuala Lumpur: Asian and Pacific Development Administration Center, 1979.
[3] 西村幸夫.再造魅力故乡:日本传统街重生故事[M].王惠君,译.北京:清华大学出版社,2007:17.
[4] 王秋鸟,邓华峰.基于AVC的乡村景观综合评价研究:以三岔村为例[J].西北林学院学报,2016(03):298-303.
[5] 李红波,张小林.乡村性研究综述与展望[J].人文地理,2015(01):16-20+142.
[6] Cloke. An Index of Rurality for England and Wales [J]. Regional Studies, 1977(01):31-46.
[7] Cloke, Edwards. Rurality in England and Wales 1981: A Replication of the 1971 Index [J]. Regional Studies, 1986(04):289-306.
[8] Shubin. The Changing Nature of Rurality and Rural Studies in Russia [J]. Journal of Rural Studies, 2006(04):422-440.
[9] Marsden, Sonnino. Rural Development and the Regional State: Denying Multifunctional Agriculture in the UK [J]. Journal of Rural Studies, 2008(04):422-431.
[10] 姚龙,刘玉亭.乡村发展类型与模式研究评述[J].南方建筑,2014(02):44-50.

合了农业地理等相关理论展开了相应研究①，从克洛克（1977）的简单线性求和到皮尼（2002）引入半结构化访谈的定性方法②，然后到杜恩克曼（2010）③Q方法论的应用，研究趋势从单一的定性、定量分析转变为综合性理论探讨。

国外对乡村发展的评价指标研究始于20世纪七八十年代，相较于国内也早得多，总体上可以分为两种：一是经济学领域的单一指标体系构建，以某一项指标反映某一方面的发展状况；二是基于系统理论的综合指标体系构建。其中，约翰·弗里德曼认为"发展中国家的农村数量基数较大，对于促进城市发展有着资源输入的显著作用，只有加强中心村镇建设，通过科学合理规划，城镇化才能加速实现"④。德诺伊（1991）⑤和汉尼根（1994）⑥提出"由于传统农业经济发展下行，使得乡村工业化水平降低，高层次人才加速外流，农业相关部门需要在内部调整优化，而发展乡村旅游恰好是刺激乡村经济回稳，促进农民增收和改善社会民生的重要措施"。罗伯塔·麦克唐纳和李·乔利夫（2003）通过分析加拿大阿卡迪亚地区的地域文化与乡村社区互动共生的现象，提出"要通过构建四个阶段性建设框架来发展乡村文化旅游"⑦。

二、国内研究现状

在社会主义新农村建设和全面实现乡村振兴的大背景下，国内学术界关于美丽乡村建设的相关研究日益广泛和深入，研究内容主要集中在美丽乡村的内涵总结、发展历程和模式研究、路径探讨、水平评价等方面。

（一）关于美丽乡村的定义研究

何谓"美丽乡村"？对此，《美丽乡村建设指南》将其认定为"经济、政治、文化、社会和生态文明协调发展，规划科学、生产发展、生活宽裕、乡风文明、村容整洁、管理民主、宜居、宜业的可持续发展乡村"⑧。陈秋红、于法稳（2014）"从理论体系、案例经验和政策机制三个方面总结归纳了现有的文献研究成果，立足自然社会关系、'三生融合'关系和城乡差别消除三个层面对美丽乡村给出了具体的概念界定，认为美丽乡

---

① 龙花楼，刘彦随，张小林，等.农业地理与乡村发展研究新近进展[J].地理学报，2014（69）：1145-1158.
② Pini.Focus Groups, Feminist Research and Farm Women: Opportunities for Empowerment in Rural Social Research[J]. Journal of Rural Studies, 2002（18）: 339-351.
③ Duenckmann. The Village in the Mind: Applying Q Methodology to Reconstructing Constructions of Rurality[J]. Journal of Rural Studies, 2010（16）: 284-295.
④ 卓美行.基于城乡一体化的乡村景观规划设计研究[D].哈尔滨：东北农业大学，2012.
⑤ Dernoi. Prospects of rural tourism: needs and opportunities[J]. Tourism Recreation Research, 1991, 16.
⑥ Hannigan. A regional analysis of tourism growth in Ireland[J]. Regional Studies, 1994, 28.
⑦ MacDonald, Jolliffe. Culture rural tourism: evidence from Canada[J]. Annals of Tourism Research, 2003, 30.
⑧ 国家市场监管总局.《美丽乡村建设评价》国家标准发布[J].大众标准化，2019（01）：1.

村是自然原生的结果,也是发展建设换来的成果"①。向富华(2017)基于内容分析法公认的研究范式,提出"美丽乡村是生态环境优美、经济繁荣且可持续、社会和谐文明、人居幸福安康的乡村"②。

(二)关于乡村建设发展历程的研究

近代中国探索农村建设的历史起源于20世纪20年代至40年代,那时以梁漱溟、晏阳初等为首的先进知识分子首次提出开展乡村建设的设想,并通过各种方式的尝试,论证了"邹平模式""定县模式"等早期乡村建设经验③。新民主主义革命时期,在井冈山革命根据地开展的各类改革运动也被认为是中国共产党领导乡村改造实践的开始④⑤。而后的"农业学大寨"运动则成为20世纪60年代社会主义革命和建设时期的乡村建设典型,但由于学大寨运动偏重基础设施建设,并未建设出如日本、韩国那样的现代化"新村"⑥。党的十一届三中全会召开后,相关理论研究百家争鸣,农村发展实践亦是生机勃勃,乡村建设相比改革开放前,也已发生显著变化。2006年"中央一号文件"深入全面地提出了推进社会主义新农村建设的目标、任务,并将其提升到国家战略层面⑦。2006年至今,每年的中央一号文件都会对新农村建设相关问题进行着重部署,将目标核心指向农民增收、现代农业、生态农业、社会主义新农村建设稳步推进等方面⑧。随后,2021年"中央一号文件"又从总体上对新发展阶段优先发展农业农村、全面推进乡村振兴提出相关任务,要求"大力实施乡村建设行动"⑨。从"乡村改造"到"乡村建设"再到"乡村改革"及"乡村振兴",解决"三农"问题始终是中国共产党的重点工作目标,重视程度循序提升,方式方法逐步发展⑩。

(三)关于美丽乡村建设模式的研究

自2013年农业部开展美丽乡村创建活动以来,全国各地积极探索和实践美丽乡村建设经验,形成了"安吉模式""衢州模式"等一大批特色各异的特有模式。农业部科

---

① 陈秋红,于法稳.美丽乡村建设研究实践进展综述[J].学习与实践,2014(06):107-116.
② 向富华.基于内容分析法的美丽乡村概念研究[J].中国农业资源与区划,2017(10):25-30.
③ 郭海霞,王景新.中国乡村建设的百年历程及其历史逻辑:基于国家和社会的关系视角[J].湖南农业大学学报(社会科学版),2014(02):74-80.
④ 李增元,李圆圆.制度整合与农民"自由":基于新中国成立初期的分析[J].社会学评论,2014(01):48-56.
⑤ 中共中央文献研究室.毛泽东文集:第六卷[M].北京:人民出版社,1999:21-24.
⑥ 高秉雄,陈国申.韩国新村运动与农民权利[J].江汉论坛,2007(05):57-60.
⑦ 郭伟.社会主义新农村建设的历史脉络[J].广东省社会主义学院学报,2007(03):41-44.
⑧ 肖方仁."美丽乡村建设"政策效应的权利分析视角[J].湖州师范学院学报,2017(01):30-37.
⑨ 习近平.在全国脱贫攻坚总结表彰大会上的讲话[N].人民日报,2021-02-26(003).
⑩ 唐任伍,唐堂,李楚翘.中国共产党成立100年来乡村发展的演进进程、理论逻辑与实践价值[J].改革,2021(06):10-21.

技教育司（2013）基于全国美丽乡村建设的基本特征和发展规律的考量，通过分析相关数据，梳理成果经验，发布了"产业发展型、生态保护型、城郊集约型、社会综治型、文化传承型、渔业开发型、草原牧场型、环境整治型、休闲旅游型、高效农业型等美丽乡村的十大创建模式"①。吴理财、吴孔凡（2014）"深入考察分析了安吉、永嘉、高淳、江宁四地的美丽乡村建设模式，挖掘了其中可供借鉴的共同经验，并提出了美丽乡村建设的6个着力点"②。郑向群、陈明（2015）等主张"美丽乡村建设模式的设计要因地制宜，坚持系统思维，重视政府、科研、企业和农民四方主体作用，并从规划、方案、评估的角度提出设计方法"③。李智等（2017）基于乡村重构理论总结了"资源置换型、经济依赖型、中间通道型、城乡融合型四种乡村振兴模式"④。

（四）关于美丽乡村建设路径选择的研究

邵子南等（2015）"通过运用乡村性指数评价和空间自相关分析方法，分析了江苏省各县（市）乡村性空间的分布特点，总结出影响乡村性变化的5大因素，并以此深入研究，提出了相应提升策略"⑤。叶云、李斌琪（2017）"基于美丽乡村建设过程中的多元主体利益博弈的现实，构建了多元互动网络模型，并从6个主体的角度提出了解决美丽乡村建设不同时点矛盾的方法策略"⑥。吴平（2018）"分析了黔东南苗族侗族自治州的传统村落的保护与发展现状，归纳总结出审美素养缺失、项目推进各自为政等造成资源破坏和浪费的问题，并强调传统村落在美丽乡村建设中应保持自然风貌，维护村落文化多样性特征"⑦。刘翔（2019）"借助耦合协调发展度模型，评价了河南省新型城镇化和美丽乡村建设的发展水平，发现二者仍处于初级协调阶段，各地区发展差异显著"⑧。

（五）关于美丽乡村建设水平评价的研究

我国社会有着显著的乡土性特征⑨，国内学界普遍认为"乡村建设具有多层次、多因素融合的系统性特点，乡村发展类型的划分应依据一定的产业经济指标、职能体系和

---

① 农业部科技教育司美丽乡村创建工作办公室.全国美丽乡村创建主要模式［N］.农民日报,2013-12-11（008）.
② 吴理财,吴孔凡."美丽乡村"建设四种模式及比较：基于安吉、永嘉、高淳、江宁四地的调查［J］.华中农业大学报,2014（01）：15-22.
③ 郑向群,陈明.我国美丽乡村建设的理论框架与模式设计［J］.农业资源与环境学报,2015（02）：106-115.
④ 李智,张小林,陈媛,等.基于城乡相互作用的中国乡村复兴研究［J］.经济地理.2017（06）：144-150.
⑤ 邵子南,陈江龙,苏勤,等.江苏省乡村性空间格局影响因素研究［J］.长江流域资源与环境,2015（02）：185-193.
⑥ 叶云,李斌琪.试析社会网络视角下多元主体参与美丽乡村建设的结构平衡：基于湖北X村的实践［J］.中南民族大学学报（人文社会科学版）,2017（03）：141-146.
⑦ 吴平.贵州黔东南传统村落原真性保护与营造：基于美丽乡村建设目标的思考［J］.贵州社会科学,2018（11）：92-97.
⑧ 刘翔.河南省新型城镇化与美丽乡村建设耦合研究［J］.中国农业资源与区划,2019（01）：74-78.
⑨ 费孝通.乡土中国［M］.北京：北京大学出版社,2012：7-8.

地域空间区位等多因素进行测度评估"①。为此,德尔菲法、层次分析、因子分析、主成分分析和熵值法等方法被国内学者分别用于乡村评价体系构建等方面。刘彦随、陆大路(2007)"利用1997—2001年中国统计年鉴和典型地区调研得来的数据资料,评价了各省区农业结构调整的比较优势,研究发现区域效应差异总体上是北方优于南方,黄河流域优于长江流域,传统农区优于一般地区"②。韦家华、连漪(2018)"通过对广西荔浦县(今荔浦市)荔城镇D村乡村振兴情况的深入调研,基于乡村振兴的五个衡量维度构建了相应评价指标体系"③。姚树荣、龙婷玉(2019)"基于福利经济学和Sen的可行能力理论,运用模糊综合评价法研究了政府主导型、资本主导型和农户自主型三种模式对农户福利的影响"④。刘德林、周倩(2020)"着重评估了2008—2017年我国31个省份美丽乡村建设水平的时空演变特征,运用空间滞后模型、熵值法和探索性空间数据分析法探究了影响美丽乡村建设水平的具体因素。研究发现:时间尺度上的美丽乡村建设水平都保持持续上升的特征,空间尺度上则呈自东向西不断上升趋势"⑤。

三、研究述评

乡村振兴以美丽乡村建设为基础,衡量一个美丽乡村建设的综合成效,既取决于乡村是不是被振兴,农村居民生活过得好不好,也要看美丽乡村建设活动的公众参与度,建好的基础设施群众用不用,以及用得好不好。对于美丽乡村建设的实际工作而言,如果能够把评价成果应用好,利用指标体系对乡镇、村庄建设的具体问题加以具体分析,这对于政府部门制订工作方案,采取措施推动问题解决,将十分有利。纵观国内外相关研究成果,学者们从社会学、生态学、经济学等角度,对美丽乡村的内涵、模式、路径选择和水平评价等进行了深入探讨,形成了系统理论体系。虽然目前研究尚不完善,但是相关的区域发展评价研究已趋于成熟,并提出了一些系统评价模型和理论方法,在指标设计和选定、权重测算、乡村性评价等方面,对后续的美丽乡村建设研究很有启发意义。

在美丽乡村建设的理论和实践取得不少成绩的同时,也面临着一些问题:一是研究

---

① 田毅鹏,张红阳.村落转型再生进程中"乡村性"的发现与重写:以浙西M村为中心[J].学术界,2020(07):61-72.
② 刘彦随,陆大道.中国农业结构调整基本态势与区域效应[J].地理学报,2003(03):381-389.
③ 韦家华,连漪.乡村振兴评价指标体系研究[J].价格理论与实践,2018(09):8-17.
④ 姚树荣,龙婷玉.农户福利视角下的美丽乡村建设模式比较研究[J].四川大学学报(哲学社会科学版),2019(01):170-180.
⑤ 刘德林,周倩.我国美丽乡村建设水平的时空演变及影响因素研究[J].华东经济管理,2020(01):1-8.

深度亟待加强，未能形成相关学科的交叉整合研究；二是研究视角有待拓展，将农民视为利益相关者的研究文献相对较少；三是评价标准仍需探讨和统一，美丽乡村究竟怎么建及建得怎么样，这都需要统一的标准体系来评价，但目前众说纷纭，莫衷一是，同时在指标选择上也不能因地制宜体现地方特色；四是评价模型构建缺乏创新，学者们在美丽乡村建设的区域绩效方面尝试了不同评价方法，但由于客观量化模型支持不足，许多指标体系所做出的评价结果仅为"强""弱"等相对模糊的定性判断，实用性不强。

近年来，政府推出了众多利好美丽乡村建设的政策举措，然而政策究竟多大程度推动了美丽乡村的持续发展？实施效果目前尚不得而知。因此，为有效认知美丽乡村建设水平的总体情况，本研究在归纳总结国内外乡村建设相关理论的基础上，梳理了国家及其他省份发布的美丽乡村建设评价标准，并根据湖南省情实际和地情特色，从乡村振兴的五大维度构建了包含"布局美、产业美、环境美、生活美、风尚美"5个一级指标的美丽乡村建设综合评价体系。最后依据综合评价得分，进一步提出美丽乡村建设的提升策略，以期为地方政府进行美丽乡村建设的科学决策提供理论参考。

第三节 研究目标、内容与思路

一、研究目标

本研究旨在贯彻落实中央有关美丽中国和美丽乡村建设、全面推进乡村振兴与城乡融合发展的有关精神，通过调查现状，分析成效，寻找问题，借鉴经验，提出有关对策措施，以达成如下目标：初步梳理国内外相关研究理论，指出美丽乡村评价指标体系已有的研究成果及国家相关方面的政策；具体阐述湖南省推进生态宜居美丽乡村建设的相关实践及存在的主要问题；总结国内外乡村建设的探索与经验启示；构建具备科学性、可控性、动态性的美丽乡村建设评价指标体系；运用改进的熵权—层次分析法进一步验证评估标准的合理性；以湖南省浏阳市为样本，开展美丽乡村建设评价的实证分析，对其美丽乡村建设的模式与成效进行合理评估，推进美丽乡村建设和乡村振兴探究科学的发展策略。

二、研究内容与思路

本文遵循"提出问题—理论研究—现状分析—问题探讨—评价模型—实证检验—结

论建议"的逻辑思路展开研究，基于马克思恩格斯城乡融合理论、统筹城乡发展、城乡一体化和城乡融合发展理论、新时代城乡共同富裕理论等理论基础，综合运用规范分析、实地调研、实证分析、案例比较等研究方法，分析现状，探讨问题，评估效率，借鉴经验，提出对策。基本内容如下：

第一章，导论。主要介绍研究的背景、目的及意义；对国内外研究现状展开述评；介绍研究目标、思路和内容；阐述研究方法、创新之处及技术路线。

第二章，美丽乡村建设的相关理论分析。厘清乡村振兴、美丽乡村、美丽乡村建设、和美乡村建设等相关概念内涵；分类探讨马克思恩格斯城乡融合理论、统筹城乡发展、城乡一体化和城乡融合发展理论等不同的基础理论，对乡村振兴的目标任务、基本内涵、实施策略等进行系统阐述。

第三章，城镇化进程中的美丽乡村建设。当前，我国具备了城市大规模反哺农村的条件，城乡统筹，乡土文明全面复兴，"美丽乡村"建设成为可能。"美丽乡村"的落实需要在生态环境、农业经济、乡土文明、农村教育多方面进行城乡之间的双向互动，才能实现农业强、农民富、农村美。

第四章，美丽乡村建设的现实背景——新时代城乡融合发展。总结了中国城乡融合发展的主要成绩和历史经验，探讨了城乡融合发展的主要问题，提出推进城乡生产经营融合、资产收入融合、要素资源融合、人力资本融合、基础建设融合、管理服务融合六个融合的对策建议。

第五章，美丽乡村建设现状分析——以湖南省为例。通过梳理湖南省美丽乡村建设现状，分析了湖南省美丽乡村建设在美丽乡村建设规划引领作用不强、美丽产业融合发展不充分、公共基础设施建设标准低、建设成果未形成长效机制等方面的问题。

第六章，美丽乡村示范村建设典型案例——以湖南省为例。农业、农村、农民问题是关系国计民生的根本性问题。鉴于此，本章主要介绍了湖南省美丽乡村建设融合发展实践的基本经验，通过典型案例阐述具体的启示。

第七章，美丽乡村建设评价指标体系和模型构建。首先依据国家和各省相关标准分析当前评价指标体系的现状和局限性，按照指标构建原则选取五大类指标共27个具体指标；通过构建熵权—层次分析的对比矩阵，进行可行性分析，设立评分标准，求出各指标权重。

第八章，美丽乡村建设评价实证——基于湖南省浏阳市的分析。主要介绍了浏阳市县情概况及美丽乡村发展概况，从乡村振兴五个维度具体阐述了浏阳市推进美丽乡村建设的相关实践和取得的成效情况，考察分析以浏阳市中和镇苍坊村、文家市镇沙溪村、永安镇坪头村等为代表的典型美丽乡村建设模式。依据统计年鉴、统计公报及实地调研获得的一手数据，综合评价2018—2020年浏阳市美丽乡村建设的具体成效。

第九章，国内外美丽乡村建设的实践探索、经验及启示。通过对国内外乡村建设经典经验进行阐述，分析出可供参考的国内外美丽乡村建设实践案例，得出美丽乡村建设需要规划先行、产业支撑、完善基础设施和长效管护等经验。

第十章，美丽乡村建设实施策略。在上述研究和论证基础上，归纳研究结论，从"产业美、环境美、风尚美、布局美、生活美"的不同角度，梳理研究美丽乡村发展过程中的逻辑关系与关键要素，结合评价结果提出相应实施策略。

第四节　研究创新与不足

一、研究创新

本研究的创新点主要体现在研究内容、学术论点和方式方法三个方面。

（1）研究内容的创新。以湖南美丽乡村为研究对象，以评价指标构建为切入点，初步梳理了国内外相关研究理论，指出美丽乡村评价指标体系的已有研究成果及国家相关政策，归纳总结典型美丽乡村的发展模式，通过调查现状，分析成效，寻找问题，借鉴经验，解析模式，提出有关对策措施等。

（2）学术论点的创新。运用历史的、发展的眼光看问题，进一步完善对以生态文明建设为核心的美丽乡村建设相关问题的研究。系统阐述湖南省推进美丽乡村建设的相关实践与主要问题，在研究借鉴国家与其他省份美丽乡村评价标准的基础上，构建美丽乡村评价指标体系和评价模型，对浏阳市美丽乡村建设效率进行实证分析，以为美丽乡村建设和乡村振兴探究科学合理的提升策略。

（3）方式方法的创新。运用规范分析、调查分析、实证比较等研究方法，构建具备科学性、可控性、动态性的美丽乡村建设评价指标体系，运用改进的熵权—层次分析方法验证评估标准的合理性，从理论和实践两个维度，系统探究湖南省美丽乡村建设的现状、效率及模式等，立足"产业兴旺、生态宜居、乡风文明、治理有效、生活富裕"的乡村振兴5个维度，分析其逻辑关系与关键要素。

二、研究不足

从国内外研究现状看，目前乡村性评价的理论研究体系尚未成熟，受限于客观统计数据的不易获取及研究者个人水平等因素，在评价指标的选取方面往往有着较大的随意性。因此在构建综合性评价指标体系时，要以全面、有代表和可操作为原则，既要重视硬件设施建设水平，也要考虑生态环境、乡村治理等内在要素在乡村发展中的重要作用；既要重视正向指标和表现当前发展状态的指标，也要考虑体现未来发展潜能的指标；既要重视乡镇和村庄两个层级，也要兼顾县域单元。由于个人科研能力的局限性，相对详细的实地调查数据获取也不够全面，研究相对比较粗浅，导致选取的指标对本文的绩效评价可能造成一定的影响，研究结论具有一定的主观性。虽然本研究充分考虑了国内外的相关研究成果，并在此基础上进行了指标的修改完善，但从实际看，对浏阳市美丽乡村建设水平评价产生影响的因素可能还有很多，从不同方面可能有着不同程度的影响。本文在选取相关评价指标时没有对影响因素进行综合分析，进而有可能造成综合评分会存在一定误差，恳请各位读者能够给予批评指正。

但不可否认，由于这些问题的存在，为笔者在今后研究过程中确立了继续努力的方向。通过梳理已有研究成果，总结本研究的不足，在未来的美丽乡村建设评价研究中，要进一步寻找更为科学合理的评价方法，丰富计量研究手段，充实实证相关数据，要充分考虑不同地域间的水平差异，因地制宜探讨不同美丽乡村建设模式的分类评价，同时要深入分析产业发展、生活富裕、乡风文明等不同因素变动对美丽乡村建设的影响程度。绩效评价也是一项重要的研究课题，过程持久且实证复杂，因此要精准构建绩效评价指标体系，多方位收集客观数据，多角度进行实地调研访谈，选取合适的评价指标，使研究更加饱满有力，以助力乡村振兴的全面实现。

第二章　美丽乡村建设的相关理论分析

党的十八大报告明确提出"美丽中国"的概念，美丽乡村建设是美丽中国建设的重要环节。2013年中央一号文件第一次提出建设"美丽乡村"的奋斗目标。党的十九大报告首提乡村振兴战略，对美丽乡村建设提出更高的要求。党的二十大报告提出，"全面推进乡村振兴。""统筹乡村基础设施和公共服务布局，建设宜居宜业和美乡村。"2023年，中央一号文件进一步阐述建设"宜居宜业和美乡村"。"美丽乡村"与"和美乡村"一字之差，有何差异与联系？"美丽乡村"与"社会主义新农村建设""乡村建设行动"的关系如何？"美丽乡村"和"乡村振兴"有何关联？这些都是需要思考的问题。因此，有必要对"美丽乡村"相关概念、理论基础和乡村振兴战略及其内涵进行详细阐述。

第一节　美丽乡村建设相关概念

一、社会主义新农村建设

20世纪80年代初，在我国提出的"小康社会"概念中，建设"社会主义新农村"就是其中的重要内容。党的十六届五中全会通过了《中共中央关于制定国民经济和社会发展第十一个五年规划的建议》，社会主义新农村建设在"建议"中被放在了经济社会发展工作的第一位，并提出按照"生产发展、生活宽裕、乡风文明、村容整洁、管理民主"的要求，坚持从各地实际出发，尊重农民意愿，扎实稳步推进新农村建设。2006年，胡锦涛总书记在省部级主要领导干部建设社会主义新农村专题研讨班上，深刻阐述了建设社会主义新农村的时代特征，他指出："党的十六届五中全会进一步明确提出建设社会主义新农村，与我们党改革开放以来提出的农村发展的目标，在战略思想上是一脉相承的，同时又有着鲜明的时代特征。"在我国经济步入新常态、农业农村发展进入新阶段的背景下，2014年中央农村工作会议提出，要"积极稳妥推进新农村建设，加快改善人居环境,提高农民素质,推动'物的新农村'和'人的新农村'建设齐头并进。"自此,在社会主义新农村建设的伟大征程中,农村改革发展拉开新帷幕。从当时的情况看,"建设社会主义新农村"是在国家取消农业税,实施城市反哺农村的背景下提出的,建设内容集中于水、电、路、信等基础设施。显然,美丽乡村建设与社会主义新农村建设在建设内容上具有高度一致性。从这个角度看,美丽乡村建设应是社会主义新农村建设的"升级版",二者具有时间延续、政策连续的特征。

二、美丽乡村建设

党的十八大后,随着"美丽中国"概念的提出,建设"美丽乡村"不断得到社会认可和重视,其中浙江安吉的"美丽乡村"建设更是被学者称赞为"可资借鉴的社会主义新农村建设实践典范"[1]。2013年,农业部发布相关通知,决定从当年起陆续组织开展"美丽乡村"创建工作。但由于当时"美丽乡村"仍是新兴事物,许多人对此少有耳闻,学界的相关研究也处于摸索阶段,尚未有一致的观点看法。受限于各地文化习俗、传统观念的不同,"美丽乡村"的标准模式一时也难以确定。其中,景庆虹等认为"美丽乡村应以农业发展、农民富裕、生态宜居及乡风淳朴等各方面的人居环境展示为主"[2]。国家标准《美丽乡村建设指南》将"美丽乡村"概括为"规划布局科学、村容整洁、生产发展、乡风文明、管理民主,且宜居宜业的可持续发展的乡村"[3]。结合福建、浙江、广东等省份创建美丽乡村的经验及《美丽乡村建设指南》规定的标准内容,根据美丽乡村的外在表征和内在需求,本研究将"美丽乡村"的内涵总结为治理有效布局美、融合创新产业美、村容美化环境美、宜居宜游生活美和乡风文明风尚美五个方面,提出要实现乡村人居环境、特色产业、农村经济和农民生活水平的改善和提高,进而达到村庄建设的整体推进、和谐统一。

习近平总书记强调,"各地开展新农村建设,应坚持因地制宜、分类指导,规划先行、完善机制,突出重点、统筹协调"[4]。具体而言,"美丽乡村"之美应是"内在美"与"外在美"的有机结合、和谐统一,美丽乡村建设应当实现乡村经济发展、乡风文明

---

[1] 翁鸣.社会主义新农村建设实践和创新的典范:"湖州·中国美丽乡村建设(湖州模式)研讨会"综述[J].中国农村经济,2011(02):93-96.
[2] 景庆虹,孙燕丽,刘静.美丽乡村建设科学内涵与实现路径[J].山东农业工程学院学报,2020(01):5-9.
[3] 房旭平,郑浩,白雪冰,等.民族地区"美丽乡村"建设:内涵提出、指标构建和对策分析[J].中国商论,2018(03):50-52.
[4] 甘有军,吴丹.基于新型城镇化的广州村庄规划编制新思路[C]//新常态:传承与变革:2015中国城市规划年会论文集(14乡村规划),2015:1417-1425.

改善与生态宜居发展的融合统一。刘刚（2019）认为"美丽乡村建设的基础应该是科学合理的规划蓝图，要以城乡和谐互动为前提，对现有乡村进行环境宜居的适宜性改造和建设，既让城市得以在空间上实现有序扩张，又让乡村在城市反哺下实现良性发展，实现乡村人与自然、社会等各方面的和谐共生，进而使农村生产生活生态'三生'互融互促"①。基于以往文献对美丽乡村建设做出的合理解释，本文认为，美丽乡村建设应是政府积极引导并提供主要保障为前提，农户作为建设主体行使参与权和监督权，同时积极吸纳社会力量和社会资本参与，实现人与自然、社会、经济的和谐统一，最终使农民在美丽乡村建设中受益，实现共同富裕的发展目标。

美丽乡村建设是一项长期和系统性的重要工程，要在建设中逐步完善，如何准确衡量建设工作成效，构建评价指标体系就是那把有刻度、能测量的"尺子"。为科学推动美丽乡村建设，要多方位收集农民对乡村发展的意见，感知群众满意度，通过建立量化标准客观反映美丽乡村建设的相关阶段和各个节点，发现问题，提出解决办法②。对此，国内外学者通过构建评价体系开展了城乡关系间的多方面研究，史蒂文·库普等人"从智慧水务的角度建立评价指标体系，深入分析了城乡差异及产生影响的关联原因，并提出了优化建议"③；徐敏、王成晖利用多源数据为历史文化街区的更新模式建立了一套综合性评估体系，用于掌握历史文化街区更新的具体情况④。参考学界相关研究成果，本文将"美丽乡村建设评价"的内涵概括为：利用多维度量化评价体系的构建，形成对美丽乡村建设各阶段和层级的综合性评价结果，通过客观分析建设过程中的"强""弱"维度，研究分析当前模式的亮点与不足，以此提出下一阶段的资源优化配置建议，以便科学把控美丽乡村建设的各节点和全过程。

三、乡村振兴战略

农业农村农民问题是关系国计民生的根本性问题，必须始终把解决好"三农"问题作为全党工作的重中之重。2005年，胡锦涛总书记在党的十六届五中全会上指出，中国社会主义进入"工业反哺农业、城市支持农村"的历史新阶段，工业与农业、城市与

---

① 刘刚．南京永宁街道美丽乡村建设发展研究［D］．南京：东南大学，2019.
② 李威阳，杨毅．美丽乡村建设下乡村聚落的保护与发展策略研究：以腾冲市桥街村美丽乡村规划为例［J］．建筑与文化，2019（11）：83-84.
③ STEVENHAK, CORNELISJVL.Assessment of the Sustainabilityof Water Resources Management：A Critical Review of the City Blueprint Approach［J］.Water Resources Management，2015（15）：5649-5670.
④ 徐敏，王成晖．基于多源数据的历史文化街区更新评估体系研究：以广东省历史文化街区为例［J］．城市发展研究，2019（02）：74-83.

农村协调发展是建设和谐社会的必然要求。随后正式提出建设"社会主义新农村"。有关统计显示，从2005年提出"社会主义新农村建设"到2013年，中央和地方各级政府在"三农"方面的总投入约7万亿元，这些资金投资为后续美丽乡村建设及乡村振兴战略实施奠定了一定的基础设施和公共服务基础。2008年，受全球金融危机的影响，当年全国有2000万农民工下岗返乡，据有关调研报告，这部分人后来大多留在农村就业创业，并没有再进入城市。这预示着农村劳动力向城市流动已经临近"刘易斯拐点"，即国际经验表明，当一个国家城市化率超过50%，资本、技术、管理等要素就会转而向农业部门流动。2010年，我国城市化率已接近50%，2016年底便已达57.6%。由此可见，实施"乡村振兴战略"适逢其时。

实施好乡村振兴战略，才能建设好美丽宜居乡村。习近平总书记深刻指出，"我国发展最大的不平衡是城乡发展不平衡，最大的不充分是农村发展不充分。"党的十八大以来，我们党下决心调整工农关系、城乡关系，采取了一系列举措推动"工业反哺农业、城市支持农村"。党的十九大提出实施乡村振兴战略，就是为了从全局和战略的高度来把握和处理工农关系、城乡关系。关于实施乡村振兴战略，党的十九大报告提出了20字的总要求："产业兴旺、生态宜居、乡风文明、治理有效、生活富裕。"随后，中央又提出了四大配套举措：深化农村土地制度改革，保持土地承包关系长久不变；深化农村集体产权改革，保障农民财产权益；构建现代农业经营体系，培育新型农业经营主体；加强农村基础工作，健全乡村治理体系。对美丽乡村建设事业而言，党的十九大提出乡村振兴战略是迄今最为重大的利好。美丽乡村建设会因为乡村振兴战略的提出而恰逢其时，在全面贯彻落实其总要求、总部署的同时，在不同层面上与之互为掎角，并在基层建设实践中融为一体，进而得到更大发展、发挥更大作用。

四、乡村建设行动

乡村建设是实施乡村振兴战略的重要任务。党的十八大以来，以习近平同志为核心的党中央坚持把农业农村优先发展摆在突出位置，持续改善农村生产生活条件，如期完成农村人居环境整治三年行动，加快建成美丽乡村、幸福乡村、宜居乡村，乡村面貌发生巨大变化。同时，当前城乡发展不平衡不充分问题突出，农业农村成为推进现代化建设面临的最突出短板，尤其表现为城乡基础设施和公共服务体系差距较大，尚不能满足农民群众日益增长的美好生活需要。总体而言，农村居民人均收入水平仍然较低，2022年农村居民人均可支配收入仅相当于城镇居民的40.6%，超过20%和40%的农村居民年人均可支配收入分别不及8601元和19303元。为解决好当前社会的主要矛盾，党和国家确定实施乡村振兴战略，推进乡村建设行动，意在缩小城乡差距，推动农业农村现代化，实现共同富裕。党的十九届五中全会提出实施乡村建设行动，明确要求"把乡村建设摆在社会主义现代化建设的重要位置"，重点强调"把乡村建设作为'十四五'时期全面推进乡村振兴的重点任务进行部署"。2021年、2022年中央一号文件更是对实施乡村建设行动做出具体的政策安排。习近平总书记提出，"要以实施乡村建设行动为抓手，改善农村人居环境，建设宜居宜业美丽乡村。"这为新时期做好乡村建设工作指明了方向。为此，2022年5月中共中央办公厅、国务院办公厅专门印发《乡村建设行动实施方案》，足以表明乡村建设在社会主义现代化国家建设中的地位显著。从美丽乡村到乡村建设行动，一脉相承、内涵不断扩展，是党中央着眼于农业农村发展新阶段任务做出的重要部署，体现了党对新时代"三农"工作的认识深化和实践升华。[①]

五、和美乡村建设

党的二十大报告首次提出"宜居宜业和美乡村"的概念。在此之前，关于乡村振兴目标的表述一直都是"宜居宜业美丽乡村"。虽然从"美丽"变成"和美"仅是一字之差，但反映出的是中国共产党在乡村建设理论和实践层面的认识深化，是对乡村建设理念和目标做出的新调整。从内涵来看，"和"字更加突出乡村文化内核及精神风貌的提升，强调乡村建设要推动传统农耕文明与现代文明的结合，要充分实现表里如一、形神一体；"美"字更加侧重新时代中国特色社会主义现代化乡村的建设内容，即生态美、村庄美、产业美、生活美、风尚美，做到基本功能完备，乡味乡韵十足。从2013年中央一号文件提出"加强农村生态建设、环境保护和综合整治，努力建设美丽乡村"，到《乡村建设行动实施方案》确定的2025年行动目标，"力争宜居宜业和美乡村建设取得重要进展"。可见，宜居宜业和美乡村的提出是随乡村建设历史进程的变化而逐步演进的。正是经过近20年的努力，美丽乡村建设成效显著，全国已建设5万多个美丽宜居乡村。在新发展阶段，面对新形势、新挑战需要做出新的部署，为此党的二十大才正式提出"建设宜居宜业和美乡村"，这也是政策延续、实践发展和理论创新的最新成果。从"和美乡村"与"美丽乡村"二者的关系看，宜居宜业和美乡村是美丽乡村建设的"升级版"和"加强版"。习近平总书记指出："农村现代化既包括'物'的现代化，也包括'人'的现代化，还包括乡村治理体系和治理能力的现代化。"建设宜居宜业和美乡村是中国式现代化的重要组成部分，只有相当数量的乡村人口宜居宜业，才能够支撑

[①] 范利利.乡村振兴视域下实施乡村建设行动的研究[J].上海农村经济，2022（06）：45-48.

起人口规模巨大、全体人民共同富裕的现代化。

第二节 美丽乡村建设的理论基础

一、马克思恩格斯城乡融合理论

马克思主义认为,城乡融合是一个长期的历史过程。小农生产作为一种没落的、过时的生产组织形式,由于自身天然的分散孤立、封闭保守、停滞落后等缺陷,因此必然"不可挽回地走向灭亡"。城乡融合是历史发展的趋势。马克思认为,"人们只有在消除城乡对立后才能从他们以往历史所铸造的枷锁中完全解放出来"。恩格斯在《反杜林论》中进一步指出,"城市和乡村的对立的消灭不仅是可能的,而且已经成为工业生产本身的直接需要,同样也已经成为农业生产和公共卫生事业的需要。只有通过城市和乡村的融合,现在的空气、水和土地的污染才能排除"。但由于当时的社会实践和历史条件有限,马克思和恩格斯并未对城乡融合发展的具体路径给出明确解释,只是将城乡关系的发展划分为"城乡混沌一体阶段""城乡分离对立阶段"和"城乡融合阶段"的三个阶段。结合世界各国城乡发展的具体实践经验,城乡融合是人类废除私有制进入共产主义社会后的必然状态,尤其对于社会主义国家治理而言。随着中国特色社会主义进入新时代,社会主要矛盾发生新的变化,中国式现代化不断推进和拓展,现实需求呼吁城乡融合发展。根据2020年第七次全国人口普查数据,目前我国有50 979万乡村人口,占全国总人口的36.11%,即使按照70%的城镇化率计算,未来仍有4亿人口继续居住在乡村。由此可见,马克思恩格斯的城乡融合理论是新时代指导我国城乡融合发展的理论基础。因此,新时代下,深入推进美丽乡村建设符合中国城乡发展的实际情况,是推动城乡一体化发展的有效途径,能够从根本上解决"三农"问题,实现农业、农村、农民的全面发展现代化。

二、统筹城乡发展、城乡一体化和城乡融合发展理论

城乡协调发展是中国现代化进程中的重要方面。西方学者对城乡关系研究起步较早,霍华德的"田园城市"思想和赖特的"区域统一体"理论是初期城乡一体化理论的根源。以马克思为代表的城乡协调发展理论从历史的角度阐释了城乡关系,其认为随着时间的推移,城乡对立必然会走向城乡融合。与西方城乡在长期发展与实践中走向协同

所不同的是，我国较早地展开了从中央层面的政策干预及自上而下的规划研究与实践，并在破解城乡二元对立、迈向城乡一体化的道路上，不断涌现出新的理论和实践。从1949年初党的第一代领导集体提出"工农并举"，到党的十六大报告中提出"统筹城乡经济社会发展"，再到2017年党的十九大首次提出"城乡融合发展""乡村振兴"，中国城乡关系经历着"城乡协调—城乡统筹—城乡融合"三个阶段的逻辑演进，为构建城乡一体化格局和城乡现代化发展打下坚实的基础。关于城乡关系的表述，目前主要有统筹城乡发展、城乡发展一体化、城乡融合发展三个概念。三者在目标取向上有共同之处，在精神实质上一脉相承，在核心要义上不断丰富，反映出学界对城乡关系认识的不断深化。城乡一体是人类社会发展的必然趋势，是社会现代化进程中不可逾越的历史过程。而国家层面的以城乡一体化为中心的新型城镇化，是2014年后正式展开的。准确来说，城乡一体化范畴是20世纪80年代由苏南地区根据城市化经验总结得出的，那时苏南地区乡镇企业发展迅速，促进了城乡人才、科技、文化的交流，缩小了城乡居民生产、生活方式的差距，试行市管县体制，让地方政府可以统筹规划行政区划内的经济事业，有人就把这种经济发展模式叫"城乡一体化"。进入21世纪，国内经济持续快速增长，初步具备工业反哺农业的条件，中共十六大首次提出统筹城乡社会经济发展战略。中共十八大后，我国进入全面深化改革、建设生态文明的新阶段，以"城乡融合"为核心的城乡关系改革大幕正式拉开。

三、新时代城乡共同富裕理论

实现共同富裕自古以来就是人类社会的共同理想追求，在中国古代有关于"小康""大同"的理念阐述，近代西方更是提出了"乌托邦"式田园社会的构想，这些都是当时的人类对于共同富裕的一种憧憬和向往。因为社会生产力不够发达、剥削阶级占据统治地位，阶级社会中的共同富裕只能是与梦想相关的词汇。直到马克思、恩格斯发起对资本主义社会的无情批判及对未来共产主义社会的美好描绘，共同富裕的基本轮廓才逐渐显露。关于城乡共同富裕思想的最早追溯，马克思在其著作《1857—1858年经济学手稿》中就明确提出：在新的社会制度中，"社会生产力的发展将如此迅速……生产将以所有人的富裕为目的"，同时他主张"共同富裕的实现只能在社会主义社会中完成，不可能在资本主义社会中完成。"对此，恩格斯在《反杜林论》中强调，"通过社会化生产，不仅可能保证一切社会成员有富足的和一天比一天充裕的物质生活，而且还可能保证他们的体力和智力获得充分的自由的发展和运用"。在中国，共同富裕的理论探索是与社会主义现代化建设进程紧密并行的。在社会主义革命和建设时期，"共同富裕"

的概念即指过社会主义改造使农民摆脱贫困，过上"普遍繁荣的生活"；在改革开放和社会主义现代化建设时期，邓小平指出实现共同富裕需要"解放和发展生产力，消灭剥削、消灭两极分化"。新时代背景下，以习近平同志为核心的党中央把逐步实现全体人民共同富裕摆在更加重要的位置，创新性地将共同富裕与中国式现代化相结合，进一步完善了共同富裕分配机制，更加明确了共同富裕的重点方向和阶段演进，使其理论意涵更加丰富，实践指导更具引领。当前，我国社会主要矛盾已经转化为"人民日益增长的美好生活需要和不平衡不充分的发展之间的矛盾"。其中最大的发展不平衡就是城乡差距明显，最大的发展不充分就是乡村相对落后。习近平总书记指出："促进共同富裕，最艰巨最繁重的任务仍然在农村。"因此，实现城乡共同富裕是共同富裕中最为首要和迫切的部分。

四、利益相关者理论

在1759年亚当·斯密撰写的《道德情感论》中，利益主体分析是基于多方利益主体博弈后寻求一致目标结果而提出的，"利益相关者"这个学术术语主要来源于1963年斯坦福研究所在相关论文中的提法。随后弗里曼在他的著作中将"利益相关者"理论概括为"任何可以影响该组织目标或被该目标影响的群体或个人"。起初，利益相关者理论主要被学者们用于公司和企业治理研究方面，但换个角度思考，不同利益相关者间的关系又何尝不是影响美丽乡村建成与否的重要因素。因此，利益相关者理论能够在美丽乡村建设研究得以运用和实现。由于美丽乡村建设具有综合复杂性，其内部涵盖的众多利益相关者，使得如何协调处理好主体利益行为成为促进美丽乡村建设可持续发展的必然要求。因此，研究不同利益相关者参与美丽乡村建设的利益产生机制，合理有效地协调他们之间的矛盾冲突，促进多方主体目标融合、理念互通，本文对美丽乡村建设各主体行为的分析也将建立在利益相关者理论之上。

五、生态文明理论

生态文明是人类文明最新的阶段，是继农业文明、工业文明之后的一种新型文明形态。生态文明研究的是人与自然、人与人、人与社会和谐发展的客观规律，其理论的诞生是由于生态危机日益严重，各种生态运动逐渐兴盛，西方生态思潮迎来大爆发，德国学者费切尔被认为是发达国家研究"生态文明"的先驱[①]。20世纪80年代，生态文明理

---

① 费切尔，孟庆时.论人类生存的环境：兼论进步的辩证法[J].哲学译丛，1982（05）：54-57.

论研究在我国逐渐兴盛，学界引入了对西方生态思潮的评析，其中刘湘溶被认为是国内第一位系统研究生态文明的学者。进入 21 世纪后，国内研究方向慢慢转入构建具有马克思主义理论基础、有着独特中国特色社会主义意识形态的生态文明理论[1]。

党的十八大报告提出"要把生态文明建设放在突出地位，融入经济建设、政治建设、文化建设、社会建设各方面和全过程"[2]。美丽乡村建设是以生态文明建设为基础，即以生态为主线，以生态为基调，以生态技术为背景来建设美丽乡村。建设美丽中国需要以推进美丽乡村建设为载体，生态文明建设在美丽乡村建设的全过程都一以贯之，美丽乡村建设将生态环境优化作为重要的发展脉络，着重强调了建设过程中的生态技术运用。生态文明建设和美丽乡村建设在路径、方法、目标层面都有着一致性，美丽乡村建设是生态文明理念和行动在农村地区的具体体现，其核心在于人与自然的协调可持续发展，这意味着两者间关系的互融互促。先进生态农业的打造、绿色消费模式的构造、良好生态环境和资源的供给，这些既是美丽乡村建设的构成要素，也是生态文明建设的实现路径，而相关指标体系的构建也以生态文明理论为依托。

六、可持续发展理论

伴随着全球性的人口增长、资源减量、环境破坏等严重的社会危机，可持续发展逐渐被世界各国所重视，相关理论日益深入。世界环境与发展委员会将"可持续发展"定义为"既满足当代人的需要，又不损害后代满足其自身需要的发展。"[3]。在我国，"可持续发展"是针对环境污染逐渐加重，经济模式结构单一而提出的新型发展模式[4]，其核心要求是"经济发展既满足当代人需求同时又不损害子孙后代的发展需求"[5]。习近平总书记强调，必须牢固树立和践行绿水青山就是金山银山的理念，站在人与自然和谐共生的高度谋划发展[6]。与此同时，可持续发展理论深刻阐述了农业经济循环发展的本质逻辑，对于美丽乡村建设具有重要指导意义。它打破了萦绕在人口、资源与环境等要素之间的"恶性循环"和"怪圈诅咒"，有利于改善农村人居环境，实现农民生产生活提质增效，协调农村经济、社会和生态环境的统一发展，推进美丽乡村建设可持续发展，高

---

[1] 王雨辰，李芸.我国学术界对生态文明理论研究的回顾与反思［J］.马克思主义与现实，2020（03）：76-82.
[2] 陈虹.人对自然的支配源于人对人的支配：布克金对生态危机根源的探究［J］.牡丹江大学学报，2013（12）：12-14.
[3] 世界环境与发展委员会.我们共同的未来［R］.王之佳，柯金良，译.长春：吉林人民出版社，1987.
[4] 薛忠跃.中国大陆 31 个省区可持续发展因子分析［J］.经济研究导刊，2013（04）：148-151.
[5] 杜辉.资源型城市可持续发展保障的策略转换与制度构造［J］.中国人口·资源与环境，2013（02）：88-93.
[6] 习近平.之江新语［M］.杭州：浙江人民出版社，2007：223.

质量促进农村农业平稳发展，本文在评价指标选取及相关论证方面均以可持续发展理论为基础。

第三节 乡村振兴战略及其内涵

一、乡村振兴的目标任务

乡村振兴是一项长期性历史任务。2017年，党的十九大提出实施乡村振兴战略。那时，经过改革开放的快速发展，我国经济增长进入"新常态"，经济增速适当放缓，对发展质量要求更高，这就要求我国城镇化发展必须主动适应新变化。《中华人民共和国2017年国民经济和社会发展统计公报》数据表明，当年我国户籍人口的城镇化率为42.35%，比常住人口城镇化率低约16个百分点，这就表示有2.3亿农业户籍人口虽已在城镇生活居住，但仍未真正落户城镇。因此，要解决好我国的"三农"问题，必须实施乡村振兴，以此才能建成惠及全体人民的全面小康社会和现代化国家。

实施乡村振兴战略，是中国共产党"三农"工作系列方针政策的继承和发展，是中国特色社会主义进入新时代做好"三农"工作的总抓手。2018年9月中共中央、国务院印发《乡村振兴战略规划（2018—2022年）》，首次建立了乡村振兴指标体系，提出了到2022年的目标，并对到21世纪中叶分两个阶段做出谋划。2019年3月8日，习近平总书记在参加十三届全国人大二次会议河南代表团审议时指出，"乡村振兴是包括产业振兴、人才振兴、文化振兴、生态振兴、组织振兴的全面振兴，实施乡村振兴战略的总目标是农业农村现代化，总方针是坚持农业农村优先发展，总要求是产业兴旺、生态宜居、乡风文明、治理有效、生活富裕，制度保障是建立健全城乡融合发展体制机制和政策体系。"按照党的十九大提出的决胜全面建成小康社会、分两个阶段实现第二个百年奋斗目标的战略安排，明确实施乡村振兴战略的目标任务是，到2020年，乡村振兴取得重要进展，制度框架和政策体系基本形成；到2035年，乡村振兴取得决定性进展，农业农村现代化基本实现；到2050年，乡村全面振兴，农业强、农村美、农民富全面实现。

二、乡村振兴的基本内涵

实施乡村振兴缩小城乡差距，是中国共产党的立党初心和执政基础。习近平总书记指出："乡村振兴是包括产业振兴、人才振兴、文化振兴、生态振兴、组织振兴的全面振兴，是'五位一体'总体布局、'四个全面'战略布局在'三农'工作的体现"。党的二十大报告强调："加快建设农业强国，扎实推动乡村产业、人才、文化、生态、组织振兴"。因此，乡村振兴的基本内涵应是产业兴旺、生态宜居、乡风文明、治理有效和生活富裕。

（一）推动产业振兴实现产业兴旺，是解决农村一切问题的前提

习近平总书记强调："要把产业振兴作为乡村振兴的重中之重，积极延伸和拓展农业产业链，培育发展农村新产业新业态，不断拓宽农民增收致富渠道。"与"社会主义新农村"建设目标相比，从"生产发展"到"产业兴旺"，强调的是新产业、新业态的培育，是当前农业农村经济加快优化升级、促进产业融合的新要求。推动乡村产业全面振兴，要完善多种利益联结机制，立足特色资源精准发力，加快构建现代农业产业体系，促进一、二、三产业深度融合，推动现代生产要素更多更好地惠及全体村民。

（二）通过生态振兴实现生态宜居，是乡村振兴的绿色根基

习近平总书记指出："实施乡村振兴战略，一个重要任务就是推行绿色发展方式和生活方式，让生态美起来、环境靓起来，再现山清水秀、天蓝地绿、村美人和的美丽画卷。"与"社会主义新农村"建设目标相比，从"村容整洁"到"生态宜居"，强调的是在农村人居环境整治基础上发展绿色经济，是实现经济社会发展"十四五"规划和2035年远景目标的根本要求。推动乡村生态全面振兴，要树立绿色发展理念，尊重、顺应自然，全面提升农村人居环境质量，推动农业集约化和绿色化发展，努力打造美丽乡村。

（三）通过文化振兴促进乡风文明，是重塑城乡关系的关键所在

习近平在江苏考察时强调："农村精神文明建设很重要，物质变精神、精神变物质是辩证法的观点，实施乡村振兴战略要物质文明和精神文明一起抓，特别要注重提升农民精神风貌。"与"社会主义新农村"建设目标相比，"乡村文明"四字虽然没有变化，但要求进一步提升，内容更加充实，逻辑关系更加清晰，是新发展阶段之下的事关全面现代化建设的一个重大问题。推动乡村文化全面振兴，要坚持以社会主义核心价值观为引领，繁荣和发展乡村文化，加强农村精神文明建设，强化乡村公共文化产品和服务。

（四）通过组织振兴实现治理有效，是实现其他四方面振兴的内在保障

习近平总书记指出，"要推动乡村组织振兴，确保乡村社会充满活力、安定有序。"与"社会主义新农村"建设目标相比，从"管理民主"到"治理有效"，强调的是要加强和创新农村社会治理，是加强农村基层党组织建设的内生动力。推动乡村文化全面振

兴，要建立健全党委领导、政府负责、社会协同、公众参与、法治保障的现代乡村社会治理体制，发挥农村基层党组织的战斗堡垒作用，促进乡村自治、法治、德治有机结合，建设平安乡村。

（五）通过人才振兴实现共同富裕，实施乡村振兴战略的重要推力

习近平总书记强调，"要推动乡村人才振兴，把人力资本开发放在首要位置，强化乡村振兴人才支撑。"全面推进乡村振兴，事关农村经济建设、政治建设、文化建设、社会建设、生态文明建设和党的建设的统筹推进，其最终落脚点在人民的生活富裕。与"社会主义新农村"建设目标相比，从"生活宽裕"到"生活富裕"，强调的是要实现有质量的经济增长，这是乡村振兴战略目标的根本所在。推动乡村人才全面振兴，以农村改革红利吸引返乡人员创新创业，整合推动专业人才向农村流动，拓展乡村人才事业发展空间。

三、乡村振兴战略与美丽乡村建设的关系

（一）乡村振兴战略与美丽乡村建设是一脉相承、同根同源的关系，尤其是随着乡村振兴战略的提出，两者共同构成了新时代"三农"发展的基本架构

"美丽乡村"最早产生于习近平同志2003年在浙江实施的"千村示范万村整治"工程行动，并于2013年由农业部率先推向全国，组织各省份学习借鉴相关经验；乡村振兴战略是以习近平同志为核心的新一届中央领导集体着眼当前乡村发展的问题瓶颈，顺应农民群众对美好生活的殷切期盼，立足美丽中国建设宏伟蓝图而做出的战略部署。《中共中央 国务院关于全面推进美丽中国建设的意见》提出了全面推进美丽中国建设"三阶段"目标，强调"到2027年，美丽乡村整县建成比例达到40%；到2035年，美丽乡村基本建成。"因此，要统筹推进乡村振兴战略与美丽乡村建设，促使"生态环境健康优美，生态环境治理体系和治理能力现代化全面实现，美丽中国全面建成"。

（二）乡村振兴战略是一定时期内的战略安排，而建设美丽乡村建设永远在路上

建设什么样的乡村、怎样更好地建设乡村，"是近代以来中华民族面对的一个历史性课题"。随着中国特色社会主义进入新时代，以习近平同志为核心的党中央准确把握我国"三农"工作新的历史方位，提出了实施乡村振兴战略的重大决策部署，从破除影响乡村发展的体制、机制难题入手，确立政策目标、提出振兴要求、设定改革步骤，使得农业农村现代化的内涵与内容得以进一步明确。而"美丽"往往没有尽头可言。2015年5月，习近平总书记在浙江省舟山市定海区新建社区调研中指出，"全国很多地方都

在建设美丽乡村,一部分是吸收了浙江的经验。浙江山清水秀,当年开展"千村示范、万村整治"确实抓得早,有前瞻性。希望浙江再接再厉,继续走在前面。"由此可见,美丽乡村建设内容会因发展阶段的不同、面对问题的不同、人民群众的客观需要不同而有所差异,这就需要一代又一代人持续发力、久久为功地接续奋斗。

(三)乡村振兴战略是出于战略层面的政策部署,美丽乡村建设则是落地措施层面的具体抓手

2008年,浙江省安吉县结合"千村示范、万村整治"工程,立足县情提出"中国美丽乡村建设",成为全国新农村建设的"安吉模式"排头兵。2017年,习近平总书记提出建设"美丽中国","乡村振兴战略"提上日程,以此来推动中国乡村走上中国特色社会主义乡村振兴道路。中国特色社会主义新时代最大的不平衡还是城乡之间的不平衡,最大的不充分还是农村发展的不充分。要补齐这块短板,美丽乡村建设能够在其中发挥引领和示范作用。乡村振兴战略的具体政策、实际举措能够进一步丰富美丽乡村的建设内容,推动美丽乡村向美好未来升级,二者在不同层面有着很好的互补和搭配关系。二者的共同目标都是"让农业成为有奔头的产业,让农民成为有吸引力的职业,让农村成为安居乐业的美丽家园"。

(四)乡村振兴战略主要通过行政动员的方式"自上而下"推动,美丽乡村建设则是创造性将"自下而上"与"自上而下"结合起来协同推动目标实现

乡村建设是为农民而建,要坚持问需于民、问计于民,发挥农民的主体作用,把农民满意作为衡量标准。乡村振兴战略是政府行政干预手段的体现,试图通过制度和政策的改革完善,调动社会各主体的积极能动性,解决那些市场力量难以解决的难题、基层群众期盼解决的障碍,以此形成促进乡村发展的良好环境和支持体系。党的十八大提出建设美丽中国,其中"美丽乡村"就起源于安吉的基层创新创造,经历从地方典型案例到社会共识再到中央号召最后成为全国政策的发展过程,从而推动乡村社会全面进步。

(五)美丽乡村建设首先要服从并服务于乡村振兴战略的总体安排,美丽乡村建设为乡村振兴战略落地实施提供有力抓手

党的十九大报告正式提出实施乡村振兴战略,是党中央在新阶段统筹中华民族伟大复兴战略全局和世界百年未有之大变局,针对"三农"高质量发展问题做出的重大决策部署,也是我们党坚持农业农村优先发展、推动一、二、三产业融合、尽早实现城乡一体化的一个重要安排。今后很长一段时期的美丽乡村建设,都必须服从于这个安排,积极主动对乡村提质升级。美丽乡村建设是乡村振兴战略的重要组成部分,是乡村振兴战略落地的主要载体和关键抓手。"走中国特色社会主义乡村振兴道路,全面实施乡村振兴战略，强化以工补农、以城带乡，推动形成工农互促、城乡互补、协调发展、共同繁荣的新型工农城乡关系，加快农业农村现代化。"可以说，这就是一条通往美丽乡村梦想的道路。

四、共同富裕视域下乡村振兴的实施策略

（一）产业维度：完善农业现代产业赋能乡村振兴体系

产业兴旺是实现乡村全面振兴的机制核心，也是推进农业农村现代化的物质基础。2023年中央一号文件提出，推动乡村产业高质量发展，要"做大做强农产品加工流通业，加快发展现代乡村服务业，培育乡村新产业新业态，培育壮大县域富民产业"。现代产业体系与推进共同富裕具有一致性，完善农业现代产业服务体系能够促进乡村经济实现可持续和高质量发展，进而促使乡村振兴和共同富裕目标早日实现。要在农业现代产业体系建设中积极发挥"共富""共享"的作用，重视中小企业和乡镇企业发展，推进要素市场体系改革，发挥市场在资源配置中的决定性作用，引导生产要素向知识型、高新技术等产业行业流动，构建多方力量参与的服务体系赋能振兴。

（二）生态维度：构建乡村绿色发展赋能乡村振兴体系

生态宜居是乡村振兴的底色和本色，也是实现共同富裕的基础和基石。2021年5月20日，中共中央印发《中共中央 国务院关于支持浙江高质量发展建设共同富裕示范区的意见》，强调支持浙江通过高质量发展建设共同富裕示范区。由此可见，包含绿色发展的高质量发展是共同富裕的前提和基础，包含生态文明的共同富裕是高质量发展的目标和追求。共同富裕首先是经济意义上的共同富裕，同时也是物质和精神、经济和生态之上的共同富裕。只有坚持包括绿色发展在内的高质量发展，才是体现福利最大化的共同富裕。要在构建乡村绿色发展体系中落实"绿水青山就是金山银山"理念，完善优良的生态制度和生态治理，立足绿色可持续发展战略，提供优质的生态环境和生态产品，持续开展乡村生态文明宣传教育，推动生态资源的价值转化。

（三）乡风维度：构建组织、文化和教育赋能乡村振兴体系

乡风文明是乡村振兴的文化保障，也是实现精神文明共同富裕的重要内涵。2019年9月4日，中央农办牵头，联合中央组织部、中央宣传部、中央文明办、农业农村部等11个部门，共同印发了《关于进一步推进移风易俗建设文明乡风的指导意见》，强调加强农村思想文化道德建设，以乡风文明建设助推乡村振兴。共同富裕是全面建成小康社会后的一种更高维度和更文明的社会形态，体现的不仅是物质积累的过程，也是精神富足的过程。促进共同富裕与促进人的全面发展是高度统一的，只有乡风文明才能留

住乡情乡韵，实现乡村振兴与共同富裕。要在构建组织、文化和教育赋能乡村振兴体系中拓展乡风文明内涵，加强促进共同富裕的舆论引导，弘扬乡村优秀传统文化，强化农村社会公德、家庭美德和个人品德建设，不断发展巩固乡村文化新生态，全面建成农业高质高效、乡村宜居宜业、农民富裕富足的社会主义新农村。

（四）治理维度：构建乡村有效治理赋能乡村振兴体系

乡村治理是国家治理体系的重要组成部分，创新社会治理是乡村实现共同富裕的关键所在。党的二十大报告指出："中国式现代化是全体人民共同富裕的现代化。共同富裕是中国特色社会主义的本质要求，也是一个长期的历史过程。"当前，我国已经进入扎实推动共同富裕的新历史阶段，促进全体人民共同富裕具有极为显著的地位。但值得注意的是，由于城乡间发展的不充分和不平衡，促进全体人民共同富裕，满足人民美好生活需要，最艰巨最繁重的任务仍然在农村，这需要有效的乡村治理能力作为支撑。就内部逻辑体系来说，有效的乡村治理保障着农民农村共同富裕的顺利实现，而实现共同富裕已成为构建乡村有效治理体系的目标动力。要在构建乡村有效治理体系中提升农村基层治理能力和水平，打造乡村治理共同体，实现乡村多元协同治理和治理现代化，促进广大农民群众在共建、共治、共享中实现全面发展。

（五）富裕维度：构建农民长效增收赋能乡村振兴体系

农民既是乡村振兴的主体和参与者，也是共同富裕的受益者。确保广大农民收入持续长效增长是实现全民共同富裕的关键。党的二十大报告明确提出，"从现在起，中国共产党的中心任务就是团结带领全国各族人民全面建成社会主义现代化强国、实现第二个百年奋斗目标，以中国式现代化全面推进中华民族伟大复兴。"其中"中国式现代化，是全体人民共同富裕的现代化"，那么促进农民农村共同富裕也应当是推动全体人民共同富裕的重要内容。改革开放40多年来，我国城乡居民收入水平不断提高，但城乡居民收入差距也在不断拉大，近年来基尼系数长期处于0.4的国际警戒线之上。在新发展阶段，要在构建农民长效增收体系中发展乡村特色和优势产业，加快推进农村产业融合发展，建立健全农民分享二、三产业的利益联结机制，优化财政支农及农业补贴政策，健全区域协调发展与东西部协助帮扶机制，增强乡村内生发展动力，为推动乡村全面振兴和农民共同富裕奠定坚实基础。

第三章　城镇化进程中的美丽乡村建设①

"美丽乡村"是城市化进程中文明寻根的必然产物,是农村重建的内在要求,标志着城乡一体化进入了以城带乡的新阶段。中国古代社会以农村为根基,城乡之间资源双向流动,城乡呈现一体性特点;近代以来,城市扩张突飞猛进,从农村汲取了大量资源,城乡二元分割。现在经济深入发展使我国具备了城市大规模反哺农村的条件,城乡统筹,乡土文明全面复兴,"美丽乡村"建设成为可能。"美丽乡村"的落实需要在生态环境、农业经济、乡土文明、农村教育多方面进行城乡之间的双向互动,才能实现农业强、农民富、农村美。

第一节　美丽乡村与文明寻根:城市化进程的必然追求

2008年,中国浙江省安吉县提出了"中国美丽乡村"建设计划,提出用10年左右时间,把安吉县打造成为中国最美丽乡村。通过"美丽乡村"建设,安吉县改善了农村的生态与景观,打造出了一批知名的农产品品牌,带动了农村生态旅游的发展,增加了农民收入,推动了农村社会的整体发展,为中国社会主义新农村建设探索出一条创新的发展道路,在全国引起强烈反响。受其影响,浙江、广东、海南、安徽、江苏等地相继推出了"美丽乡村"建设规划,不断取得新成效,引起了其他各地区各级政府的高度重视,现在,全国各地都掀起了建设"美丽乡村"的热潮。习近平同志指出:"中国要强,农业必须强;中国要美,农村必须美;中国要富,农民必须富。建设美丽中国,必须建设美丽乡村"②。"美丽乡村"建设标志着社会主义新农村建设进入了一个新的阶段,它是城市化进程的必然结果,也是农村重建的内在要求。

中国的城市化速度举世瞩目,联合国开发计划署发布《2013中国人类发展报告》

---

① 本章主要内容刊载于《湖南社会科学》2017年第6期,作者:黄渊基、匡立波。
② 中国要强 农业必须强:中央农村工作会议专题报道[J].中国合作经济,2013(12):29-35.

指出：中国只用60年的时间就实现了城镇化率从10%到50%，到2030年，中国将新增3.1亿城市居民，中国城市人口总数将超过10亿，城镇化率将达70%。联合国副秘书长、联合国开发计划署署长海伦·克拉克评价："中国正在以人类发展史上前所未有的速度、深度和广度实现城镇化。"[1] 中国城市化的历史也是一部经济发展史，新中国成立六十多年至今，我国从一个弱国变成了一个GDP总量占世界第二的经济强国，乡土中国发展成了城市中国，谱写了中华民族伟大复兴的华彩篇章。经济基础决定上层建筑，中国经济的腾飞增强了中华民族的文化自信，自近代以来饱受非议和鞭挞的中国传统文化随着经济发展一步步走向复兴，并且逐渐走向海外，成为全世界重新关注并研究的对象。而最能承载传统文化的莫过于我国的乡村，"礼失求诸野"，乡村社会是传统文化的精神基因，二者有着隐秘而恒久的渊源。在全球化和城市化的背景下，按照自身的逻辑和惯性延续着的乡土文化借现代文化的"他者"之手，实现了文化的重构与复兴。爱德华·萨义德说："每一种文化的维护和发展都需要与其相异质并且与其相竞争的另一个自我的存在。自我身份的建构牵涉到对'我们'不同的特质的不断阐释和再阐释。"[2] "美丽乡村"建设，通过挖掘乡土社会的文化内涵，保护民族村寨，恢复祭天、祭祖、祭神等民俗，复兴南腔北调的地方曲艺，打造一个个各具特色的村寨村落，实现乡土文化的传续与创新，是全球化过程中传统文化实现文化自觉的历史必然，也是城市化浪潮中乡土文化实现自我认同的历史必然。

城市化将全面改变中国，2030年中国人口将达到15亿，70%的城市化水平意味着将有10.5亿人口生活在城市，是现在整个欧洲和美国人口的总和，还意味着到2030年我国将有3亿人口从农村迁往城市。在一波又一波的城市化浪潮中，大量农民离土又离乡，他们的生产方式和生活方式发生了巨大变化，农民脱胎换骨变成了市民，居住上脱离了村落空间，生活上远离了乡村风俗，他们在物质上得到了极大提升，但精神上逐渐荒芜单调，因为多元异质的乡土文化被纳入整齐划一的城市文化当中了。农耕文明原本作为中华民族的精神源泉孕育出了多姿多彩的文化形态，不同民族、不同地域生长出了不同的耕作方式，形成了迥异的建筑风貌、风俗习惯和价值体系，在内涵上各具特点，在形式上各有千秋，就像一个色彩斑斓的调色盘，共同勾描着中华民族几千年以来的文明底色。

但在城市化进程中，现代化、市场化以摧枯拉朽之势用统一的城市文化迅速荡平了

---

[1] 李文蕊.《2013中国人类发展报告》在京发布中国将新增3.1亿城市居民［N］.中国广播网, http://native.cnr.cn/city/201308/t20130827_513431697.shtml.

[2] 萨义德.东方学［M］.王宇根, 译.北京：生活·读书·新知三联书店, 2000：123.

绚丽多彩的乡土文化，农耕文明的多元文化生态改变了，世代相传的乡土文明失去了固有的根基，从乡土中国走出来的城里人失去了精神家园。他们虽身在城市，内心仍然无法摆脱对乡村故土家园的浓厚情感和深深眷念，于是产生了"乡愁"。何谓乡愁？乡愁是对山水风貌和建筑格局等有形之物、文化形态和社会规范等无形之物相结合的意义世界的思念与感怀。习近平同志指出，要让城里人望得见山，看得见水，记得住乡愁。"乡愁"不是模糊缥缈的空中楼阁，而是依托于具体的物质形态在真实生活中可触摸的记忆，"美丽乡村"建设既是城市化进程中"城市中国"对乡土记忆的必然产物，也是城市文明对农耕文明的精神回归，更是中华民族对乡土社会的文明寻根。

第二节　美丽乡村与农村再造：农村发展的内在要求

中国古代文明是从农村出发的，城市缓慢发展，城市与农村资源双向流动，互为依存，城乡呈现一体性特点。中国是以农耕文明为基础的社会，农业与手工业相结合的家户生产使小农经济有着旺盛的生命力和坚韧的适应性，成为整个社会赖以生存的经济基础。相比之下，我国城市工商业的发展较为缓慢，一是因为农业与手工业结合可以使农村不依赖城市工商业而生存，二是自秦以来"士、农、工、商"的身份等级制度束缚了工商业的发展。在工商业的缓慢发展中，我国城市仍然是一种农业性城市，对农村的依赖程度很高，城市必须从农村获得经济来源，在城市居住的王公贵族、官僚缙绅、商贾巨富都在农村拥有大量地产，根基都在农村，城市通过血缘宗族网络，与农村有着千丝万缕的联系。同时，农村的发展也离不开城市，中国农村由分散的家户小农构成，缺乏在恶劣自然条件和外力掠夺下自我生存、自我保护、自我调节的能力，城市是行政中心，凭借着集中的人口、财富、军事和政治力量，对外可以防御入侵之敌人，对内维持国家秩序。大量分布均匀的郡县城市是国家的一个个枢纽，将分散孤立的乡村连接成一个整体网络，使社会免于陷入支离破碎的无序状态，城市是农村的堡垒。更重要的是，城市与农村之间人才流动频繁，农村是人才的蓄水池，一批批青年才俊走出乡土，或科举致仕，为官为吏，为国效力，或行商坐贾，积累财富，发展经济，晚年都叶落归根，告老还乡，以一身的荣耀与成就成为乡绅，他们授业讲学，调解纠纷，教化乡里，成为农村秩序的维护者。这样，一批批人才走出乡土，一批批官商回归故里，如此往复，形成一个生生不息的人才大循环，维系着城市与农村的均衡发展。

近代中国发展是从城市开始的，城市扩张突飞猛进，从农村汲取了大量资源，城乡二元分割。近代以来,在西方船坚炮利的压力下,封建王朝为求强求富,着重发展工商业,洋务运动兴起,此后轻工业发展较快,重工业逐渐起步,中国的城市从农业性城市向工业性城市转变。在商品经济推动下,城市迅速扩张,广州、天津、上海等大城市越来越繁华,大量地主移居城市,城居地主数量大增,农产品和农村剩余资本单向流入城市投向工商业,农村源源不断地为城市输血,农村走向衰败。再加上资本—帝国主义、本国资本主义和土豪劣绅的三重盘剥下,农村不堪重负,社会矛盾空前尖锐,终致民国政权土崩瓦解。新中国成立后,为了摆脱对帝国主义的依赖,国家采取了举全国之力发展重工业的工业化之路,在农村推行"合作化"运动,用城乡二元户籍制度严格限制城乡之间的人口流动,将农民牢牢拴在土地上,通过统购统销使农村的农产品剩余全部流向城市,历经三十年我国工业化取得了瞩目的成就,但农村为此付出了巨大的代价。改革开放以后,农村实行联产承包责任制,农村恢复了生机与活力,20世纪80年代末,"三来一补"企业兴起,中国沿海地区成为国际制造业转移的重点承接地,大量农民工离开农村涌进城市就业,"民工潮"成为常态。与"民工潮"同步的是,城市化进程飞速向前,一座座摩天大楼拔地而起,一块块农田圈进了城市,千万人口城市、百万人口城市越来越多,人口大规模聚集在城市,城市人口再也不愿像传统乡绅一样回流农村,农村不再是衣锦还乡的去处,在人才和资源的单向流动下,农村面临着空心化的困境。

随着改革开放的深入,中国经济建设取得了巨大成就,中国逐渐具备了工业反哺农业,城市带动农村的发展条件,建设社会主义新农村进入议事日程。党的十六届五中全会对新农村建设做出了全面部署,即"生产发展、生活宽裕、乡风文明、村容整洁、管理民主"。国家全面取消了农业"四税"和农村"三提五统",推行了新农合、新低保、免学费并增加了粮食直补等福利政策,国家财政逐年向"三农"倾斜,农村发展进入了新阶段。从党的十六大首次提出"统筹城乡经济社会发展",到十七大明确提出"加快形成城乡经济社会发展一体化新格局",到十八大明确指出"城乡一体化发展是解决'三农'问题的根本途径",再到十九大提出"建立健全城乡融合发展体制机制和政策体系,加快推进农业农村现代化",体现了党中央对处理新型城镇化、城乡发展一体化过程中的城乡关系、工农关系思路的不断推进、不断深化、不断提升的过程。中国共产党十八大报告第一次提出了建设"美丽中国"的奋斗目标,指出:"努力建设美丽中国,实现中华民族永续发展"。中国共产党十九大报告再次强调建设美丽中国,指出:"坚定走生产发展、生活富裕、生态良好的文明发展道路,建设美丽中国,为人民创造良好生产生活环境。"习近平强调:"中国要强,农业必须强;中国要美,农村必须美;中国要富,农民必须富。建设美丽中国,必须建设美丽乡村"。

第三节　城乡双向互动："美丽乡村"建设的现实路径

"美丽乡村"是依托农村空间形态，坚持城乡一体发展，农民群众广泛参与，社会各界关爱帮扶，注重自然层面和社会层面、形象美与精神美的有机结合，是不断加强经济、政治、文化、社会对生态环境的影响，实现乡村山美水美环境美、吃美住美生活美、穿美话美心灵美的自然历史过程。乡村之"美"包括自然美和社会美，不仅是自然环境的赏心悦目，还要乡土文化的发展壮大。在城市化进程中，"美丽乡村"建设，需要城乡双向互动，资源统筹规划，可以从以下几个方面着手构建。

一、生态环境建设的城乡互动

优美的生态环境是美丽乡村的直观表现，"美丽乡村"建设首先要加强农村污染治理。农村原本有着青山绿水、新鲜空气的天然优势，但政府对农村环境治理的重视程度远远不如城市，农民又处在环境治理缺乏话语权的弱势状态，农村污染问题日渐严重。城市的生活垃圾处理系统、污水排放管网日趋完善，而农村规划严重不足，处于无管理或半管理状态，生活垃圾随意丢弃。据调查，全国农村每天人均垃圾量为 0.86kg，随意堆放占 36.72%，收集堆放占 63.28%，收集堆放后均填埋、焚烧，再利用只占 14.83%[①]。河道成自由污水排放沟，地下水污染严重，水环境状况越来越恶化。耕地污染面积大，全国 2.5 亿亩[②]耕地遭到工业污染破坏，土地退化和沙化加快。农民身体健康受到严重影响，恶性肿瘤、呼吸系统、神经系统、骨科病、胎儿畸形逐年增长。环境保护是一项有明显外部性的公共产品，农民不可能凭借个人的力量来解决，农村基层政府也没有财力和能力来解决，企业在市场机制中又没有保护环境的利益冲动，所以农村污染治理要靠城市提供技术和资金，增加转移支付力度和环保部门的拨款金额，建立农业环境的管理体系和监测体系，加大对农村重点污染区的治理力度，加强对农村生活垃圾和牲畜养殖的粪便污染治理，加大农田保护，防止盐碱化、沙化，加大对污染河流的水资源保护。在此基础上，科学布局，种植景观树、经济林、花木带，将农村建设成为山清水秀、花果飘香的社会主义新农村绿色家园。

"美丽乡村"建设要重视乡村个性与特色的打造。特色民居是"美丽乡村"的名片，

---

① 冯欣，师晓春.农村水环境污染现状及治理对策［J］.环境保护与循环经济，2011，31（05）：40-42.
② 1 亩 ≈666.7 平方米。

它具有地域特点和传统风格，适应特定的地理条件和风俗习惯，反映出一个民族或区域特有的生活理念和个性特征。每一处民居都潜藏着别样的乡土气息，蕴含着丰富的人文内涵，具有深沉的审美价值，如平遥的四合院、湘西的吊脚楼、福建的围龙屋、陕西的窑洞、云南的"一颗印"①，都是民居风情的突出代表。但是，传统民居的传承并不容易，因为随着生活水平的提高，农民对房屋的材质、布局、风格提出了更高的要求，民居原有的生态环境、历史格局被肢解破坏，很多建筑被拆毁迁移。现代的"美丽乡村"如何依托传统建筑彰显出特色？仅靠农民进行自发性的传承是不够的，需要市场和政府力量的参与，需要城市力量走进来，对乡村传统建筑进行总体规划、保护和创新。著名的杭州西溪湿地，就是中国城市规划设计院对西溪原有三个村庄的民居和山水风貌进行保护、改造和拓展而成的结果，使之成为"世界田园水乡、怀旧适住的梦幻旅游地、人和动植物共享的天堂"。特色建筑的保留和传统元素的运用与现代建筑的便捷和舒适并非不可调和，在市场、政府的重视和参与下，民居完全可以打造成为"美丽乡村"中具有鲜明地域特点和深厚历史内涵的亮丽名片。

二、农业经济发展的城乡互动

农业原本是靠天吃饭的弱势产业，但随着经济的发展，人们对于绿色有机生态农产品的需求日益增强，对农村生态文化旅游的消费日益增多，农业成了蕴含着新的经济增长潜能的优势产业，各地都加大了新农业的发展步伐。新农业的发展不再是传统农业分散、隔绝的生产状态，而是借助城市科技力量和科技人才，对农业资源重新优化整合的再生产。比如湖南省澧县边山河种植基地专门种植不使用化学农药、化学肥料、激素、添加剂、转基因种子的有机蔬菜，为了保证蔬菜的质量和产量，该基地从山东、湖北等地聘请蔬菜种植专家任技术总监，与省农科院、省农大技术对接充实人才队伍，配建仓储、筛选包装车间、冷藏库、冷链配送中心，聘请专业管理人才进行生产、运输、销售一条龙管理。张家界"一界农户"电商平台的成功打造则是深圳联合正光科技有限公司与张家界有机农业联手合作的成果，该公司六个年轻人历时2个月深入调查，将张家界各个角落产出的农产品种类、数量、质量数据进行摸底，形成了完整的数据库，他们用敏锐的商业眼光和互联网知识将散落在农家的优质农产品集中起来，在电商平台上联合销售，解决了山区农户与市场距离遥远、交易成本高昂、供销信息不对称的难题。这

---

① "一颗印"即正房、耳房、入口门墙围成正方，因其形如方印。最常见的形式是毗连式三子四耳，即子房三间，耳房东西各两间，子房常为楼房。为节省用地，形成阴凉的气候，采用小天井，为了挡风沙和防火采用高墙型小窗，流行于多风的云贵高原。

些农业公司借助科技人才、运用科学技术将优质农产品插上翅膀，飞向城市各个消费群体，既让农民增了收，又让市民吃到了绿色安全的农产品。随着阿里巴巴农村淘宝项目的全面铺开，生态农业的市场将越来越广阔，城里人的食品安全问题将越来越有保障。

农村的生态文化旅游越来越受欢迎，绿水青山成了金山银山。但是绿水青山并不天然是金山银山，这些深山瑰宝需要外来资金和技术力量的挖掘才能变成利润。原生态的自然风光和文化形态固然富有魅力，但如果没有现代技术力量的整合与改造，也难以走向市场。九寨沟若没有政府挖掘整合将还在阿坝州沉睡，香格里拉若没有市场力量进入也将鲜为人知。张家界的自然风光与《天门狐仙》相得益彰，重庆武隆的天坑地缝与《印象·武隆》交相辉映，都是深谙现代城市文明的艺术家深入乡村开发创作的硕果。若没有外部力量的推动，农村大部分资源将"养在深闺无人识"。在城市资金和技术的作用下，农村成了一座等待开发的新宝藏，资源重新优化配置后，农业被整合进现代化产业的链条中，焕发了新的生命力。城乡的互动合作，不仅为城里人提供了农产品购买的方便、带来了愉悦的审美体验，也带动了农民脱贫致富、推动了"美丽乡村"的实施与实现。

三、乡土文化复兴的城乡互动

中华民族悠久而古老的文化都是建立在乡土文化之上的，乡土文化是我们的民族之魂、精神之根，经历了千百年来无数战争与动乱的洗礼后仍然存续下来，是中国人优秀而宝贵的文化遗产，需要保护和发扬。但在城市化进程中，乡土文化面临着不断被侵蚀甚至大面积消失的巨大危机。原来差异显著的农业生产方式被机械化同质化了，大部分农民脱离了农业生产进入到工业化体系中，附着于其上的传统文化丧失了生存的土壤，"市场是对乡村文化影响最为显著的力量，对文化差异的拉平效应十分明显，市场所到之处，能迅速减少文化之间的差异性并形成价值观的同化。"[①] 传统的乡土文化处境堪忧。

那么，当生产方式和生活方式发生根本改变以后，传统的乡土文化是否还有继续生长的空间？答案是肯定的。以2016年春晚舞台上震撼人心的《华阴老腔一声喊》为例，华阴老腔本为陕西省华阴市双泉村张家户族的家族戏，声腔刚直高亢、磅礴豪迈，最独特的是伴奏音乐不用唢呐，独设檀板的拍板节奏。据说此特色来源于西汉时期，华阴当时是一个军事粮仓所在地，漕运直通当时的都城长安，带头船工为了统一大家的动作，

---

① 李佳.乡土社会变局与乡村文化再生产[J].中国农村观察，2012（04）：70-75+91+95.

一边喊着船工号子,一边用木块敲击船帮,檀板由此而来。老腔被称为"土"得掉渣的秦腔艺术,在20世纪90年代因为没有与时俱进进行创新,曾面临5人演戏只有2名观众的窘境,处于即将消亡的状态。歌手谭维维发现华阴老腔后,将老腔的音乐素材、旋律和表演形态与现代摇滚乐进行混搭,当电吉他等伴奏乐器、舞台声光影效果与张力野性的嗓音叠加后,老腔爆发出的豪迈昂扬的力量瞬间征服了所有观众,成为春晚舞台上最受喜爱的节目。习近平总书记指出:"我们要善于把弘扬优秀传统文化与发展现实文化有机统一起来","努力实现传统文化的创造性转化、创新性发展,使之与现实文化相融相通。"华阴老腔的成功改造说明扎根民族厚土、富有中国特色和传统韵味的艺术与现代力量结合后可以释放出震撼人心的审美效应,在新时代焕发出夺目的光彩。传统与现代,城市与乡土,并非二元对立,可以相辅相成共同精彩!

四、农村教育发展的城乡互动

教育是国家根本大计,我国现在有9.3亿农村人口,农村教育的发展与我国的未来息息相关。民国时期著名的乡村建设实验就是以农村教育为开端的。晏阳初认为,中国大患是农民的"愚、贫、弱、私",要通过教育农民达到强国救民的目的。在20世纪二三十年代,中国教育界掀起了一股大办乡村教育的高潮,不少大专院校纷纷到农村设立分校或乡村小学,一些从事职业教育、平民教育的教育家和教育团体也将办学重点从城市向农村转移,农村办学蔚然成风,在中国历史上写下了浓墨重彩的一笔。中华人民共和国成立以后,我国农村教育取得了巨大成就,普及九年义务教育和扫除青壮年文盲工作成绩举世瞩目,我国劳动力平均受教育年限9.28年[①],超过了世界平均水平,农村职业教育和成人教育有了很大发展,县、乡、村三级农民培训体系逐步形成,农村教育投入力度加大,"以县为主"的农村教育管理体制基本建立。总体来说,与中华人民共和国成立前相比,我国农村教育有了巨大飞跃。但与城市教育相比,农村教育尤其是中西部地区农村的基础教育还有很多问题,突出体现在农村教育硬件上投入不足,学校办学经费短缺,教师待遇差,优秀教师流失严重等问题;教育内容上"去乡村化",农村教育与农村脱节,农村学生既缺乏城市文明的感知和体验,也缺乏乡村地方性知识的熏陶。农村教育总体趋势是优质教育资源和优质生源流向县城,城市学校人满为患,农村学校冷冷清清,农村教育凋敝。

陶行知曾在《中国乡村教育之根本改造》中说"中国教育走错了路!它教人离开乡

---

① 中山大学社会科学调查中心.中国劳动力动态调查:2015年[M].北京:社会科学文献出版社,2015:12.

下往城里跑"，表达了对乡村留不住人才的担忧，今天这个问题依然存在。农村学校的教学体系和教学逻辑是与工业化、城镇化发展相匹配的，农村教育"去乡村化"，向农家子弟传递的是"城市中心主义"思想，学校逐渐从村落社区中抽离出来，教师和教学都与乡村渐行渐远，农村教育与农村无关；教育在村落中所扮演着"人才抽水机"角色，优秀教师留不住，培养的优秀人才留不住。所以要改变农村教育的现状，从物质层面上来说要加大投资力度，加强基础设施建设，提高农村教师的福利待遇，在职称晋升、考核上向农村基层教师倾斜，让农村教师有尊严、有幸福感，让他们留得下、待得住。从精神层面上说农村教育要与鲜活的乡土文明相结合，不同地区的农村教育就要与不同的乡土特色相结合，体现农耕情怀、农耕智慧、农耕文化，开发乡土课程，对乡土艺术、乡土体育、乡土文化深入收集整理，使之成为农村孩子的精神食粮和发育营养。农村教育发展亟待"本土思想力"的注入，不仅需要农村教师拿出主体精神，开展系统性与内生性的教育试验，更需要城市中有思想厚度和行动宽度的思想家、实践者走向乡村，身体力行，让城里的高校、科研院所、知识精英、大学生等文化人深入乡村，既从乡土文明中汲取营养，又给乡土带去现代文明的知识和技术。乡村教育要"有根"，乡土文明才有自信，乡村社会才有生气，乡下人才可以出得去，城里人才能够进得来。以人为本，人才是"美丽乡村"建设最关键的一环，城乡一体，教育均衡，人才互相涌动，农业才会强，农民才会富，乡村才会美！

因此，"美丽乡村"建设是一个系统工程，包括农村生态、经济、政治、文化、社会等多方面的提升和综合治理，从实质上来说，它代表着乡土文明的全面复兴。我国从乡土文明中曾经取得了举世瞩目的辉煌成果，孕育出了独一无二的华夏文明，但自近代以来，它一度衰落，从高高在上的云端跌入了万人踩踏的泥沼。现在，在中华民族伟大复兴的征程中，在城市化进程对"乡愁"的呼唤中，乡土文明获得了新生。但是，这种新生并不是古老乡土文明的简单复制，当农民的生计方式改变以后，纯粹原生态的乡土文明显然已经丧失了生存的土壤，要想在新的时代获得发展的空间，乡土文明就需要在信息技术、科技力量的带动下，完成自身的升级转型。而这种转型是农村仅靠自身的力量无法完成的，必须城乡一体，借助城市现代化的力量进行规划、设计，予以资金、技术、平台的资助，方可完成乡土文明的再生产。在当前发展阶段，要实现生态文明均衡发展，必须更加关注城乡发展一体化，统筹协调好工业化、城镇化、信息化建设与现代农业、农村和农民发展之间的关系，着力搞好城乡规划建设、城乡产业发展、城乡资源配置、城乡环境保护四个方面的城乡统筹[①]。城市与农村，乡土与现代，曾经彼此背离，现在又可以彼此成全，在互动中完成相互的形塑。"美丽乡村"，正是这种互动形塑的产物，在未来的发展中，随着"美丽乡村"建设在广度和深度上的推进，农业将越来越强，农民将越来越富，乡村将越来越美，城乡统筹发展，中国也将越来越美！[②]

[①] 黄渊基，匡立波.城乡一体化与生态文明建设的若干思考［J］.湖南科技大学学报（社会科学版），2017，20（05）：112-117.
[②] 黄渊基，匡立波.城市化进程中的"美丽乡村"建设研究：基于城乡一体化视角的分析［J］.湖南社会科学，2017（06）：141-146.

第四章 美丽乡村建设的现实背景
——新时代城乡融合发展[①]

中国特色社会主义进入新时代，社会主要矛盾发生变化，乡村振兴战略稳步实施，城乡融合发展面临崭新的历史机遇。城乡融合发展是要消除城乡二元结构，让城市和乡村逐渐融为一体，最终实现城乡经济、政治、社会、文化、生态协调发展。本章总结了中国城乡融合发展的主要成绩和历史经验，探讨了当前城乡融合发展的主要问题，提出推进城乡生产经营融合、资产收入融合、要素资源融合、人力资本融合、基础建设融合、管理服务融合六个融合的对策建议，以期真正扭转城乡二元的历史格局。

第一节 问题的提出

城乡融合发展是要消除城乡二元结构，让城市和乡村逐渐融为一体，最终实现城乡经济、政治、社会、文化、生态协调发展。改革开放以来，我国经济保持持续快速增长，新型城镇化稳步推进，城乡融合发展取得一定成效，但同时也存在不少问题。新时代我国社会矛盾发生变化，乡村振兴战略开始实施，在这样的背景下，应建立健全城乡融合发展体制机制，进一步推动城乡融合发展，重点要推进城乡生产经营融合、资产收入融合、要素资源融合、人力资本融合、基础建设融合、管理服务融合六个融合，最终扭转城乡二元的历史格局。

党的十九大报告指出：农业、农村、农民问题是关系国计民生的根本性问题，必须始终把解决好"三农"问题作为全党工作重中之重。城乡二元结构矛盾问题已成为全面建成小康社会和社会主义现代化强国建设征途上最大的拦路虎。从新农村建设到乡村振兴战略的提出，标志着城乡一体化进入了化解城乡二元制主要矛盾、推动城乡融合发展

---

① 本章主要内容刊载于《城市发展研究》2019年第6期，作者：黄渊基、蔡保忠、郑毅。

的新阶段。

当前,学术界运用历史比较分析、典型个案分析和统计调查分析等方法,从不同层面对城乡融合的内涵和思路进行了探讨。国外研究主要集中于城乡在经济、文化和社会层面的紧密联系问题[1]。近年来,国际上对我国城乡一体化、城乡统筹、乡村人口迁移等相关问题的研究也逐渐增多[2]。

从国内来看,学者们注重探讨实践操作层面的城乡发展问题,取得了显著成果,主要可以从经济学、规划和生态学、城乡关系三类角度进行概括。

一类侧重经济学的角度,认为城乡融合是统筹城乡现代经济发展布局,增强工农业联系和城乡生产力的客观要求[3]。蒋志勇基于新兴古典经济学的基本理论框架,对城镇化和城乡一体化的演化和促进关系进行分析,就破解城乡二元结构提出合理的建议[4]。

一类侧重规划和生态学的角度,认为城乡融合是城乡自然生态环境的有机结合,体现了城乡间的健康、协调发展[5]。唐良虎等通过深入分析生态文明与统筹城乡发展的关系,研究认为生态文明是统筹城乡发展的目标和前提[6]。胡晓红以苏州为例,分析了生态文明建设对城乡融合的重要性,为城乡融合发展提供了一种路径选择[7]。

一类侧重城乡关系的角度,认为城乡融合体现了城乡生产要素的合理流动,促使城乡经济和社会生活协调发展,逐步缩小直至消灭城乡差距,最终实现城乡一体化[8]。刘武从实践操作层面,探讨了新型城乡关系基础上的城乡融合发展内涵和实现路径,包括全域性的功能定位、全方位的资源整合、无差别的民生均等、无障碍的要素流向、发展机制的科学探索等[9]。张艳萍分析了二元结构与我国城乡关系的演变历程,研究认为重塑城乡关系的关键在于解决"三农"问题,提出了深化供给侧结构、土地确权机制及长效增收机制等改革建议[10]。

---

[1] E Mylott. Rural-Urban Connections: A Review of the Literature [J]. Laryngoscope, 2009, 52 (10).
[2] 王羽强.国外"城乡统筹"研究现状及经典理论述评:基于EBSCO及牛津期刊数据库的文献检索 [J].前沿, 2012 (07): 11-13.
[3] 杨晓航.城乡等值化发展与公平发展研究:以贵州贵安新区为例 [J].青岛科技大学学报(社会科学版), 2014, 30 (01): 13-17.
[4] 蒋志勇.城市化、城镇化和城乡一体化的演进与发展关系研究:基于新兴古典经济学分工和城市化理论的分析 [J].城市发展研究, 2015, 22 (01): 1-3+8.
[5] 常征征.成都周边农事生态乡村旅游农居衍生空间研究 [D].成都:西南交通大学, 2008.
[6] 唐良虎,廖成中,李彦晶.论统筹城乡经济社会发展与生态文明建设的关系 [J].知识经济, 2016(17): 20-21.
[7] 胡晓红.基于生态文明建设的城乡一体化的路径选择:以苏州为例 [J].开发研究, 2012 (03): 155-157.
[8] 胡雪蕾.城乡一体化背景下弱势群体的养老保险法律制度研究 [D].南昌:华东交通大学, 2016.
[9] 刘武.新型城乡关系视阈下城乡融合发展路径探究 [J].理论建设, 2018 (06): 70-75.
[10] 张艳萍.乡村振兴战略下中国城乡关系的重构 [J].农业经济, 2018 (12): 68-70.

在新时代社会主要矛盾转化的背景下,城乡融合的关键就是要改变传统的城乡二元结构,实现城市化进程中的农民群众广泛参与,促进以城带乡、以工促农、城乡一体的新型城乡关系的形成,让现代化改革成果惠及全体国民。有鉴于此,本文首先从社会主要矛盾转化的宏观层面分析中国城乡融合发展的成绩和经验,认为长期以来的城乡发展是以城市为重点的,单向倾斜人口、资源、资金等要素,牺牲了乡村的绝大多数利益,属于一种不平等的交换;其次从乡村振兴战略的中观层面,探讨城乡融合发展的本质不同在于"求同存异",平等对待城市和乡村地位,继续保持城乡各自优势和特色,共谋发展;最后从乡村治理转型的微观层面阐述城乡融合发展的六个方面,包括城乡生产经营融合、资产收入融合、要素资源融合、人力资本融合、基础建设融合、管理服务融合。

第二节　中国城乡融合发展的主要成绩和历史经验

改革开放以来,我国主要工业品产量跨入世界前列水平,GDP 总量跃居世界第二位,成为名副其实的世界工业生产大国。以进出口贸易为例,2022 年我国货物贸易进出口总额 42.07 万亿美元,继续保持着全球货物贸易和外汇储备第一大国的地位,我国的社会生产力取得了巨大进步。财政部相关数据显示,2022 年我国财政收入稳定增长,全国一般公共预算收入 203 703 亿元,比上年增加 1164 亿元,比上年增长 0.6%,其中税收收入 166 614 亿元,扣除留抵退税因素后增长 6.6%。从三次产业增加值来看,2022 年全年国内生产总值 1 210 207 亿元,其中一、二、三产业增长值比重占国内生产总值比重分别为 7.3%、39.9%、52.8%(见图 4-1)。

可以说,当前我国已经实现了从农业大国到工业强国的转变,早已具备城市支持农村、工业反哺农业、推动城乡融合发展的基础性条件。

国家统计局发布的《2022 年国民经济与社会发展统计公报》显示,2022 年全国居民人均可支配收入 36 883 元,比上年增长 5.0%,扣除价格因素,实际增长了 2.9%(见图 4-2)。而农村居民人均可支配收入 20 133 元,比上年增长了 6.3%,扣除价格因素,实际增长了 4.2%。推动城乡融合发展,关键在于城乡间的相互支撑和可持续发展,消除城里人和乡里人、工人和农民区别对待的观念,否则衰退的乡村将成为城市发展的负担,甚至会引起社会的不稳定。因此,新时代需要继续提高农村居民人均可支配收入,着力缩小城乡收入分配差距。

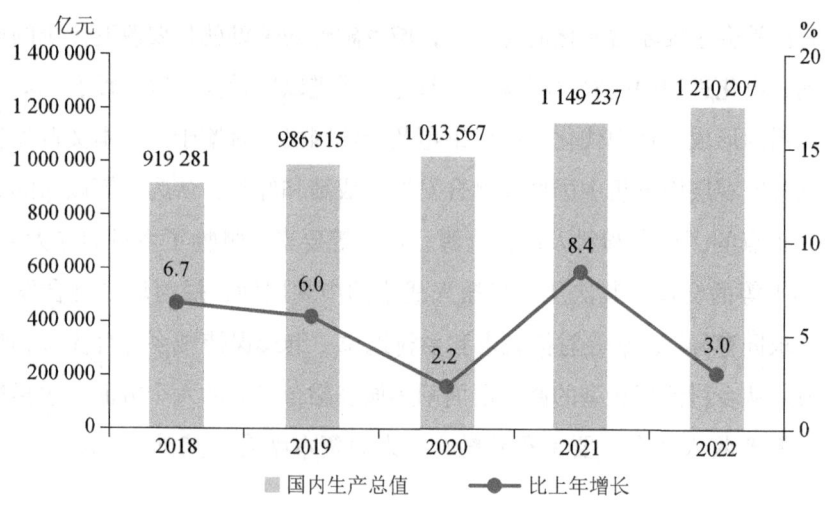

图 4-1　2018—2022 年国内生产总值及其增长速度

数据来源：2018—2022 年《国民经济与社会发展统计公报》

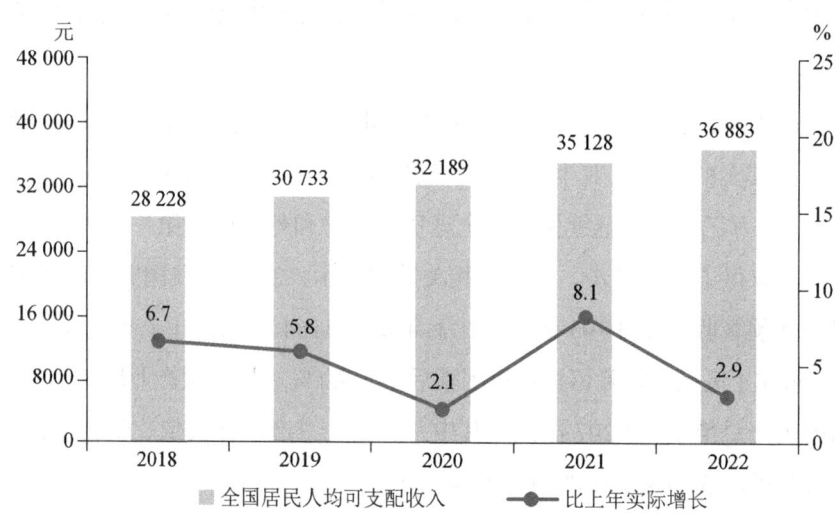

图 4-2　2018—2022 年全国居民人均可支配收入及其增长速度

数据来源：2018—2022 年《国民经济与社会发展统计公报》

据国家统计局和人社部数据，我国 2022 年人均国内生产总值为 85 698 元，农业产值比例为 7.3%，乡村人口 49 104 万人，城镇化率为 65.22%，第一产业就业人员数量仅占全国总就业人数的 22.9%（见图 4-3）。参照国际标准，当前我国改变城乡二元经济结构、实施城乡融合发展战略的基础已经具备，"以工促农、以城带乡"总体上达到了较高水平。但根据西方国家发展经验，城乡矛盾的化解一般需要城镇化水平达到 70% 以上，因此，现阶段的乡村建设与城市融合发展，还需要在城镇化进程中逐步实现，要有效避免大规模乡村衰败问题的出现，真正实现中国特色农村发展。

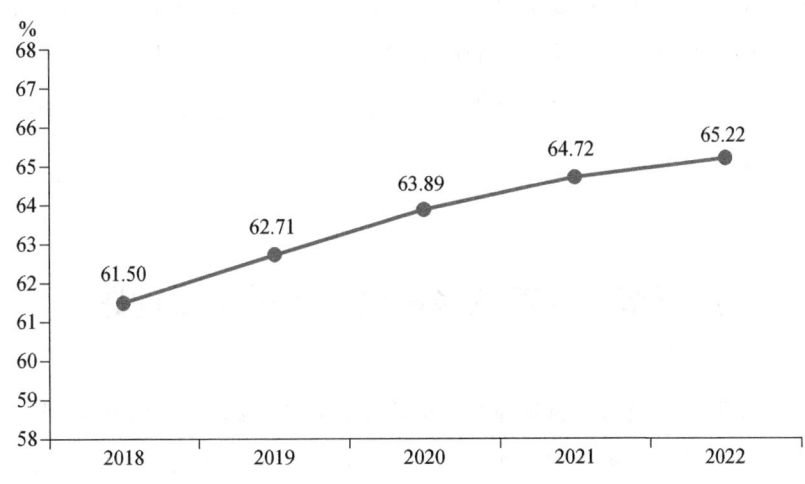

图 4-3　2018—2022 年末常住人口城镇化率

数据来源：2018—2022 年《国民经济与社会发展统计公报》

自改革开放以来，我国城乡融合发展大致经历了一个由各地自发探索，到有组织的局部实践，进而上升为国家战略的历程，主要历史经验如下：

一是政府主导，整体推进。在 40 年的改革开放实践和社会主义市场经济体制完善过程中，政府不断探索城乡融合发展经验，出台了一系列的创新政策，发挥着显著的主导作用。在一系列国家政策支持下，我国农村居民的生产生活环境得到明显改善，农民收入大幅度增加，全国城镇化水平也由 1978 年的 17.9% 提高到 2022 年的 65.22%，城乡结构正发生着历史性转变。

二是点面结合，示范带动。改革开放以来，封闭的城乡发展状态逐渐开始松动，城乡间经济联系日益紧密，包括上海、江苏、广东沿海地区及部分中西部地区，相继涌现出城乡融合的实践个案。随着城乡统筹发展战略的提出，各项强农惠农政策相继出台，"以工促农、以城带乡"的发展理念得到广泛认同和贯彻执行，各地城乡融合发展步伐加快，全国范围内掀起了一股城乡融合实践的浪潮，发展经验从以县市为单位的小范围区域探索走向以省市为单位的大范围整体推进。

三是因地制宜，创新模式。在不同地区不平衡的发展格局下，各省市县因地制宜，摸索出符合自身实际的城乡融合发展道路，其中有代表性的主要模式为：苏南区域的"乡镇发展带动"模式，珠三角地区的"外向型经济主导、中心镇带动"模式，浙江义乌的"市场导向"模式及京沪的"以城带乡"模式等。

党的十九大报告明确指出，"中国特色社会主义进入新时代，我国社会主要矛盾已经转化为人民日益增长的美好生活需要和不平衡不充分的发展之间的矛盾",这在一定程度上表明,不平衡不充分的发展问题已成为制约全面建成小康社会、社会主义新农村建设的突出短板。而解决这一主要矛盾的关键,在于重塑传统重城市、轻农村的发展路线,树立城乡融合发展理念,在保证发展质量和效益的基础上,协调各主体共同推进乡村振兴战略实施。

第三节　当前城乡融合发展的主要问题

城乡融合发展虽然取得了显著成绩,但离乡村振兴战略实施的现实要求、离化解社会主要矛盾的根本需要、离实现"两个一百年"奋斗目标仍有较大差距,仍然存在二元分割矛盾突出、收入分配差距较大、新型城镇化体制障碍、公共设施和服务供给差异明显等现实问题,应当引起足够的重视和反思。

一、城乡产业发展二元分割矛盾仍然突出,缺乏有效的以城带乡动力

在新时代我国社会主要矛盾转化的情况下,虽然政府对于农业农村发展的政策支持力度不断加强,但长期的城乡二元格局,导致资金、土地、人才等要素配置在城乡间严重不均衡,农村优质资源向城市单方向集中的趋势没有发生根本逆转,农村地区的农业发展水平仍属于初级阶段,机械化和产业化程度低,经济效率不高。而城镇地区依靠先进的技术水平和丰富的人力、资金资源,通过发展工业、服务业创造了丰厚的经济效益,尽管这为城镇反哺农村创造了条件,但由于城乡间长期处于一种产业二元分割状态,产业间融合度不高,以城带乡动力不足,成为阻碍城乡融合发展的一颗"绊脚石"。

二、农村人口基数大,城乡收入分配差距较大

改革开放以来,我国城乡发展水平得到较大提高,但城乡二元结构矛盾依旧突出,存在着城乡收入差距大、农村人口外出务工导致乡村治理真空等问题。

截至 2022 年末,我国农村人口总数为 49 104 万人,城镇人口数约为 92 071 万人(见表 4-1),城镇化率达到 65.22%。对比发达国家 80% 左右的城镇化率,农村人口仍需市民化 2 亿多人口才能达到发达国家水平。而在农村人口中,大约有 2.95 亿人的农民工,这部分人属于农村人口市民化的中生力量,但由于自身受教育程度、就业收入低与流动性大等各种条件的束缚,连基本的生活都难以保障,融入城市更无从谈起,单纯

的赚钱养家往往成为他们外出打工的主要目的。

2008年，我国城镇居民人均可支配收入为15 781元，农村居民人均可支配收入为4761元，二者相差11 020元；到2022年，城镇居民人均可支配收入为49 283元，农村居民人均可支配收入20 133元，二者相差29 150元，城乡收入比是2.45∶1。对比往年数据，城乡间收入差距不断拉大，第一产业比重不断下降，其增加值占GDP的比重已降至7.3%。随着工业化和信息化的发展，城镇占据着资源、资本和人才等相对集中的优势，乡村就业机会的不断减少及农业利润空间微薄，使得大批农村青壮年外出务工逃离农村，那些懂经营、善管理的人才变得更加缺乏。劳动力有选择性转移，导致农村生产力大幅下降，乡村有日渐衰败的趋势。因此，在新时代满足人民日益增长的美好生活需要的过程中，需要从制度层面促进乡村振兴政策与人民群众需求的匹配，深入推进城乡融合发展，化解城乡二元发展的结构性矛盾，进一步提升农村居民生产生活的获得感。

表4-1　2022年末全国人口数及其构成

指标	年末数（万人）	比重（%）
全国总人口	141 175	100.0
城镇人口	92 071	65.2
农村人口	49 104	34.8

数据来源：2022年《国民经济与社会发展统计公报》

三、城乡二元体制割裂城乡融合关系，新型城镇化存在体制障碍

20世纪50年代后期，国家为了依靠农业积累支持城市发展，让城市能够在短时期内打下一定的工业基础，制定了严格限制农村人口流向城市的城乡户籍制度，最终使得城乡间在就业、医疗和财政税收等政策体系上形成了显著差异，城乡二元体制由此确立。虽然城乡二元体制在一定程度上发挥了特定的历史作用，农村的优质资源和资金不断流向城市，为城市经济迅速发展奠定了基础，特别是在改革开放后让经济活力得到释放，国民经济实力不断增强。但城乡差距也由此拉大，二元体制弊端日益凸显，所带来的社会矛盾逐渐突出，形成了市民和农民在身份上的刚性隔离，"农民""农村"等带有"农"字眼的名词甚至成为社会地位低下的代名词。这些都不利于新时代城乡融合发展。

同时，城乡二元结构的长期存在也阻碍了城镇化进程。2022年我国常住人口城镇

化率为65.22%，户籍人口城镇化率却为47.7%，意味着仍有2亿多人口处于"半城镇化"状态，即有接近2.4亿农业转移人口仍未完全落户城镇。城乡二元户籍制度使得这部分人无法平等享有与城镇人口相同的社会公共服务和福利待遇，不利于社会公平和稳定。坚持城乡融合发展，意味着在未来的发展过程中，农业和农村应不再处于从属地位，不再只是为其他城镇发展提供资源和条件。工业化、信息化等将更多地偏向于农村和农业现代化建设，逐渐补齐其发展的短板，推动城乡居民走向共同富裕。

四、城乡间公共设施和服务供给差异明显

从社会保障服务来看，城乡间社会保障存在失衡现象，城镇居民参保体系更为完善，基本囊括了常见的五大险种，而大多数农村居民却只参加了新型农村社会养老保险、新农村合作医疗保险两大险种。在保障力度上也形成了明显的差异，以养老保险为例，2022年全国城乡居民基本养老保险基础养老金最低标准为每人每月98元，以现有物价水平计算，这对于城乡居民的生活保障力度十分有限。

从基础设施建设和环境问题来看，我国很多农村地区在农田水利、电网升级、危房改造、道路硬化、网络通信等基础设施建设方面，还远远滞后于城市，公共产品配置效率较低，甚至在某些偏远农村尚未通水泥路。在教育和医疗资源分配方面尤为明显，城市在教育经费投入、师资力量、教学条件上占据了大部分资源，农村地区教育资源供给严重不足，近四分之一的农村目前仍没有幼儿园和托儿所，且很多农村的中小学校环境、硬件设备简陋，特别是优质师资力量匮乏。近年来，我国卫生医疗资源逐渐下沉，医疗资源可及性进一步增长，以2022年为例，全国基层医疗机构占全国医疗机构总数的95%左右。虽然分布在城市地区的医院仅占全国医疗卫生机构的5%，但其拥有全国约80%的高精尖医疗设备和完善的基础设施，近2/3的医疗人力资源，且大多为高学历、高技术的医疗专业技术人员。而农村基层医疗卫生机构，大多是数量大于质量的情况，甚至有的偏远村庄还没有执业（助理）医师和农村卫生室，医疗设备大多简单老化，专业技术人员医疗能力有限，简陋的乡村卫生所根本无法满足农村人口的看病需求，导致农村地区频频出现"看病难"的现象。粗放型农业发展方式引发的农村生态环境恶化问题，对于我国农村发展和乡村振兴战略实施的制约也愈加明显。虽然近年来国家不断增加对乡村治理专项财政资金的投入，但总的来看，国家支农体系仍较薄弱，农村生态治理财政资金投入依旧不足。农业面源污染问题仍然较为严重，例如化肥、农药、地膜等农业物资，毫无节制地在农村种植过程中被广泛使用，导致农业用地及地下水资源都受到不同程度的污染。

不断消除城乡在各方面的差异现象,是保障城乡融合发展的基础。随着消费观念转变和生活条件改善,越来越多的农村居民选择前往优质资源集聚的城镇,离开基础设施落后的乡村。为满足新时代人民日益增长的美好生活需要,政府应以"三农"为本,强化相关政策的支持和倾斜,适度安排优质资源优先流向农村,鼓励社会及城市资本积极参与农业农村建设,逐渐让城乡间资源配置相对平衡。

第四节　新时代城乡融合发展的对策建议:六个融合及其实施

党的十九大报告提出乡村振兴战略,在一定意义上明确了全面建成小康社会、推进社会主义现代化进程中农村与城市的平等关系,应该通过城乡融合发展推动新型城镇化和农村现代化。新时代推进城乡融合发展,可以从城乡生产经营融合、资产收入融合、要素资源融合、人力资本融合、基础建设融合、管理服务融合六个融合着力,推动城乡经济、政治、社会、文化、生态等全面融合发展,真正扭转城乡二元的历史格局。

一、城乡生产经营融合

只有将资源、人才、资本和政策等向农村地区有效倾斜,让广大农村再次成为我国重要的消费市场和生产基地,才能真正搞活乡村实体经济,才能不断推进农村经济发展赶上城市的脚步。因此,应充分发挥城市资源优势支持农村,推动城乡生产经营融合,促进城乡产业兴旺。乡村产业振兴,发展规模化生产经营是关键。通过优化农产品生产、加工、销售环节,实现供给者与需求者的有效对接及一、二、三产业的融合互动,能够有效提高农产品综合生产效率,为农民持续增收奠定产业基础。目前主要有以下两种途径:

一是借助政府部门或经济组织的力量,组建农民合作社并打造经营平台。以农民为主体组建合作社,团结生产同类农产品的散户,形成一致的生产和质量标准。依托政府或社会资源为农户提供生产技术支持。通过电商平台直接连接城乡之间的生产和经营两端,拓展农产品销售渠道,用互联网手段实现从生产到消费最有效、低成本的价值转换。

二是依托不同地区的乡村文化和自然生态禀赋,打造特色产业园。鼓励城市企业参与农村生产经营,引进城市优质产业,与农村产业深度融合,打造多元化产业,推动一流知名农产品品牌塑造,进而构建新的产业业态,打造特色产业园。对于那些有技术、有资金、想投资农业发展的城市企业,政府要给予政策帮助和财政扶持,立足农村丰富的民俗文化和田园风光，联动乡村休闲观光农业、农村电商、生物制药等相关产业。在确保农村生态安全的前提下，让适合农业农村发展的产业进入农村，重点是实现农业与工业旅游业融合，大农业与大健康产业融合及农业与品牌建设融合等。因地制宜开发不同市场类型的多样化农产品，深度融合农村一、二、三产业，促进农民持续稳定增收。

二、城乡资产收入融合

"人、财、地"的难题是城乡融合发展需要破解的三大难题。城乡资产收入融合就是要提高农民财产性收入，缩小城乡居民收入差距，共享改革开放新成果。从发展理念来看，就是要以"城乡协调""共享共建"理念破除城乡二元结构，恢复乡村产业的要素价值。从城乡分配格局来看，就是要逐步完善健全城乡同工同酬的收入分配制度，化解城乡居民收入不平衡的传统顽疾。从国民经济收入差距来看，就是要通过乡村振兴战略充分提高村民持续增收能力，增强村民收入的"造血"功能，进而缩小城乡居民收入差距，最终实现城乡收入平衡，走向共富。

新时代推进城乡融合发展，应进一步推进农村土地改革。要加强农村耕地、宅基地和集体建设用地的土地确权，深入探索农村宅基地三权分置制度，建立统一的农村产权和土地流转交易市场，实现同等入市、同权同价，合理高效地利用农村宅基地和空闲农房，保障农民公平的土地增值收益。通过深化农业供给侧结构性改革，推动农村全产业链转型升级，加快培育一批家庭作坊、田园农场和乡村创客基地等，进一步激活农业农村的经济新动能。

三、城乡要素资源融合

城乡要素资源融合就是消除城乡差距拉大的资源配置失衡因素，构建城乡资源要素自由流动、平等交换的均衡配置机制，平均各要素收益，实现城乡区域间的均衡发展。具体措施如下：

一是引导城市人才、土地、资金、技术等各类生产要素向农村合理流动。市场经济的首要前提就是生产要素的流动，要加快建设统一的城乡生产要素市场，积极创新制度政策，推动适合农村发展的优质要素资源合理地向农村自由流动，使产业成为城乡资源要素融合互动的重要载体。

二是金融支持。现阶段城乡金融二元制度是阻碍我国农业农村现代化发展的瓶颈。由于农村金融机构的烦琐的贷款手续和贷款抵押制度，多数农户因为缺少抵押物，无法从金融机构获取贷款。为保障农村金融机构的存款专款专用，服务于农业农村建设，应加快构建多元化农村金融融资体系,设立乡村振兴战略专项财政资金和基金,鼓励金融机构积极开发、提供满足农业农村需要的金融产品。同时有效降低新型农村金融机构的准入门槛,完善农村金融市场建设,提供农户贷款的便利条件。

三是积极引导城镇资本在推进乡村振兴上有所作为,以政策福利积极引导企业和社会组织参与农村建设,兴建工厂、田园综合体项目等。政府可以为其提供税收、服务等优惠便利,加强农业产业化与农村工业化间的相互融合,让一、二、三产业得到充分融合发展,实现农民群众的就地就业和就地创业。

四、城乡基础建设融合

新时代城乡融合发展不仅是城乡经济层面的发展,更是城乡自然生态与文化生态的融合发展。城乡基础建设融合就是要加强城乡基础设施的统筹建设,推进以人为本的新型城镇化,促进城镇化、农业产业和新农村建设共存共融、协调推进。近年来,国家出台了系列支农惠农政策,完善了大部分农村地区的基础设施建设,但由于过往欠账太多,城乡基础设施发展不平衡问题依旧突出。未来应从城乡融合的视角出发,构建一体化的城乡基础设施网络体系,加快农田水利、电网供气、道路交通、网络通信等基础设施的建设力度,注重提高城乡生产生活条件,进一步增强城乡环境的整体承载能力。同时,应优化空间结构和管理布局,留存好村落的特色地域文化、自然环境、建筑特色等"基因"风格,恢复原有的传统邻居文化、村规民俗形态,留住乡愁,实现生态可持续发展,增强乡村居民生产生活在乡村的意愿,为实现乡村振兴创造基础条件。

五、城乡管理服务融合

城乡管理服务融合主要是推进城乡基本公共服务均等化。第一,要加快农村教育事业的发展,推动优质教育资源向农村有效供给,使农村学生享有与城市同等的教育资源;第二,建立统一的城乡人力资源市场,实现城乡就业服务一体化,构建起城乡全方位、深层次的就业培训服务体系,消除长期以来城乡差异形成的约束;第三,以完善农村社会保障制度兜底,继续强化覆盖城乡居民的农村低保制度、养老保险、基本医疗保险和大病保险等制度体系,深入推进农村贫困地区精准扶贫;第四,加速公共文化资源向农村流动和倾斜,提供更多老百姓喜闻乐见的文化产品和服务。通过缩小城乡基本公共服务差距,实现老有所养,幼有所教,贫有所依,难有所助,全面提升农村居民生产生活水平。

城乡管理服务融合有一个非常关键的问题,就是要建立城乡统一的户籍管理制度。

新型城镇化的经验和教训表明，户籍制度是城乡二元体制的根源，是城乡融合发展的最大顽疾。城乡人口自由流动受限，养老、就业、医疗、教育，以及购房、购车等问题依旧难以避开户籍的限制。虽然经过近些年的改革，户籍上依附的城乡利益差异有所削弱，甚至逐渐消除，但是剥离的范围和程度依然不够，户籍制度对于提高人口城镇化率的消极影响仍然存在。新时代推进城乡融合发展，应加快改革户籍制度的"歧视性"管理政策，促进政府人口基础信息管理的便捷化，推进农业转移人口市民化，让农村转移劳动力享有平等的城市公共服务，提高城市生活质量，真正实现城乡间社会福利的同等化、等值化。

六、城乡人力资本融合

人才是发展的第一资源。城乡发展之所以不平衡、不协调，人才配置不同是很重要的一个原因。新时代推进城乡融合发展，不仅需要政府和其他力量的引导和配合，更要有尊重知识、尊重人才的意识，懂得聚天下英才而用之。因此，政府可以发挥主导作用，选拔派遣一批懂技术、爱农村的帮扶队伍到基层农村，帮助农村发展产业、完善治理。通过政策激励、服务保障、培养锻炼等多种手段，推动人才、资本不断向农业聚集、向农村流动，吸引更多的务工农民、城市居民、在外知识青年、科技能人、企业家等各类群体下乡回乡兴乡。构建农民就业创业的新型农业服务体系，保证农村出得了英才、留得住人才、引得进资本。推进以人为本的新型城镇化，加快农业转移人口市民化进程，让那些兴农爱农的能人成为未来乡村治理和产业振兴的"新乡贤"。通过增强以新乡贤为主体的基层自治力量，破解乡村政治二元治理格局的结构性矛盾，推动乡村振兴战略实施，让新农村建设焕发更强大的生机与活力。

我国社会主义现代化的经验已经证明，实施城市优先发展战略，再以城带乡、以工促农，并不足以保证我国农业农村现代化的实现。随着我国社会主要矛盾变化，构建以城带乡、以工促农、城乡一体的新型城乡关系，成为新时代推进新型城镇化的客观要求。只有不断推进城乡融合发展，破除城乡二元结构障碍，才能真正实现乡村振兴。因此，应完善顶层设计，强化政策举措，努力推进城乡生产经营融合、资产收入融合、要素资源融合、人力资本融合、基础建设融合、管理服务融合六个融合，实现城乡资源要素双向流动，切实解决城乡经济社会发展不协调、不平衡的问题，走出一条中国特色的新时代城乡融合发展道路。[①]

[①] 黄渊基，蔡保忠，郑毅.新时代城乡融合发展：现状、问题与对策[J].城市发展研究，2019，26(06)：22-27.

第五章　美丽乡村建设现状分析
——以湖南省为例

建设美丽乡村是实现新型城镇化和农业现代化目标、解决人民日益增长的美好生活需要与不平衡不充分的发展之间的矛盾的必由之路，是新时期对"三农"工作的新诠释。近年来，湖南省紧扣建设宜居宜业和美乡村目标，积极实施建设美丽幸福新湖南工程，通过开展"一市十县百镇"全域美丽乡村建设及示范村创建、"千村美丽、万村整治"工程和"同心美丽乡村"建设等，农村人居环境整治三年行动如期完成，农村精神文明建设明显加强，乡村面貌发生巨大变化。通过梳理总结湖南省美丽乡村建设的实践经验和发展历程，研究发现当前美丽乡村建设存在建设与保护协调发展问题、尊重乡村自身主体性地位问题、影响美丽乡村建设制度机制问题等。

第一节　湖南省区域发展情况简介

一、文化旅游概况

湖南拥有品位独特的自然资源、数量丰富的湖湘文化资源、优势明显的生态资源，是有名的旅游资源大省，这些得天独厚的优势为旅游发展提供了沃土。首先，湖南地貌类型多样，以山地（51.2%）、丘陵（15.4%）为主，基本可以概括为"七山二水一分田"的基本格局。境内历史遗存和名胜古迹众多，澧县城头山古城遗址、里耶秦简、岳麓书院、岳阳楼等，均是湖南悠久历史文明的浓缩与见证。截至目前，湖南拥有武陵源、崀山2处世界自然遗产，老司城1处世界文化遗产；万佛山—侗寨1处国家自然遗产，南岳衡山、紫鹊界梯田—梅山龙宫、里耶—乌龙山、炎帝陵—桃源洞4处国家文化和自然双遗产，国家文化和自然双遗产数量位居全国第一，总面积达1180平方千米。

这8处遗产地，5A级旅游景区有5处，4A级3处。区域内名山星罗棋布，拥有国家级风景名胜区20个，国家森林公园36个，国家自然保护区18个。

与此同时，湖南省还拥有丰富的红色旅游资源。全省拥有28个全国红色旅游经典景区（点），81个省级重点红色旅游景区（点），国家级重点文物保护单位64处，省级文物保护单位331处。文化和旅游部颁布的18个全国红色旅游重点城市，湖南拥有2个（长沙和湘潭）。据统计，新中国首批授衔的10大元帅中有3位、10位大将中有6位、57名上将中有19人是湘籍人士，且毛泽东、刘少奇、任弼时、彭德怀等无产阶级革命家都是湖南人。因此，湖南素有"红色热土""伟人故里""革命圣地"和"将帅之乡"之称。截至2020年，红色旅游带动直接就业25万人、间接就业80万人。

由此可见，湖南省旅游资源较为丰富，对旅游产业的开展具备较好的发展优势。尤其随着国内外经济发展形势稳定向好，由于疫情防控被压抑的旅游需求将进一步释放，旅游业对稳定经济大盘的作用将更加重要，未来旅游发展潜力巨大、前景广阔。考虑到新冠疫情对旅游业的冲击，本研究统计数据主要以2019年以前为主。据统计，从2012年到2019年八年间，湖南旅游产业总收入从2203.06亿元增加至9762.32亿元，占当年全省GDP比重从9.94%提升至24.56%，相较于全国旅游业对GDP贡献率为11.05%，湖南旅游对全省GDP的贡献率是全国旅游贡献率的2.22倍；旅游收入在全国旅游收入中的比重由8.4%增长到16.04%，占全国旅游总收入的七分之一，接待旅客人数由30 282万人次逐年递增到82 688万人次（见表5-1），这些足以证明湖南旅游业发展强劲，实力愈发强稳。

表5-1 湖南省旅游产业发展各项相关数据

	旅游产业总收入（亿元）	旅游总收入占全国比重（%）	旅游总收入占全省GDP比重（%）	接待游客数（万人）
2012	2203.06	8.4	9.94	30 282
2013	2681.8	8.7	10.95	35 827
2014	3050.7	9.02	11.28	40 981
2015	3712.91	9.82	12.78	47 105
2016	4707.43	10.98	15.07	56 307
2017	7172.61	14.56	20.74	66 612
2018	8355.73	15.25	22.94	74 935
2019	9762.32	16.04	24.56	82 688

数据来源：2012—2022年《中国统计年鉴》《湖南统计年鉴》

湖南省旅游产业近年来发展势头强劲，产业牵引作用凸显，旅游品牌持续擦亮，并取得了一些显著成效，但也存在一些短板弱项，包括盲目无序开发、粗放发展和同质化竞争等，其中最为突出的问题主要体现在旅游资源分布和地区发展的不平衡上。以湖南省5A级景点为例，从数量上看，已由2007年全省仅武陵源·天门山旅游区和南岳衡山旅游区两处发展到2020年的11个5A级景区。但从分布地区看，现阶段的11个5A级景区中长株潭地区有4个，显然占据了绝对资源；全省14个市州中仅有长沙、株洲、湘潭、衡阳、岳阳、邵阳、张家界、郴州、常德、湘西州10个市州拥有5A级景区，其中长沙拥有2个，相对而言各市州旅游资源分布发展不均匀。2007—2022年湖南省5A级景区汇总表见表5-2。

表5-2 2007—2022年湖南省5A级景区汇总表

景区名	市州
矮寨·十八洞·德夯大峡谷景区（2021年）	湘西土家族苗族自治州
桃花源景区（2020年）	常德市
炎帝陵景区（2020年）	株洲市
崀山景区（2016年）	邵阳市
东江湖旅游区（2015年）	郴州市
花明楼景区（2014年）	长沙市
岳麓山·橘子洲旅游区（2012年）	长沙市
韶山旅游区（2011年）	湘潭市
岳阳楼·君山岛景区（2011年）	岳阳市
武陵源·天门山旅游区（2007年）	张家界市
南岳衡山旅游区（2007年）	衡阳市

数据来源：湖南省文化和旅游厅历年统计数据，经作者综合整理得出

二、自然资源概况

湖南地处洞庭湖以南，隶属长江中游平原地区，湘江横亘南北，独特的自然地理环境孕育出丰富的农林、旅游等绿色资源，为绿色经济的发展提供了独特的生态基础。中亚热带季风湿润气候区的区位优势，造就了湖南地区热量充足，降水丰沛的气候特点，适合多种农作物和植物生长。因此，湖南省属于享誉我国的农业大省之一，历史上素有"湖广熟，天下足"和"鱼米之乡"的美誉。全省土地总面积约21.18万平方千米，

已发现各类矿产 144 种，其中 43 种矿产保有资源储量居全国前 5 位，森林覆盖率达到 59.98%、位居全国第六，湿地保护率达到 70.54%、位居全国第一。水资源丰富，水资源总量 2197 亿立方米，常年居于全国第 5 位。全省 14 个市州城市空气质量平均优良天数比例为 85.4%。全省共建立国家级、省级和县级自然保护区 190 个，总面积 1.37 万平方千米，拥有国家级森林公园 40 个，省级森林公园 51 个，县级森林公园 6 个；全省湿地总面积为 1.02 万平方千米，占全省国土总面积的 4.81%，湿地率为 4.81%；共有湖南地质公园 35 个，总面积 3009.51 平方千米（不含重复面积），被国内外研究学者誉为"天然博物馆"和"物种基因库"[①]。

高品质生态环境是高质量发展的"扩展盘"。2020 年 9 月，习近平总书记在湖南考察时强调："要牢固树立绿水青山就是金山银山的理念，在生态文明建设上展现新作为。"2021 年 11 月，湖南省第十二次党代会提出"建设全域美丽大花园，让绿色成为最亮丽的底色"。近年来，湖南坚持生态优先、绿色发展，推动发展方式绿色转型，深入开展长江保护修复、农业农村污染治理、受污染耕地安全利用等一系列重大治污行动，生态环境质量持续改善。湖南省生态环境厅数据显示，2019—2022 年，全省 PM2.5 浓度下降 3.8%，国考断面优良水质率上升 5.7%，2022 年达到 98.6%，位居全国第五、中部第一；其中，2022 年全省单位规模工业增加值能耗下降 7.8%，累计培育国家级绿色园区 13 家、绿色工厂 136 家，绿色食品、有机农产品数量分别居全国第四位、第二位，累计获评国家生态文明建设示范区 26 个、"绿水青山就是金山银山"实践创新基地 9 个，获评数量位居全国第 9。可以说，高品质生态环境为推进美丽中国、美丽湖南建设增光添彩，是区域经济社会持续健康发展的重要保障。

三、经济社会概况

湖南省位于中部地区，地处长江中下游流域，是"东部沿海地区和中西部地区过渡带、长江开放经济带和沿海开放经济带接合部"的关键区域。随着经济进入新常态，地区国民生产总值仅用 5 年时间，就由 2018 年的 36 425.8 亿元上升到 2022 年的 48 670.4 亿元，2022 年更首次突破 4.5 万亿元大关，比上年增长 4.5%，高于全国平均水平；若按常住人口计算，人均地区生产总值 73 598 元，增长 4.8%，经济增长成为绿色经济持续向好发展的直接动力。相比往年，2022 年第一产业增长了 3.6%，第二产业增长了 6.1%，第三产业增长 3.5%，呈现出农业产业总体平稳、工业制造提速回升、服务产业

---

① 黄渊基，熊曦，郑毅.生态文明建设背景下的湖南省绿色经济发展战略[J].湖南大学学报（社会科学版），2020，34（01）：75-82.

加速发展的良好趋势。由此可见，三次产业水平逐年得到不同程度提升（见图5-1），第二产业发展势头最为强劲，排除2020年新冠疫情因素带来的影响，增长速度始终保持在6%以上，基本形成了经济上的第二、三产业联合驱动，以机械、有色金属、轻工等为特色的产业结构，工业实力明显增强，战略性新兴产业规模初显。同时，第三产业开始成为经济增长的重要动力，2012—2019年近七年间增速均在8%以上，2022年服务业增长总值突破7.3亿元，生产性服务业对经济增长的贡献率为23.4%，并逐年呈现上升态势。2020年，湖南省GDP突破4万亿元，GDP增速达3.8%、居全国第一，第一、二、三产业结构不断优化，产业经济持续增长，从服务业内部结构看，与制造业发展联系较密切的交通运输、计算机服务等相关产业及软件业、金融业、租赁商务服务业等生产性服务业，总体发展规模稳中向好。作为全球名片的娱乐、传媒、高端服务业等新兴行业，在时代机遇和政策福利下也得到了持续健康发展，有力地支撑了湖南经济的腾飞和影响力的塑造。

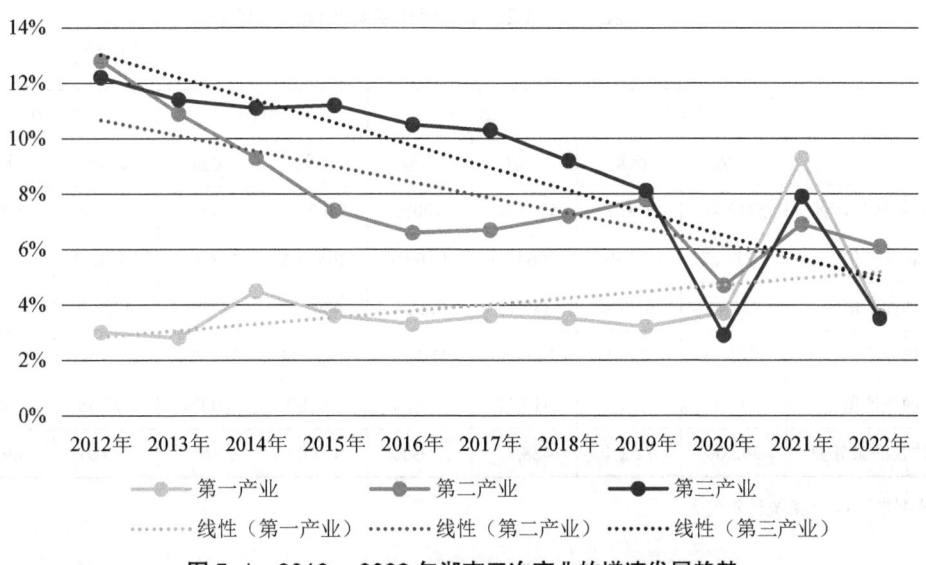

图5-1 2012—2022年湖南三次产业的增速发展趋势

数据来源：2012—2022年《湖南省国民经济和社会发展统计公报》，经作者综合整理得出

由于境内耕地面积众多，土地资源丰富，为农、林、牧、渔业等各项产业的发展和经营提供了便利。作为重要的农业大省，湖南坚持走资源节约、环境友好的现代化农业发展道路，一方面继续提高粮食综合生产力，加快建设高标准农田，另一方面积极转变农业发展方式，推广绿色农业、精致农业和智慧农业，加快向"农业强省"转型的步伐。由表5-3可知，2017—2020年，全省农业、林业、牧业、渔业及农林牧渔服

业等各生产产值连年上升,农林牧渔产值总量也稳步增长,总体发展势头良好。截至 2022 年,湖南省农业增加值 4602.7 亿元,农村居民人均可支配收入 19 546 元,同比增长 6.8%,全省农村劳动力转移就业总规模达 1666.15 万人,城镇调查失业率为中部最低水平,多个促进农业转型升级的方案相继出台实施。全省农业科技进步贡献率由 2012 年的 58% 提升至 2022 年的 64% 左右,农机装备总动力已达到 6589 万千瓦、居全国第 6 位[1]。农业与二、三产业的融合优势渐趋显著,2021 年,全省休闲农业经营主体已发展到 17 244 个,接待游客数 2.06 亿人次,经营总收入 470.4 亿元,带动就业人数 76.98 万人,带动农户数 74.58 万户。五年来,高速公路基本覆盖全省各县,道路硬化覆盖全省村组,全省 51 个县、6920 个村、682 万人成功脱贫,花垣县十八洞村精准脱贫经验成为全国贫困乡村建设的样板。正如《湖南省乡村振兴战略规划(2018—2022 年)》所描述的,湖南省已逐步形成具有湖湘特色的乡村振兴政策体系、制度体系、标准体系和考核体系,预计将有 20% 左右乡村基本实现农业农村现代化。

表 5-3 2017—2020 年湖南省农林牧渔总产值表

(单位:亿元)

指标	2017		2018		2019		2020	
	产值	比重	产值	比重	产值	比重	产值	比重
农林牧渔总产值	5213.48	100%	5361.62	100%	6405.06	100%	7511.96	100%
农业产值	2597.63	49.83%	2664.30	49.69%	3052.06	47.65%	3364.77	44.79%
林业产值	325.01	6.23%	387.15	7.22%	430.66	6.72%	428.00	5.70%
牧业产值	1505.78	28.88%	1464.59	27.32%	2003.09	31.27%	2721.63	36.23%
渔业产值	393.06	7.54%	417.21	7.78%	441.82	6.90%	477.55	6.36%
农林牧渔服务业	392.00	7.52%	428.37	7.99%	477.43	7.46%	520.01	6.92%

数据来源:《湖南统计年鉴》

从人均 GDP 看,2020 年湖南省人均 GDP 分别为 9121 美元,在 14 个地级市州中,长沙、株洲、湘潭、岳阳、常德 5 个地市成功进入 10 000 美元梯队,而人均 GDP 最低的湘西州为 4221 美元。参照钱纳里的工业化发展阶段划分标准,考虑到 1996 年以来美元本身的涨跌因素,湖南省的经济社会发展水平已大致处于工业化中期的快速推进时期。根据国际经验,此阶段可以启动由农业养育工业向工业反哺农业的政策转换。从产业结构看,2020 年湖南省一、二、三产业结构比重为 10.2∶38.1∶51.7,14 个地市州的

---

[1] 贺丽君. 战贫传捷报 振兴再出发[J]. 新湘评论,2022(20):18-19.

第一产业比重均已下降到20%以下（见表5-4）。根据西蒙·库兹涅茨等的研究成果，在工业化初期和中期阶段，产业结构变化的核心是农业和工业之间"二元结构"的转化。因此，可以判断湖南省的工业化程度大体上达到工业化中期阶段，具备加快农村发展的宏观经济条件。综合以上两个维度的观察，湖南省已经具备了加快农业和农村发展的工业化水平，这也为美丽乡村建设提供了重要时机和支撑条件。

表5-4 2020年湖南省各市州人均GDP与三次产业结构比重
（2020年常住人口根据2020年与2010年两次人口普查数据推算）

地区	人均GDP（元）		三次产业比重（%）			年中常住人口（万）
	人民币	美元	第一产业	第二产业	第三产业	
湖南省	62 911	9121	10.2	38.1	51.7	6641.32
长沙市	122 370	17 742	3.5	39	57.5	992.28
岳阳市	78 931	11 444	11.5	40.5	48	506.97
常德市	70 773	10 261	12.4	41.2	46.4	529.74
衡阳市	52 633	7631	10.3	48	41.7	666.59
株洲市	79 620	11 544	4.6	62.1	33.3	390.08
郴州市	53 673	7782	11.3	38.7	50	466.36
湘潭市	85 919	12 457	7.2	50.1	42.7	272.71
邵阳市	34 182	4956	17.8	31.0	51.2	658.47
永州市	39 879	5782	17.4	43.9	38.7	528.53
益阳市	47 884	6942	15.1	53.9	31	387.08
娄底市	43 917	6367	10.5	54.8	34.7	382.53
怀化市	36 392	5276	15.6	28.6	55.8	459.40
湘西州	29 114	4221	15.4	28.2	56.4	249.06
张家界	36 736	5326	14.76	15.67	69.57	151.53

数据来源：全省及14个市州2020年国民经济和社会发展统计公报

乡村建设始终是乡村振兴战略的发展首位。党的十九大提出健全城乡融合发展体制机制和政策体系，不断加快推进农业农村现代化，建立一种互相促进、协同发展的城乡一体关系。[①]因此，新时代城乡融合体现的应该是美丽城镇和美丽乡村的互动、美丽经济和美丽人居的互融、绿色生产和生态农业的互促。随着城乡经济的快速发展，城乡居

---

① 唐良虎，廖成中.新时代城乡融合发展的绿色框架、蕴涵及进路[J].西南科技大学学报（哲学社会科学版），2020，37（04）：75-81.

民人均收入逐年增加，城镇生活方式在对乡村产生渗透影响的同时，城乡间物质、精神需求差距也在拉大。由于城乡差距过大，可能导致乡村的资源、资金不足，从而也会引发乡村建设众多问题。由表5-5可知，2020年湖南省城乡居民人均可支配收入29 380元，岳阳市、常德市、郴州市、邵阳市、永州市、益阳市、娄底市、怀化市、湘西州、张家界等市州距离全省平均水平仍有一定差距；其中2020年全省农村居民人均可支配收入16 585元，邵阳市、永州市、娄底市、怀化市、湘西州和张家界6个市州低于全省平均水平，怀化市、湘西州、张家界等市州城乡居民收入差距较大。在当前形势下，提高农民收入、缩小城乡差距，推进美丽乡村建设，全面实现乡村振兴成为当务之急。

表5-5 2020年湖南省各市州城乡居民人均可支配收入与收入比

地区	城乡居民人均可支配收入（元）	城镇居民人均可支配收入（元）	农村居民人均可支配收入（元）	城乡居民收入比
湖南省	29 380	41 698	16 585	2.51∶1
长沙市	51 477	57 971	34 754	1.67∶1
岳阳市	28 577	36 749	18 186	2.02∶1
常德市	26 263	35 469	17 957	1.98∶1
衡阳市	29 956	38 478	21 305	1.81∶1
株洲市	39 173	48 788	23 240	2.1∶1
郴州市	27 196	36 989	17 532	2.11∶1
湘潭市	34 360	41 804	22 636	1.85∶1
邵阳市	21 067	30 845	14 119	2.18∶1
永州市	23 661	32 830	16 390	2∶1
益阳市	25 560	33 274	18 818	1.77∶1
娄底市	21 993	32 161	14 143	2.27∶1
怀化市	19 811	30 329	11 990	2.53∶1
湘西州	18 154	27 853	11 242	2.48∶1
张家界	19 139	27 884	11 538	2.42∶1

数据来源：湖南省及14个市州2020年国民经济与社会发展统计公报

第二节　湖南省美丽乡村建设主要实践与成效

"千万工程"扮"靓"万千乡村。美丽乡村建设是美丽中国建设的重要组成部分，是实施乡村振兴战略的重要举措。2023年7月5日，中央财办等部门印发《关于有力有序有效推广浙江"千万工程"经验的指导意见》，要求"有条件的地方有力有序有效推广浙江'千万工程'经验，推动深入贯彻新发展理念，因地制宜、实事求是，尽力而为、量力而行，加快城乡融合发展步伐，积极推动美丽中国建设，全面推进乡村振兴，着力补齐中国式现代化短板"。2013年7月，财政部采取一事一议奖补方式在全国启动美丽乡村建设试点，各省市在国家行动指引下开展了一系列美丽乡村建设工作并取得明显的成效。湖南积极借鉴浙江省的成功经验，坚持农村人居环境和美丽乡村建设点面结合、统筹并进，依托独特的自然环境、生态资源、地域文化，成功探索出产业发展型、环境整治型、社会综治型、城郊集约型、休闲旅游型等具有示范意义的美丽乡村建设的不同类型，形成了特色明显的美丽乡村建设的"湖湘模式"。

一、以国家行动为指引，成立专门机构保障项目实施

美丽乡村建设是建设美丽中国过程中不容忽视的必要内容和关键环节。从美丽乡村建设到乡村振兴战略，相关政策渐进调适，农村发展问题得到普遍关注。2005年10月，党的十六届五中全会明确提出要建设"生产发展、生活宽裕、乡风文明、村容整洁、管理民主"社会主义新农村的重大历史任务，为此在"十一五"期间，全国很多地区均制定了一系列改善村容村貌的政策并将其付诸行动，涌现出安吉等新农村建设的鲜活样板。2013年，中央一号文件明确提出"努力建设美丽乡村"的要求；同年，农业部出台了《关于开展"美丽乡村"创建活动的意见》，并于当年11月确定了全国1000个美丽乡村建设的试点工作。由此，美丽乡村建设上升为国家政策，一批国家级试点村庄、省级试点村庄等成功案例相继展现。尤其在国家级美丽乡村建设标准出台后，全国各地区、中央各部委都出台了相关政策文件，同步开展了许多配套组合动作，如2003年原国家建设部、文物局组织开展的"中国历史文化名镇名村"评选，原住房城乡建设部、文化部、财政部组织实施的"中国传统村落名录"等活动。根据湖南省文化和旅游厅数据，自1982年我国建立历史文化名城制度至今，湖南已有长沙、岳阳、永州、凤凰4座国家历史文化名城，里耶镇等10个中国历史文化名镇，张谷英村等25个中国历史文

化名村和191个省级名城名镇名村;在住建部公布的五批次共计6819个中国传统村落名单中,湖南省共有658个村被列入"中国传统村落名录"。可以说,上述村庄为全省美丽乡村建设树立了标杆,积累了经验。

小康不小康,关键看老乡。习近平总书记指出,"即使将来城镇化达到70%以上,还有四五亿人在农村。农村绝不能成为荒芜的农村、留守的农村、记忆中的故园。城镇化要发展,农业现代化和新农村建设也要发展,同步发展才能相得益彰,要推进城乡一体化发展。"① 实现美丽乡村建设,事关广大人民群众对美好生活的期盼,是实现农业农村现代化、城乡协调发展的基本要求。近年来,湖南深入学习贯彻习近平总书记关于"三农"工作重要论述和对湖南重要讲话精神,将全面推进农村人居环境整治、实施乡村建设行动作为五级书记抓乡村振兴的重要任务,按照"示范村先行、面上村推进、帮扶村倾斜"的思路,分类施策、梯次推进乡村建设。② 建立省实施乡村建设行动工作协调机制,充分发挥牵头抓总职能,由湖南省委农村工作领导小组办公室承担全省美丽乡村建设领导工作,省农业农村厅下设农村社会事业促进处,其主要职能之一就是指导协调美丽乡村建设,制定美丽乡村建设评价标准,以及开展美丽乡村建设考核工作。同时,省以下政府部门专门成立美丽乡村建设领导小组办公室,负责具体组织实施美丽乡村建设。通过开展农村各项改革,持续开展村庄清洁行动,深入实施"一市十县百镇"全域推进美丽乡村示范创建,新创建1000个以上美丽乡村示范村,精心打造了100个以上湖湘精品乡村;新型农业经营主体快速发展,农业规模以上企业、农民合作社、家庭农场分别发展到5410家、11.85万个、18.89万个,农业社会化服务覆盖全省三分之一的农户,土地适度规模经营占比提高到53.91%。

二、科学规划,政策引领,推动"五美"乡村建设有序开展

科学规划是美丽乡村的基础。湖南省委十二届四次全会提出,"大力推进乡村振兴战略,坚决扛稳粮食安全责任,以农民持续增收为核心加快培育农业特色优势产业,持续推进乡村建设行动,加快推动农业大省向农业强省跨越。"湖南省美丽乡村建设坚持整体规划先行,因地制宜、量力而为,统筹经济社会发展各类规划资源,抓紧编制乡村建设行动专项规划,制定农村人居环境整治提升五年行动实施方案,重点培育建设美丽宜居乡村、省级示范村及特色精品村。"十二五"期间,湖南省积极整合各方面资金

---

① 习近平.农村绝不能成为荒芜的农村[EB/OL].(2013-07-22)[2019-02-01]. http://news.xinhuanet.com/politics/2013-07/22/c-116642856.htm.
② 贺丽君.扎实推进乡村建设行动 打造宜居宜业美丽乡村[J].农村工作通讯,2022(01):16.

资源，扎实开展"同心创建""万企帮万村""千侨帮千户""引老乡、回故乡、建家乡"等活动，引导民间资金、社会资源投入乡村建设，其中省市县三级共安排专项经费56亿元，中央和省财政共投入奖补资金90多亿元，带动农民自筹投入155亿元，引导村集体及社会投入54.38亿元。① 同时制定出台《湖南省美丽乡村建设村级评价指标体系（试行）》和《湖南省乡（镇、街道）整域美丽乡村建设主要评价指标（试行）》等有关文件，由省农业农村厅联合省市场监管局发布《湖南省美丽乡村建设指南》《湖南省美丽乡村评价规范》两项地方标准，通过严格考评机制规范财政资金合理用途，尽可能发挥出资金的最大效益。

据统计，从2014年湖南省正式开展美丽乡村建设工作开始，省委、省政府先后制定出台近十项政策文件和各项标准，如《湖南省人民政府办公厅关于印发〈湖南省"百城千镇万村"新农村建设工程工作规划〉的通知》（2012）、《湖南省改善农村人居环境建设美丽乡村工作意见》（2014）、《湖南省美丽乡村建设示范村考核办法（修订）》（2016）、《中共湖南省委办公厅湖南省人民政府办公厅关于加快推进美丽乡村建设的意见》（2016）、《湖南省乡（镇、街道）整域美丽乡村建设主要评价指标（试行）》（2017）、《湖南省乡村振兴战略规划（2018—2022年）》（2018）等，提出了具体要求，指明了建设方向（见图5-2）。依托美丽乡村建设成果，农村民生显著改善。2021年湖南农村居民人均可支配收入达到18 295元，较2012年增长146%，城乡居民收入比值由2012年的2.87下降至2.45，新增农村劳动力转移就业44.4万人；农村通村通组道路、饮水安全、危房改造、义务教育、基层公共服务、社会保障六个全覆盖基本实现。农村低保、特困人员救助供养标准、城乡居民大病保险和医疗救助保障水平稳步提高。

---

① 乌兰.探索乡村振兴湖南路径 建设湖湘特色美丽乡村[J].新湘评论，2019（03）：4-5.

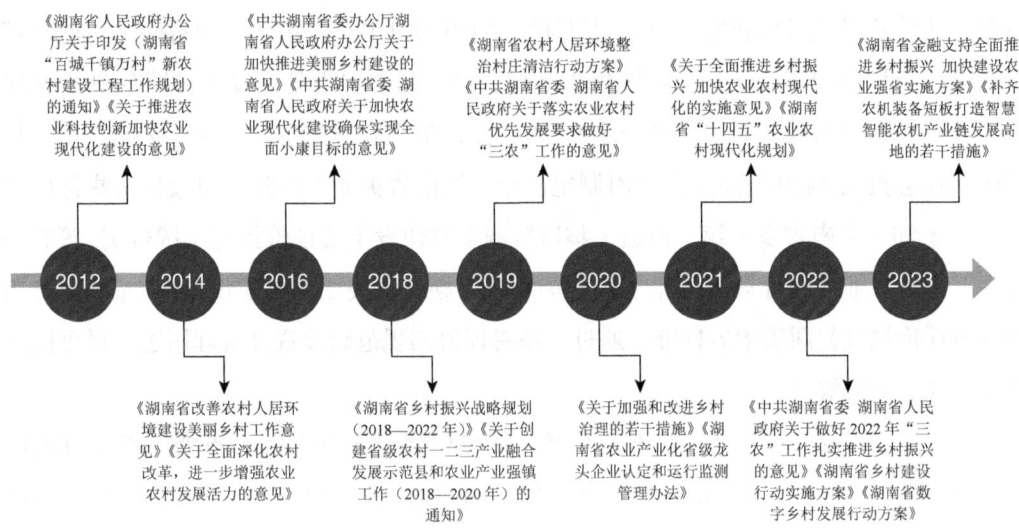

图 5-2 2012—2023 年湖南省有关乡村建设部分政策文件一览图
数据来源：据湖南省农业农村厅、湖南省人民政府门户网站资料自绘

三、改善农村人居环境，科学谋划分段推进

乡村要振兴，环境是底色。美丽乡村建设的实质是重构农村人居环境质量。城市化的快速推进使得乡村空间走向无序化、乡村环境面临破坏、自然资源消耗过度、传统文化逐步衰亡。在这样的背景下，美丽乡村建设的重点开始转移到农村人居环境整治上来。2021 年 8 月 23 日，习近平总书记在河北承德考察时强调，"我们要通过实施乡村建设行动，深入开展农村人居环境整治，因地制宜、实事求是，一件接着一件办，一年接着一年干，把社会主义新农村建设得更加美丽宜居。"近年来，湖南省深入贯彻习近平总书记关于乡村振兴的重要论述和对湖南"三农"工作的重要指示精神，学习浙江"千村示范、万村整治"工程经验，以"百城千镇万村"新农村建设为抓手，协同推进农村人居环境整治和美丽乡村建设。全省各地坚持问题导向，按照农村环境综合整治全域覆盖试点省要求，积极开展"三清理三整治四提升"，突出治房、治厕、治垃圾、治污水、治废弃物问题，深入推进村庄绿化美化行动，因地制宜组织开展秀美（美丽）屋场、"五美"庭院等创建活动。"十二五"期间，以"一拆二改三清四化"为抓手的农村人居环境整治三年行动圆满收官，连续三年获国务院真抓实干督查激励表扬，农村改厕"首厕过关制"模式在全国推介。全省农村卫生厕所普及率达到 85%，建制镇污水处理设施覆盖率达到 76%，建制村绿化覆盖率达到 64.22%；建成污水处理设施 240 座，对

污水进行集中处理的行政村达到4000多个；新建200个乡镇垃圾中转设施，洞庭湖区实现乡村垃圾收集中转设施全覆盖。

四、培育美丽乡村建设先进典型，提升政府公共服务效能

湖南省委、省政府历年来对美丽乡村建设高度重视，每年省委一号文件和省委农村工作会议对美丽乡村建设均做出专门部署；省政府工作报告将美丽乡村建设列为重要工作推动；各地成立美丽乡村创建工作领导小组，全面推进美丽乡村建设。自2006年启动实施新农村建设"千村示范工程"以来，湖南省大力推进美丽乡村建设，通过建立完善省市县三级联建、领导办点、部门帮村、干部驻村的工作机制，制定出台新农村示范村（片）达标考核办法，促进产业融合，带动美丽乡村由点及线、到面、成片发展。2006—2013年，湖南省建成4742个新农村示范村，其中省级授牌新农村示范村224个；2014—2022年，省市县三级累计建成10 200个美丽乡村示范村，占全省总村数的43%，其中省级授牌示范村1049个、省级特色精品乡村180个；农村卫生厕所普及率达93%，122个县全部建立农村垃圾收运处置体系，生活垃圾得到有效治理，617个村农村生活污水得到治理，村容村貌发生明显变化；2018—2022年，湖南省农村人居环境连续5年荣获国务院真抓实干督查激励，和美乡村建设取得明显成效。

新农村建设"千村示范工程"启动实施以来，全省农村基础设施和公共服务水平得以大面积、大幅度升级改善。从交通与物流建设来看，全省农村公路总里程达到20.3万千米，累计新建和提质改造农村公路13.1万千米，农村公路优良中等路率达到87.08%，农村硬化公路在全国率先实现从"村村通"到"组组通"。在农业生产领域，全省已累计建成高标准农田4075万亩，亩均粮食生产能力提高100千克，耕地集中连片程度达72%，耕地净增49.59万亩，粮食产量稳定在300亿千克以上，水稻面积、产量分别居全国第1和第2位。在供电、供水和网络等基础设施方面，农村电网基础设施持续改善，供电可靠率提升至99.8%，农村安全饮水保障水平全面提升，自来水普及率达90%左右。农村电网行政村光纤宽带通达率和4G覆盖率均达100%，5G网络实现了重点乡镇和部分重点行政村全覆盖。通过示范村创建，全省探索出了工业带动型、特色产业拉动型、休闲旅游助推型、工商资本扶持型、农民合作社引领型等多种发展模式，辐射带动了周边乡村的发展。

五、创新美丽乡村发展机制，推进全域美丽乡村建设

湖南美丽乡村建设深入贯彻落实国家有关乡村发展政策，坚持政府引导，加强资

源整合和统筹协调，推动实现美丽乡村共建共治共享。适时根据乡村发展不同阶段对相关政策予以调整补充，近年来相继开展了省级美丽乡村示范村、特色精品乡村、休闲农业集聚发展示范村、农业产业强镇（乡）、农村一、二、三产业融合试点等评选认定工作，从以往重点关注经济建设转向对乡村生产、生活、生态综合发展的重视。在全面贯彻落实中共中央办公厅、国务院办公厅印发的《乡村建设行动实施方案》基础上，结合湖南省实际，制定出台《湖南省乡村建设行动实施方案》，提出12项重点任务，全力建设宜居宜业和美乡村。加快推进农村一、二、三产业融合发展，积极发展农业产业加工业，通过建设农业产业龙头企业，带动农产品加工业高质量发展。2021年农产品加工业产值达到1.99万亿元、居全国第7位，是全省三大万亿产业之一。实施农业"百千万"工程[①]与"六大强农"行动[②]，促进产业兴旺，大力推进农业"一县一特"品牌建设，农产品"两品一标"[③]评选认定等工作，建设现代化新"湘村"。全省现有农业产业化国家重点龙头企业60家、省级龙头企业920家，湖南省农产品加工企业达到50 650家，农产品加工产值与农业产值比达到2.55∶1。[④]

突出全域成片推进美丽乡村建设，以长沙、浏阳、湘潭等美丽乡村建设起点较高的地区为基础，打造可复制、能推广的全域美丽乡村建设的湖南样板经验，目前各市州均已建有不同数量的美丽乡村示范点。自2014年进行美丽乡村示范点建设、2015年正式开展评选工作起，截至2022年湖南省省级美丽乡村示范村共772个，其中2015—2017年各入选70个、2018年入选57个、2019年入选67个、2020年入选107个、2021年入选301个、2022年入选30个（见表5-6）。启动美丽乡村建设行动以来，湖南积极推进美丽宜居共同缔造试点，建立健全引导村民主体参与农村人居环境整治和乡村建设的激励和约束机制。截至目前，全省所有行政村均制定村规民约，115个县市区出台惠民政策，近90%的行政村实行了村级自治的"一三五"新模式[⑤]；汝城县、宁远县等乡村建设评价样本县探索引入"驻村设计师"提供"美丽乡村建设售后服务"，形成美丽宜居共同缔造驻点帮扶机制。

---

① 百千万工程："百企千社万户"现代农业发展工程、"百片千园万名"科技兴农工程、"百城千镇万村"新农村建设工程。
② 六大强农行动：品牌强农、特色强农、产业融合强农、科技强农、人才强农、开放强农。
③ 两品一标：绿色食品、有机农产品与农产品地理标志。
④ 毛凤仪.乡村振兴背景下湖南省乡村农业产业空间格局与优化策略研究［D］.株洲：湖南工业大学，2022.
⑤ "一三五"新模式：强化村党组织领导核心、发挥村民自治3个组织作用、推行农村治理5项制度保障。

表 5-6 2015—2022 年湖南各市（州）美丽乡村新增数量变化表

地理分区	市（州）	2015 年	2016 年	2017 年	2018 年	2019 年	2020 年	2021 年	2022 年	总计（个）	
湘东地区	长沙	6	6	6	7	7	11	23	2	68	234
	株洲	4	4	4	4	6	8	25	2	57	
	湘潭	3	3	4	4	4	6	13	1	38	
	衡阳	6	6	6	6	6	10	28	3	71	
湘南地区	郴州	6	6	6	5	5	8	28	2	66	130
	永州	5	5	5	4	6	10	26	3	64	
湘西地区	湘西州	5	5	5	6	3	5	18	2	49	131
	怀化	5	5	5	7	4	5	27	2	60	
	张家界	3	2	2	0	2	4	7	2	22	
湘北地区	岳阳	6	6	6	5	7	9	22	2	63	169
	常德	6	7	7	0	7	10	30	3	70	
	娄底	4	4	4	4	1	4	13	2	36	
湘中地区	邵阳	5	5	5	5	6	9	23	2	58	108
	益阳	6	6	5	0	4	9	18	2	50	
总计（个）		70	70	70	57	67	107	301	30	772	

数据来源：据湖南省农业农村厅、湖南省人民政府门户网站资料整理

第三节 当前湖南省美丽乡村建设存在的障碍分析

美丽乡村建设长期复杂，既是关于外在美与内在美有机结合的美丽宜居村庄建设，也是实现美丽中国、推进乡村振兴战略实施的重要行动。[①] 习近平总书记在广东考察时强调，"推进中国式现代化，必须全面推进乡村振兴，解决好城乡区域发展不平衡问题"。随着我国经济发展进入新时代，城市建设逐渐向城乡协调发展转型，美丽乡村建设的内涵与价值认知也在发生变化，从新农村到美丽乡村这一升级便能够反映出政府部门对乡村建设的生态文明理解愈加深入，使得"党委领导、政府主导、农民主体、部门协作、社会参与"逐渐成为推动美丽乡村建设的合力机制。[②] 在社会主要矛盾转向人民

---
① 张卉，张捷.基于环境保护视角的村镇建设政策内容变迁研究［J］.环境科学与管理，2018，43（07）：1-4.
② 魏宝丽.美丽乡村建设的主体与重点［J］.中国农业资源与区划，2022，43（08）：30+82.

群众对美好生活的需要之时，厘清当前湖南美丽乡村建设社会、经济、环境和文化发展中遇到的制度、政策障碍等并提出应对策略，具有理论与实践意义。①

一、美丽乡村建设与保护协调发展的问题

城镇化的快速推进使得我国传统村落面临诸多发展桎梏，自然衰败趋势加剧，老龄化和空心化问题严重，村落文化日益消亡，做好传统村落保护工作成为当务之急。住房和城乡建设部数据显示，目前我国传统村落总数为6000余个，而国家传统村落数量却不到全部村落总数的千分之二。传统村落保护与发展是美丽乡村建设的重要内容，当前的美丽乡村建设为传统村落与优秀传统文化保护交融、相互促进创造了条件。《美丽乡村建设指南》规定了美丽乡村建设的主要内容包括村庄规划、村庄建设、生态环境、经济发展、公共服务、乡风文明、基层组织和长效管理等多个领域②。事实上，之所以进行美丽乡村建设，其根本目的正是提升全体社会公众的社会福祉，实现人与自然、环境、经济、社会在更高层次的充分和谐。③现阶段美丽乡村建设的主导模式主要是政府负责政策和资金供给，以项目进村的方式推进建设，但同时也造成了传统村落保护工作的无序化、缺位化。④《中华人民共和国文物保护法》和《历史文化名城名镇名村保护条例》中明文规定了城乡规划对传统村落和文物古迹的保护责任，提出"历史文化名城、名镇、名村所在地的县级以上地方人民政府，根据本地实际情况安排保护资金，列入本级财政预算。国家鼓励企业、事业单位、社会团体和个人参与历史文化名城、名镇、名村的保护。"⑤由此可见，乡村建设与保护发展关系重大。

（一）美丽乡村建设与传统文化保护问题

乡村文化是中华民族的精神情感纽带和血脉根基，是我国传统文化的重要构成。然而，长期城乡二元结构使得市场经济和多元文化对农村传统文化的侵袭不断加剧，乡村众多传统建筑、非物质文化遗产都在城镇化改造中湮灭。在美丽乡村建设背景下，推进农村传统文化保护工作已愈发重要。卢渊指出，"乡土文化能够促进社会和谐发展、彰显地域文化特色、提升生产生活环境综合质量、促进乡村经济发展，这是其在美丽乡

---

① 宋安平.湖南美丽乡村建设的经验、问题与对策 [J].湖南人文科技学院学报，2020，37（04）：66-72.
② 中国标准化委员会.美丽乡村建设指南：GB/T 32000—2075 [S].北京：中国标准出版社，2015.
③ 张国磊，张新文."美丽乡村"建设中的政府动员与基层互动：基于广西钦州的个案调研分析 [J].北京社会科学，2015（07）：32-39.DOI：10.13262/j.bjsshkxy.bjshkx.150704.
④ 叶云，王芊."美丽乡村建设"项目"异化"的表现、缘由与修正路径：以湖北M村为例 [J].湖北社会科学，2016（09）：72-78+87.DOI：10.13660/j.cnki.42-1112/c.013753.
⑤ 张晶.美丽乡村建设背景下传统村落保护与发展策略探析 [J].城市发展研究，2020，27（08）：37-43.

村建设中的主要意义所在。"① 美丽乡村建设为乡村传统文化保护与传承提供强大物质保障，创造和谐人文环境。通过美丽乡村建设能够促进乡村经济的发展，从而使传统民俗文化的发掘和历史遗迹的修缮都能获得足够的资金保障；通过美丽乡村建设能够彻底革除农村陈规陋习，提升村民综合素质，从而改善农村精神面貌。

习近平总书记指出："农村是我国传统文明的发源地，乡土文化的根不能断，农村不能成为荒芜的农村、留守的农村、记忆中的故园。"可以说，推进生态文明建设必然要依托乡村文化的保护与传承，这也是美丽乡村建设具体实践的客观需要。为此，湖南省第12次党代会对美丽乡村建设给出明确构想，"实施乡村建设行动，统筹县域城镇和村庄规划建设，推动公共基础设施往村覆盖、往户延伸，……推进美丽乡村建设扩面提质，做强中心村，建设乡村新社区"，对乡村经济发展与历史文化保护传承同样提出要求。但从现实看，传统村落保护政策出台早却落实晚，美丽乡村建设与乡村旅游开发、传统村落保护间存在冲突，导致传统村落的文化传承很难持续。以已经挂牌命名的"湖南省美丽乡村示范村"为例，许多村庄在美丽乡村建设中的文化保护方面，都有不尽如人意的地方。一方面文化规划体系不够健全，有的村庄历史悠久、文化内涵深厚，但由于在乡村规划时未将乡村文化保护纳入乡村建设规划当中，许多古建筑被违规拆除，盲目建设和规划使得乡村文化遗产面临严重的消亡危机；另一方面乡村文化保护政策不健全，农民主体作用发挥不足，村集体将有限的财政资金大量用于乡村基础设施建设，既没有充分调动起农民的积极性，对乡村文化保护经费的预算给出又少，最终导致乡村文化遗产的保护和修复缺人又缺钱，乡村文化日益边缘化。②

（二）美丽乡村建设与村民利益问题

村民自治是农村基层治理结构构成的重要内容，其本质在于人民群众自治，即村庄发展离不开农民群众的广泛参与。同样，美丽乡村建设成效的显著与否，很大程度取决于农民群众参与建设的积极热情。但利益的融合与依赖共存才是美丽乡村建设得以顺利开展的前提条件。一方面，利益性质决定了村民是否自愿参与村庄建设活动。在混合型利益结构下，只有通过"发展型利益"（村民对获得生产生活优良环境的需求和享受旅游开发所带来的增值收益）和"分配型利益"（集体经济的利益再分配）的共同作用，美丽乡村建设才有可能成为村民普遍关心的焦点事件。③ 例如，在一些地方美丽乡村建

---

① 卢渊，李颖，宋攀.乡土文化在"美丽乡村"建设中的保护与传承[J].西北农林科技大学学报（社会科学版），2016，16（03）：69-74.
② 金鑫.美丽乡村建设背景下的传统文化保护[J].重庆社会科学，2018（06）：68-75.
③ 王惠林，洪明.政府治理与村民自治的互动机制、理论解释及政策启示：基于"美丽乡村建设"的案例分析[J].学习与实践，2018（03）：105-112.

设取得小有成效后,乡村旅游日渐红火,使得位于村部要道的农户可以通过开办农家乐的方式获得可观收益,而一些地段不好的农户无法从中受益,项目建设选址问题进一步引发村民之间、村民与基层组织之间的马太效应。又如一些"以奖代补"的美丽乡村建设项目,有条件的农户可以优先参与并获得资金,客观上表现为"扶强不扶弱"。当公共福利不能拓展到全体村民时,自然会引发他们的不满,甚至会使其由当初的美丽乡村建设支持者很快转变为带头阻挠或破坏者。

另一方面,村庄集体赋能是美丽乡村可持续建设的关键。对于90%左右的在村村民而言,改善居住环境质量是普遍需求。①而事实上,一些美丽乡村建设仍属于"被建设"状态,即项目建设投入和实施基本由政府主导,农民参与度和可能性较低。此时,群众参与只是一种分"蛋糕"的行为,享受政府拨款和项目建设的部分福利,而非进一步将这块"蛋糕"共同做大。长此以往,这种情况会导致部分村民的公民意识淡漠,并集中表现为对村级公共事务的漠不关心,进而有更多精英分子脱离乡村,留下的老弱妇孺也基本难以实现村民自治。与此相反,当政府、村委会、村民利益保持一致时,"多干多补、少干少补、不干不补"的策略自然激发村庄建设的积极性,政府愿意主动推动此事并加大资金投入,因为这样做不仅能够取得政绩,还有财政收入进账;村委会愿意积极组织村民,因为这是造福千秋万代的利村工程,还能促进村集体组织的社会威望再积累;村民愿意充分参与,因为他们能获得优良的生产生活环境。

(三)美丽乡村建设与乡村旅游问题

农业依托乡村而存。在乡村振兴战略背景下,乡村旅游作为旅游服务业与传统农业融合发展的产物,在乡村建设的现代化进程中有着举足轻重的作用。乡村建设反过来能够推动乡村旅游的发展,对乡村可持续发展产生多方面的积极影响。首先,乡村旅游有利于优化农村产业结构,为增加农民收入创造新的增长点,助推乡村经济振兴;其次,乡村旅游有利于乡土文化的传承与发展,实现乡村经济振兴和文化振兴的协调统一;再次,乡村旅游有利于增进乡村居民社会服务的福利供给,实现乡村社会振兴;增强基层社区治理、稳定乡村社会秩序,推进乡村治理转型;最后,乡村旅游有利于改善乡村生态环境实现乡村生态振兴。②2021年4月25日至27日,习近平在广西考察时强调,"全面推进乡村振兴,要立足特色资源,坚持科技兴农,因地制宜发展乡村旅游、休闲农

---

① 郭蔚霞.建设美丽乡村背景中村民自治的障碍及其消解:以龙岩市上杭县为例[J].农村经济与科技,2014,25(06):133-134.
② 蔡克信,杨红,马作珍莫.乡村旅游:实现乡村振兴战略的一种路径选择[J].农村经济,2018(09):22-27.

业等新产业新业态，贯通产加销，融合农文旅，推动乡村产业发展壮大，让农民更多分享产业增值收益。"①党的十八大以来，党中央、国务院高度重视美丽乡村建设和乡村旅游工作，自 2015 年以来，历年一号文件都对乡村旅游发展做了重要政策安排，国家各部委陆续开展了"中国美丽乡村""中国历史文化名镇名村""全国生态文化村""全国'一村一品'示范村（镇）"等评选活动。数据显示，农业农村部认定 395 个村镇为第十二批全国"一村一品"示范村镇，推介 199 个镇为 2022 年全国乡村特色产业产值超 10 亿元镇、306 个村为 2022 年全国乡村特色产业产值超亿元村，其中湖南分别有 19 个村镇、4 个镇、9 个村入选。

湖南乡村旅游助力乡村振兴和美丽乡村建设贡献较大。自 2014 年至 2020 年，湖南省接待旅游总人数在七年内增加了 2.8 亿人次，旅游总收入占 GDP 比重由 2014 年的 11.38% 上升到 2020 年的 19.76%。②"十二五"期间，湖南省 70 多万贫困人口借助旅游业实现脱贫，占全省脱贫人口的 15%。③全省现有休闲农业经营主体 1.73 万家，年接待游客突破 2 亿人次，年经营总收入超过 480 亿元。④随着乡村旅游激起发展热潮，为大多数的村庄带来了可观收益，有效带动了全省乡村脱贫致富、全面振兴，但在发展实践过程中也存在一定不足。例如，旅游利益分配不均导致乡村旅游社区内部的贫富差距过大，社区居民的旅游参与不足制约乡村社会的可持续发展，粗放式的乡村旅游发展模式造成生态环境负荷加大与污染等问题。在实地调研中，有的村庄为了短期的旅游利益，在美丽乡村创建之初便将"绿化"与"亮化"目标定位为"吸引城里人、外乡人来观光旅游"，试图通过门票售卖、土特产经营和开办民宿餐饮等实现"一夜暴富"。因此，要加强对乡村旅游的引导和管理，因地制宜提高以旅游促进美丽乡村建设的科学性与可行性，因为乡村旅游的溢出效应并不适用于全省每一个乡村。

二、尊重乡村的主体性地位问题

习近平总书记指出，"增进民生福祉是发展的根本目的""建设美丽中国是全面建设社会主义现代化国家的重要目标"。要建设"美丽中国"，首先要建好美丽乡村。乡村振兴的最终落脚点是增进乡村居民的社会福利，加快建设宜居宜业和美乡村。那么，谁应在美丽乡村建设中负主体责任？这是美丽乡村建设需要认真把握和引起足够重视的最

---

① 宋彦峰. 美丽乡村建设的农户行为响应、影响因素及政策启示［J］. 当代经济，2023，40（12）：33-40.
② 周佳欣，曹冰玉. "后疫情时代"湖南乡村旅游发展创新及金融支持［J］. 湖南行政学院学报，2020（03）：122-129.
③ 数据来源于《湖南省人民政府关于全省旅游产业发展情况报告》。
④ 数据来源于湖南省农业科学院。

核心、最本质问题。马克思主义唯物史观认为,主体的含义是指"有意识、有意志,并在实践活动中认识和改造客观世界的人。"[①]作为社会主义新农村建设的"升级版",美丽乡村建设要坚持"政府主导、农民主体、社会参与"的推进机制。

(一)发展模式问题

乡村发展模式是乡村经济发展结构和运行方式在实践中的具体表现形式。[②]费孝通提出,"模式"的概念即指"在一定地区,一定历史条件下,具有特色的发展路子"。乡村发展以产业为载体,伴随着乡村生产、生活行为中物质和非物质要素的交互作用,形成了不同性质特征的乡村发展类型。乡村发展模式受到多种因素的综合作用,如自然资源、经济资源、历史文化及政策等因素都会对其产生影响和制约。由于地理面积广阔,区域差异相对悬殊,我国在美丽乡村建设中形成了多种各具特色的发展模式。在2014年"乡村梦想——美丽乡村建设与发展国际论坛"上,农业部发布了产业发展型、生态保护型、城郊集约型、社会综治型、文化传承型、渔业开发型、草原牧场型、环境整治型、休闲旅游型、高效农业型美丽乡村十大创建模式。每种模式分别代表了某一类型乡村各自的资源禀赋、产业发展水平,并非各地原样照搬,而是根据各自条件按需植入,形成了独具特色的发展模式。[③]美丽乡村建设核心思想随着农业部的美丽乡村十大创建模式的提出而逐渐成熟。

从各市(州)开展的美丽乡村建设实践看,湖南省立足区域农业资源禀赋,不断强化资本、科技人才和土地要素驱动,进一步延伸农业产业链、拓展农业多功能,为"美丽乡村"向"美丽经济"转型开拓了多元渠道。湖南探索形成的美丽乡村建设多种模式,为新时代农业农村高质量发展提供了湖南方案。但从具体的模式选择看,当前乡村建设仍以政府为主导,村民主体地位和作用并没有发挥出来,部分村民甚至认为"美丽乡村建设是政府的事","等靠要"思想明显,美丽乡村建设"上热下冷"。一方面,由于政府部门在美丽乡村建设中没有重视村民意见,没有充分发动宣传,导致村民自身对美丽乡村建设认识不足,参与积极性较低。另一方面,没有充分引入市场机制和社会资本,发挥市场和社会力量的作用,而是采取行政动员等传统方式,难以形成长效机制。同时,各地美丽乡村建设存在不同程度的"重建轻管"现象。一是没有组建专门的班子。平时工作仅靠分管农业的政府部门负责开展,力量薄弱。二是没有完善长效管理机制,重一时整治而忽视长效管理机制的建立健全,部分村庄已出现不同程度的脏、乱、

---

① 许征帆.马克思主义辞典[M].长春:吉林大学出版社,1987.
② 曾祥麟,李盼.我国农村发展模式的比较分析[J].中国商界(下半月),2010(05):166-167.
③ 农业部发布中国"美丽乡村"十大创建模式[J].中国乡镇企业,2014(03):45-46.

差回潮现象，再度陷入"治理—反弹—再治理"的怪圈。①

（二）乡村治理问题

现代化自古就是人类社会孜孜以求的目标。同任何人类活动一样，乡村治理方式和路径的选择问题，是伴随整个现代化进程的永恒话题。作为一个历史悠久的农业大省和农村人口大省，改革开放40多年来，湖南高度重视乡村治理工作，这直接关乎中部崛起、"三高四新"和富民强省的目标实现。乡村振兴战略是美丽乡村建设的升级版，是包含经济、政治、文化、社会、人民生活等全方位的全面振兴。完善农村基层社会治理既是美丽乡村建设和乡村振兴战略的题中之义，也是新的主要任务和工作目标。②当前，世界正经历百年未有之大变局，中国正处于实现"两个一百年"奋斗目标的历史交汇时期，湖南乡村振兴与和美乡村建设迈入关键阶段，随着时代的变化发展，农村社会出现了一些新的情况和问题，乡村基层社会治理面临新的形势和挑战。一方面，在农村社会由传统向现代转型过程中，乡村人力资本、青壮年劳动力不断向城镇聚集，"空心化"、人口老龄化问题在农村地区尤为突出，传统乡村治理结构受到严重冲击，社会生活秩序亟须重新构建；另一方面，城乡发展不平衡、同一区域的不同地区间发展不平衡问题依然存在，使得乡村基层治理模式不能简单地"一刀切"，要因地制宜、因地施策，不能将美丽乡村建设视为政府和社会对乡村的救助和援助，想当然地认为项目和资金的大额投入就能使国家美丽、乡村美丽，这是大错特错。美丽乡村建设离不开乡村的有效治理。面对乡村基层社会治理的新情况、新挑战，坚持一切从实际出发，推动治理体系和治理模式不断创新，充分保障乡村得到有效、有序治理。

（三）村民参与问题

人民群众是乡村建设的主体，在推进美丽乡村建设的过程中要坚持以"民"为本，注重汇聚广大农民群众的广博智慧，充分激发村民主体参与的积极性。如果忽视了这个因素，美丽乡村建设将会面临很大的困难。美丽乡村建设涉及项目众多，需要方方面面的专业性人才予以项目的指导和监督。但目前，村民建设美丽乡村的观念普遍不强，尤其在一些偏远山区，更多的村民倾向于外出务工，留在村里的多数是没有劳动能力的妇女、孩子和老人，即常说的"386199部队"，因此真正能投入乡村建设的青壮年村民少之又少。同时，一些地方主管部门没有意识到激发乡村内部动力和创造力的重要性，并未充分调动起农民群众的生产积极性，导致出现"领导干，群众看""你做你的，我干我的"及"上热下冷"等乱象。由于美丽乡村建设实施过程几乎由政府包揽，越俎代庖

---

① 和沁. 西部地区美丽乡村建设的实践模式与创新研究 [J]. 经济问题探索, 2013 (09): 187-190.
② 王一, 洪晓楠. 美丽乡村建设视域下基层社会治理探究 [J]. 人民论坛, 2019 (30): 84-85.

地帮农民选择、替农民决策，无论是知情权、参与权、表达权还是监督权，都在一定程度上被忽视，使得农民逐渐集体失语。因此要意识到，美丽乡村建设是一个系统工程，需要政府、企业、农民等多元主体共同发挥作用。虽然政府和企业的外生性力量在美丽乡村建设初期也是十分重要的，但随着建设的推进，美丽乡村建设更需要内生性力量。村民是美丽乡村建设的"主人翁"，只有农民群众主动参与美丽乡村共建共治，才会产生内生性、可持续的力量，促成乡村产业兴、环境美、生活富。正如习近平总书记所言，"没有内在动力，仅靠外部帮扶，帮扶再多，你不愿意'飞'，也不能从根本上解决问题。"①

三、影响美丽乡村建设的制度机制问题

"美丽乡村"最早可以追溯到2003年浙江省开展的"千村示范，万村整治"工程，随后由农业部向全国推广建设经验。②党的十八大以来，美丽乡村建设作为政府和社会的重点关注领域，中央财政重点支持各省份有序开展乡村建设，全国很多地区都取得了一定成绩，形成了一批先锋模范经验。③但多数地方政府为吸引社会资本投资乡村，基础设施建设重复、人造景观高度雷同、产业引进高度同质等相关问题在前期的乡村建设中频繁出现。④因此，稳定的、规范的、常态化的美丽乡村建设需要一套强有力的制度机制予以支撑。《湖南省乡村建设行动实施方案》要求"到2025年，乡村建设取得明显成效，农村人居环境持续改善，农村公共基础设施往村覆盖、往户延伸取得重要进展，农村基本公共服务水平稳步提升，农村精神文明建设明显加强，打造乡村建设湖南样板。"但湖南全省共有2.37万个行政村，若要全部实现全面振兴，建设美丽乡村任务仍旧艰巨，破解制度机制问题是其中关键。

（一）部门组织协调有一定困难

美丽乡村建设的成效与良性制度机制密切相关。在中国乡村社会发展过程中，"外生—内生"的实践张力逐渐演化为制约乡村振兴的多重内生发展困境。⑤在美丽乡村建设的生态动力系统中，各级政府和社会资本承担着建设资金提供方的责任，政府遵循着

---

① 习近平.习近平谈治国理政：第二卷[M].北京：外文出版社，2017.
② 崔腾飞.美丽乡村建设同质化：现象分析、驱动机制与转向策略[J].贵州社会科学，2022（12）：145-152.
③ 于法稳，李萍.美丽乡村建设中存在的问题及建议[J].江西社会科学，2014，34（09）：222-227.
④ 彭忠益，柯雪涛.中国地方政府间竞争与合作关系演进及其影响机制[J].行政论坛，2018，25（05）：92-98.
⑤ 文军，刘雨航.迈向新内生时代：乡村振兴的内生发展困境及其应对[J].贵州社会科学，2022（05）：142-149.

典型的政治逻辑，社会资本信仰的是市场经济逻辑，并通过政治、经济、文化、社会和生态五个维度促进政策、资本、要素等与乡村社会的互动衔接。然而由于制度建设和部门协调机制缺失，美丽乡村建设在一些地区实际沦为了"上级部门想要打造的""政治任务"，同时在由上而下的项目管理标准化、验收方式刚性化的影响下，地方政府和相关部门为应对这些对上的"刚性任务"，盲目复制东部经验，导致一些忽略实际需求、毫无地方特色的同质化美丽乡村不断地被打造出来，最终留给村庄的只有资源浪费、精力消耗。近年来，湖南在全国性美丽乡村的评选活动中成绩并不理想。2023年9月12日，农业农村部推介北京市房山区张坊镇大峪沟村等256个村落为2023年中国美丽休闲乡村，湖南仅有长沙县黄花镇银龙村等12个乡村上榜。其中，很大一部分原因可以归结为部门组织协调不够好。美丽乡村建设项目的实施几乎涉及所有的政府部门，虽然相关文件规定得很清楚，各部门所负责领域规划得很清晰，但实际做起来却是另外一回事，九龙治水、龙多天旱的现象依旧存在。修路、护林、办学校、支持产业等，资金渠道涉及不同部门，有的地方甚至对农村最急需的是什么都不甚了解，认为"给钱就是万事大吉"。在有限的财政资金支持下，技术、人才及后续服务管理等要素输入不足，部门间统筹协调不一致，地方政府乡村建设逐步走向"村村有，但村村又不达标"的困境循环。

（二）市场和社会参与作用发挥不够

与城市相比，我国乡村生态文明建设尤显紧迫，但总体动力还是趋于不足状态。在具体实践层面，我国很多地方政府目前是乡村建设的推动者和出资者，建设资金来源渠道也主要停留在政策项目而非社会资本，政府对美丽乡村建设大包大揽，市场企业、社会公众和村民的作用还没有充分发挥出来，乡村建设难以取得预期效果。[①] 已有研究认为，政府是推动美丽乡村建设的最重要的外部推动力，需要政府、市场与社会的共同合力，并构建起一个行之有效的互动机制。然而现实是，在政府的主导下，乡村生态环境的确得到了有效提升和显著改善，但多元主体的参与缺失也增加了政府失灵行为的可能性，由此导致社会力量参与美丽乡村建设的深度和广度都十分有限，有的社会组织仍处于观望乃至回避状态，总体上"政府积极、投入较多、成效不高"。在当前阶段，政府推动力、经济拉动力和生态自觉力对推动乡村建设都至关重要，只有三方共同作用才有可能进一步产生叠加效应。要积极调动市场、社会和农民自身力量，将以往财政资金直接补贴农户变为引导社会资本投资乡村社会事业的"激励金"。通过兴办产业的方式使

---

① 刘晓光，侯晓菁.中国农村生态文明建设政策的制度分析［J］.中国人口·资源与环境，2015，25（11）：105-112.

涉农资金在工业流通中实现倍数增值，要鼓励社会组织积极参与乡村建设项目资金和农村基础设施后续管护的全过程，形成政社互动的良好局面，进而起到既能降低政府财政压力，又能确保美丽乡村建设总体推进的双重作用。

（三）美丽乡村制度供给力度不够

美丽乡村建设归根到底是关于乡村生态环境、传统文化、文明风尚和产业经济等方面的系统建设工程，需要从全局上整体谋划、统筹安排，在制度机制上做好根本性的顶层设计，才能确保乡村建设总体规划得以落实，建设目标得以高效完成。然而事实上，地方各级部门还未及时建立起一套符合本地实际的美丽乡村管理、监督和评估的长效机制，很多制度机制尚处于探索试行阶段，农村产权制度、土地制度改革没有随城镇化发展及时跟进，农村基础设施和各项公共服务事业建设与城市相比，预算保障比例小，而且项目类别也不多。由此带来的制度供给力度不够的问题，则会直接反映在乡村发展的区域不均衡之上。以湖南省为例，将2015—2022年湖南省14个地级市（州）省级美丽乡村示范村新增数量进行统计分析[①]，长沙市美丽乡村的数量在全省各市（州）排名第一，包括长沙、株洲、衡阳在内的湘东地区，美丽乡村的数量在湖南省五大区域中也是居于首位，达到234个，而湘潭、张家界、娄底的美丽乡村数量则低于40个，分别为38、22、38个。随着美丽乡村后续建设和管理维护工作的深入，各种新情况、新问题将不断出现，美丽乡村制度供给机制仍需日臻完善。这些长效机制对于建设或建成美丽乡村而言，意义重大、影响深远。[②]

---

① 相关数据详见本书第五章第二节湖南省美丽乡村建设主要实践与成效中的表5-6。
② 李技文.民族地区美丽乡村建设的问题及对策［J］.学习月刊，2014（04）：27-28.

第六章　美丽乡村示范村建设典型案例
——以湖南省为例

中国要美，农村必须美，美丽中国建设需要依靠美丽乡村打好基础。2021年中央一号文件明确提出"我国已经进入全面推进乡村振兴的新发展阶段"，"全面"二字强调的不仅是要全面推进"五大振兴"，更要着眼于整个乡村振兴范围建设宜居宜业和美乡村。[①] 但是，长期以来我国一些乡村的建设距离美丽乡村的要求还相去甚远。消费主义裹挟下的农民，有限收入和无限消费欲望之间的差距被越拉越大，乡村集体经济与私人经济分化导致经济、社会、生态等综合性系统危机来临，严重阻碍着美丽乡村建设进程。[②] 基于对湖南省美丽乡村示范村建设的实地调查和评估，聚焦"十百千万"工程[③]在湖南的生动实践，分析了长沙市湘江新区光明村、娄底市娄星区洪山村、永州市江永县邑口村、常德市桃源县新跃村等成功范例，研讨美丽乡村建设的湖南经验和启示，以期对其他地区建设美丽乡村、实施乡村振兴战略提供参考借鉴。

第一节　长沙市湘江新区光明村：区域融合发展跑出乡村振兴加速度

一、光明村基本情况概述

光明村地处湘江新区白箬铺镇西北部，西接宁乡市，北临望城经开区，毗邻长张高速友仁出口，金洲大道贯穿全村，区域交通条件均较好。村庄总面积9.4平方千米，其

[①] 谢小芹. "多功能"的村民小组：来自中部农村的经验调查[J]. 中国乡村发现，2013（04）：152-157.
[②] 贺雪峰. 总序[M]//刘洋. 中国村治模式实证研究，济南：山东人民出版社，2009：5.
[③] "十百千万"工程：十片（线）引领、百村示范、千村提升、万家美丽。

中耕地 3484 亩，旱土 1397 亩，林地 5886 亩，下辖村民小组 42 个，农户 946 户，人口 3407 人。近年来，光明村始终围绕乡村振兴战略的总要求，在集体经济、乡村治理、生活富裕、环境宜居等方面取得了显著成效，先后获评"全国文明村""全国生态文化村""全国特色旅游名村"等 12 个国家级荣誉和湖南省两型认证村庄、两型示范村庄、湖南省美丽乡村精品村庄等 50 多个省、市、区荣誉。

从自然环境看，光明村整体位于湖南省中部地区，低山和丘陵分布较多，地势由东南向西北倾斜，高低不平、高差较大，因此植物种类比较多，适合多种作物生长。当地气候是典型的亚热带季风性气候，年平均气温为 17.2℃，春夏降水较多，夏秋雨水较少，冬天较为湿润，年平均降水量为 1400 毫米，光热资源丰富。植被类型为针叶、阔叶、落叶与常绿林混交，主要植被有杉、松、柏、竹、樟树等。村内水源丰富，有长河、有池塘，例如蜿蜒的八曲河长达 15 千米，莲花大塘碧波荡漾，清澈如镜。村内山水相依，风景秀丽，具有得天独厚的自然生态资源。[①]

然而，20 世纪 90 年代以前，光明村还是一个地处偏僻、相对封闭的小山村，村民以耕地种田谋生，经济发展一直都比较落后，村内环境简陋，村民住的都是土坯房，村庄道路狭窄而泥泞，村民外出几乎靠步行，是典型的"吃粮靠返销、花钱靠贷款、生产靠救济"的贫困村。由于农业结构单一、农业收入甚微，农业生产几乎靠天吃饭，村里很多年轻劳动力迫于生计压力纷纷外出务工，村庄经济非常萧条。

直到 2008 年底，当时横贯光明村的金洲大道全线通车，同年，长沙市正式启动金洲大道新农村示范片建设，光明村被确立为"湖南省社会主义新农村示范村"。随后，得益于高标准的整体规划、连片建设，以及省市各级领导和政府部门的支持帮助，当地美丽乡村发展犹如燎原之势，取得了显著成效。在政策的双层机遇叠加下，光明村注册成立了湖南省首家土地经营专业合作社，全村 800 亩水田、1400 亩旱土、4000 亩山林以合作社为平台，采取村民入股，合作开发等形式，实行集中流转；成功引进 13 个生态农业产业和休闲项目，如狮子山农业生态度假山庄、花果园生态农庄等，建成了葡萄、花卉苗木、无公害蔬菜、户外运动等农业产业基地；坚持合理开发与科学保护并重的原则，立足资源优势，建成了覆盖面积 32 平方千米的光明大观园，打造出别具特色的旅游目的地，高标准建成一批配套项目，农家乐、渔家乐等特色餐饮业初具规模；在人居环境改造方面，完成 77 户农户的民居基本改造，卫生厕所普及率与改厨率达到 97% 以上，村民环保意识大大提高。山青水绿人美，美丽乡村建设成效显著。也是从那

[①] 刘跃洲，石谷龙，蒋阳洋.农村人居环境发展模式总结：以长沙市光明村为例[J].经济研究导刊，2020(20)：47-49.

时起,光明村正式开启了美丽乡村建设的"逆袭"。

二、光明村美丽乡村建设模式

美丽乡村建设既是培育农村经济显著增长的落脚点,也是改变农村原有风貌的有效途径。在光明村的发展实践过程中,按照"产业兴、环境美、农民富、乡风好"的发展思路,尊重民意、维护民利、依靠民资、强化民管,经过不断的积极探索实践,初步形成了"政府引导、农民自主、产业支撑、市场运作"的新农村发展模式。

(一)政府引导

党委政府引导是建好美丽乡村的首要条件。光明村美丽乡村建设的快速推进,主要得益于党委做出战略部署,政府制订实施方案,干部积极行动、坚定执行的科学机制作用,充分发挥出了村党支部的战斗堡垒作用,充分调动了村民建设美丽乡村的主动积极性。[①] 在光明村发展过程中,湖南省委书记张春贤、长沙市市长张剑飞亲自办点示范,湖南省委农村工作部与湖南省人民政府农村工作办公室派出专员驻村长期指导,望城县(今望城区)成立专门协调机构,由县委书记、县长、人大和政协主席牵头,县委常委、分管农业的副县长具体负责相关事宜。不仅在组织层面体现科学领导作用,各级政府在财政投入方面也是大力支持,省、市、县三级共投入约3700万元,带动社会投资1.4亿元,村民自主投入1000多万元。这一系列措施,上下联动,形成合力,充分显示了政府引导的关键作用。[②]

(二)农民自主

村民群众是美丽乡村建设的主体。一般而言,美丽乡村建设要想搞得好,必然离不开村民较高的参与积极性。正如一位村党支部书记对于美丽乡村建设的总结:"再容易的事只有一个人去做也难,再难的事有大家一起来做就会变得容易。"在新农村建设过程中,光明村村支两委充分尊重农民意愿,坚持让村民自己做主、自我管理、自我发展,无论是村庄基础设施建设、民房改造还是公共事务管理方面,在村委会做出正式决策前都要广泛听取村民意见。例如光明村成立了全省首家农村土地经营专业合作社,村民以土地入股,按股分红,全村有30个村民小组共536户参加了土地经营专业合作社。即使是在组织村民为村庄建设进行适量筹资时,也是经过村民集体讨论、表决同意,经费

---

① 徐良根.更好更快推进湖南美丽乡村建设面临的制约因素及其解决对策探析:基于长沙美丽乡村建设的调查研究[J].邵阳学院学报(社会科学版),2016,15(06):47-52.

② 金丽华,郑学荣.乡村吸引力的影响因素及测度分析:以湖南省望城区白箬铺镇光明村为例[J].农村经济与科技,2019,30(17):268-270.

筹集预算均控制在全体村民可承受的范围之内。这样既能够增加美丽乡村建设的资金，也有助于增强群众的自主责任意识。村庄绿化，家家户户贡献苗木；道路硬化，村民群众自筹资金。农民群众是最讲实惠的。正是因为美丽乡村建设带给了他们许多的利益，广大村民群众才会积极主动、自觉自愿参与进来，出资出劳出主意，美丽乡村建设才有"我要建设"的深厚群众基础，为乡村可持续发展带来强大的内生动力和民意后劲。[①]

（三）产业支撑

建好"生产高效、生活美好"的美丽乡村，关键是要发展产业，即"既要金山银山，也要绿水青山"。在笔者到访过的一些落后村庄，绝大多数优势产业缺乏，作为村庄建设资金来源的经济实体和村办企业几乎没有，进而导致美丽乡村建设的不可持续。在推进光明村美丽乡村建设过程中，村支两委立足"一村一品"产业特色，积极调整农业产业结构，放弃成本高、效益低的传统"粮猪型"农业产业模式，利用本村的资源优势，重点发展特色农业、循环农业、花卉苗木、乡村旅游、民俗发掘等相关产业，规划实施休闲农业和新型家庭农场，充分实现产业与生态融合发展；加强市场研究，多渠道拓宽村民增收出路，扶持了一批与支柱产业相关的示范户，建成了一批融"吃、住、游、购、体验"为一体的精品"农家乐""家庭农场"。得益于休闲农业旅游的蓬勃发展，如今光明村改造民居680多栋，拥有近20家农家乐、20余家民宿，稻田3000余亩、蔬菜园900余亩、水果园600余亩，亲子、乡游、康养等业态纷纷涌现，吸引越来越多的游客来吃农家饭、住农家屋、看农家景。[②]

（四）市场运作

美丽乡村建设的首要条件是构建强有力的产业支撑体系，这就需要在政府主导下发挥出多元主体的协同优势，市场机制在其中扮演着重要角色。光明村在美丽乡村建设过程中按照"市场牵龙头、龙头带基地、基地联农户"的形式，优化组合各种要素，合理配置各项资源，在村民自主自愿筹资、广泛动员投工投劳的前提下，积极申报水利、交通、农业等政府部门的项目资金，并争取在外经商务工乡贤的物力和智力支持，通过市场手段多渠道解决建设资金，扎实推进银行、企业等社会资本与村集体结对共建活动，共建共享、互惠互利，有力保障了美丽乡村建设进度。[③]村支两委大胆放权，改变以往"事事考虑、时时警惕"的工作作风，邀请社会企业公开投标竞争村庄规划、道路建设

---

① 黄森.美丽乡村可持续发展研究：以湖南省望城光明村"两型"农村建设为例[J].清远职业技术学院学报，2017，10（04）：6-10.
② 王曼，唐浩.城郊型村庄集体经济发展现状、问题及对策研究：基于长沙市光明村的案例分析[J].农村经济与科技，2021，32（23）：46-50.
③ 张云，李自林，薛炳勇.浅析多元资本主体参与下美丽乡村的建设模式[J].科技风，2018（36）：56.

等工程，积极发挥引导、监督与协调各方利益的作用。例如，光明村的"花果园"等农业休闲项目和现代农业创意产业园项目就是市场手段引进的结果。此外，村集体还结合市场需求，注重开展市场运作，创办集体企业，然后再从集体企业的经营盈利中拿出部分资金，兴办美丽乡村事业。①

第二节 娄底市娄星区洪山村：以增加农民收入为主线推进乡村振兴

一、洪山村基本情况概述

美丽乡村是美丽中国的一张崭新名片，只有建设好宜居宜业美丽乡村，才能更好建设美丽中国。洪山村位于娄星区最北端的双江乡，居双江乡中部，距离娄底城区18千米，距长韶娄高速出口5千米，北临新庄村，南临双江村，西临青桥村，东倚省级洪家山森林公园，山青水绿，重峦叠嶂。村域面积3.19平方千米，全村共有林地3820亩，水田279.7亩，耕地面积362.8亩，山塘12口。下辖11个村民小组，常住人口728人238户，其中党员25人。近年来，洪山村充分发挥党建引领作用，坚持产业经济发展与生态宜居建设并举，积极开展各项美丽乡村建设活动，围绕本地资源优势发展了以度假休闲、农业观光、农业体验等为主的生态旅游产业。目前，全村绿化覆盖率达到98%，硬化公路实现组组通，人居环境和社会环境持续优化。2016年，村级集体经济收入就已经突破22万元，全村居民人均可支配收入23 000元。2016年洪山村被纳入湖南省大湘西精品旅游线路。先后评为国家"社区保护和服务项目试点社区""湖南省美丽乡村建设示范村""湖南省巾帼示范村""湖南省卫生村""娄底市城乡环境整治及建设工作优秀村"等，全村经济实力持续增强，质量效益稳步提升。

二、洪山村美丽乡村建设模式

（一）坚持绿色发展理念，科学规划发展蓝图

一个因地制宜的科学规划既是指导发展的一幅宏伟蓝图，又是展示发展成果的一张美丽画卷，对美丽乡村建设有着重要的引领作用。习近平总书记强调，"建设好生态宜

---

① 邓楚雄，刘唱唱.乡村旅游发展背景下农户生态适应性研究：以长沙市光明村为例[J].湖南师范大学自然科学学报，2019，42（01）：18-26.

居的美丽乡村,让广大农民在乡村振兴中有更多获得感、幸福感。"[①]为切实将"留得住青山绿水、记得住乡愁"的发展理念贯穿于推进美丽乡村建设的具体实践中,洪山村坚持在规划中找准特色、定位特色,用绿色发展的理念指导美丽乡村建设。从政策层面看,市、区、乡各级政府高度重视。2014年,娄星区政府将洪山村新农村建设纳入重点项目予以推进,并聘请湖南城市学院规划团队实地考察,编制完成《洪山村"美丽乡村"建设整体规划》,从产业发展、村庄布局、土地利用、生态建设和公共服务五个方面进行了长远规划;同年,洪山被列为娄底市新农村建设示范点,被定为湖南省美丽乡村建设示范点,娄底市委主要领导挂点帮扶。2016年,娄底市委常委办公会专题研究洪山村美丽乡村建设问题,要求各级各部门在资金投入和项目建设上给予全力支持,三年内共筹措资金1500万元,基本完善了村内供水、供电、公路等基础设施;提出"抓基础、保基本、强产业"的发展思路,引导村民积极参与生产种植养殖,兴办集体经济发展旅游产业和休闲农业,使得村容村貌得以全面改善,村级集体收入和农民收入实现平稳增长,乡村文明程度全面提升,成为娄底市城乡统筹发展样板区、新农村建设示范区。

(二)坚持党建齐抓共管,弘扬文明生活风尚

美丽乡村之美不仅在于环境,更应有精神之美,美丽乡村建设必须紧握乡风文明建设这个"牛鼻子"。全面推进乡村振兴工作以来,在省、市、区、镇党委政府的统筹规划下,洪山村坚持以村支两委为核心,突出抓好五个方面以推动乡村文化建设。一是抓好村支"两委"班子建设。推行村干部岗位责任量化管理制度,完善村民代表议事、党员议事、村民议事公示和村务监督制度,合理保障村民对村务管理的知情权、参与权、管理权和监督权;以党建全面带动乡风文明建设,推行"四议两公开"工作法,建立健全美丽乡村建设财务管理,村级资金收入使用实行先审计、后入账、再公开方式,进一步增强村支两委班子的战斗力和凝聚力。根据第三方调查,当地村民群众对村支"两委"班子成员满意率达到98%以上。二是抓好核心价值观进村入户。强化宣传主阵地意识,充分利用村级服务中心、村院围栏、文化广场等公共平台和设施,推动社会主义核心价值观走心入脑;积极开展"文明家庭""卫生家庭"等精神文明创建活动,营造和谐社会的良好生活氛围。三是抓好农村社会移风易俗工作。通过制定村风民俗有关村规民约,成立红白喜事理事会等自治组织,开展"五好家庭"表彰活动,破除婚丧嫁娶愚昧陋习,树立良好家风村风。四是抓好社会精神文明质量提升。建设融农家书屋、乒

[①] 李东成.建设生态宜居的美丽乡村[N].六盘水日报,2019-07-27(003).

乓球室、棋牌室、电脑室为一体的多功能村级公共服务中心,建成高规格村级文化广场,配备篮球场、健身场所等群众体育设施,极大丰富村民业余文化生活。五是抓好乡村文化传播。开放农家书屋供村民查阅阅读,成立志愿服务队,深入开展远程教育、学习帮扶、组织文体活动等关爱农村留守儿童活动。

(三)坚持以人为本思想,切实改善乡村民生保障

基础设施建设关乎乡村民生保障,是关系农民生产生活、能够给农民群众带来实在利益的基础工作。在推进美丽乡村建设的过程中,洪山村坚持从四个"改善"着手完善乡村民生保障机制,切实提高农民生活水平和幸福指数。一是改善村民居住条件,全面启动全村风貌改造计划,对村域内村民危房进行改造升级。二是改善水电网基础设施,实行生活用水统一供给管理,解决全村安全饮水问题;彻底解决全村电网电压不足问题,有线电视、网络、电话覆盖率达到100%。三是改善道路交通,全村主要入户道路进行全面硬化,全面拓宽进村主干道,延长田间机干道,村民彻底告别了以往"出门就沾泥"的难处,出行十分便利。四是改善社会保障机制,强化农村社会救助,全村实现五保户、孤寡老人、残疾人、特困人员"应保尽保",新农合、新农保参合(保)率达100%,适龄儿童入学率100%。

(四)坚持深入整治环境,建设生态宜居家园

美丽乡村建设是一场涉及农村整体环境与农民生产生活方式的综合性改革。因此,洪山村立足"彻底改变村容村貌"的目标,坚持把解决好农村环境问题作为重点工作,制定出台人居环境综合整治实施方案,提出四个方面的农村环境综合治理。一是突出"建"字当头。建立健全全村环境卫生制度,实行村级环境卫生承包制,严格民房报建审批,科学规划村组道路、灌溉水渠,下定决心拆除违建房屋和设施。二是突出"治"字优先,大力开展卫生环境集中整治行动,建设集中污水处理站,聘请专业保洁人员清扫全村公共环境卫生,定期组织"门前三小"卫生检查评比。截至目前,全村"三清"、公共场地清扫率和垃圾收集率达到100%,"五改"[①]到户率和清洁能源农户占农户总数的95%。垃圾无害化处理率和污水无害化处理率均达到90%以上。三是突出"防"字为底,倡导健康、科学、文明、低碳生活方式,全面推进治水、净气、护田和村边、路边、水边、屋边绿化,严格控制农业污染,合理施用化肥农药。四是突出"亮"字作保,大力开展绿化、亮化工程,实现全村公路沿线路灯全覆盖。

---

① "三清五改":清垃圾、清路障、清淤泥;改水、改厕、改厨、改浴、改栏。

（五）坚持盘活村级资源，发展鲜明特色产业

美丽乡村建设如何更快聚拢人气？村民的口袋鼓、脑袋富、获得感足是其中关键。洪山村坚持把产业发展摆在美丽乡村建设的突出位置，制定产业发展规划，着力发展三大特色产业。一是整合土地资源，发展种植业。依托"基地＋美丽乡村"和"现代农业＋美丽乡村"的建设模式，种植红心蜜柚、黄桃等特色水果，打造生产观光型中药材基地，成立洪山村食品加工厂，加工辣椒、豆豉、刀豆、红薯片等农产品。二是发挥乡土特色，做强"田鱼"产业。通过宣传、引导，鼓励农户流转农田发展田鱼养殖，引入社会资本培育稻田养鱼基地。三是盘活自然资源，开发旅游产业。依托洪家山省级森林公园的自然景观，大力发展生态旅游业，打造大湘西地区文化生态旅游精品线路，以奖代补鼓励乡村民宿、家庭旅馆建设，形成"产品经济＋观光经济"的产业新路。

第三节　永州市江永县邑口村：塑形与铸魂协同推进乡村振兴

一、邑口村基本情况概述

乡村是城市发展的重要基础，美丽乡村建设是践行中国式现代化道路、实现"中国梦"的中坚力量。邑口村位于永州市江永县桃川镇内，村域面积4.5平方千米，南与广西朝东镇接壤，东接夏层铺镇，西南连接源口瑶族乡，西北毗邻广西灌阳县，是通向岭南地区萧贺古道上的千年古村落。全村共有276户，四个村民小组，1243人，其中瑶族460人，总体上以汉族为主、瑶族为辅，瑶汉杂居。村内现状有耕地面积1500亩，林地面积1700亩，全村产业以优质水果为主导，以腐竹加工、特色种植养殖、特色美食为辅。2020年村集体经济收入达20万元左右，2020年农民人均纯收入为1.2万元。先后获评"湖南省美丽乡村示范创建村""湖南省村庄清洁行动先进村""湖南省十大优秀典型案例村""湖南省乡村振兴重点帮扶村""湖南省和谐社区示范单位"等，一直都是江永县美丽乡村建设的亮丽名片。[①]

[①] 陈文胜.乡村振兴蓝皮书：湖南乡村振兴报告（2022）.[M].北京：社会科学文献出版社，2022.

二、邑口村美丽乡村建设模式

(一) 注重系统治理，改善村庄生态环境

在人居环境整治过程中，邑口村始终坚持"先规划后建设"原则，围绕"生态""绿色"两大核心理念，将村域范围按照住宅、休闲、种养、生产、旅游五大功能区科学分类规划，因地制宜改善村庄环境景观。积极争取各类整治资金，实施"清五堆，改六小，美四旁"①专项整治工作，重点加强小菜园、小花园、小果园、小公园"四小园"建设，使生态绿起来、环境美起来、村民富起来。以发展乡村旅游为抓手，完善房前屋后三园建设，打造主题性景观节点，持续提升乡村美丽形象。截至目前，全村空心房拆除率达100%，道路硬化率达到100%，旱厕改造达标率100%，垃圾分类率达100%，污水处理率达100%，居民饮水安全率达100%，全村面貌大幅提升，基本实现"房前屋后四季有花、公路沿线四季常绿"。

(二) 提升硬件品质，推进基础设施建设

改善基础设施条件是推动美丽乡村建设提质升级的基础。邑口村以道路硬化、饮水安全、空心房改造、改厕和污水处理为切入点，全面推进基础设施建设。通过湖南科技学院驻村工作队和村支两委的共同努力，以建设农村"四好公路"为目标，着力抓好村内机耕道、入村公路扩建等项目，目前村内干道巷道硬化率达95%以上。以实施农村饮水安全巩固提升工程为抓手，统筹建设自来水管网，推进村庄自来水全覆盖。大力推进污水管网工程建设，集中改造全村旱厕，实现村内所有污水排放都全部入管并网。完成民居风貌改造，因势利导打造美丽乡村小景观、小节点，对道路、房前屋后、水系等实行必要的绿化、美化、亮化。

(三) 坚持党建引领，探索产业发展模式

党的建设是加快乡村发展的根基。邑口村坚持"党支部建在产业链上，党员聚在产业链上，群众富在产业链上"的思路，大力实施"头雁引领工程"，加快原有产业全面转型升级，做强传统产业，打造特色产业。一方面，通过土地流转，建设特色水果基地。先后打造出500亩特种水果——脆蜜金橘种植基地，每年可创收6000余万元，以及香柚、夏橙、沃柑等传统水果种植面积1000余亩，年销售额达2000余万元。另一方面，努力打响腐竹品牌效益。创办江永县唯一一家利润过百万的村级企业——"一口香"腐竹加工厂，由湖南科技学院博士团队对产品包装、加工、营销加以专业扶持，目前

---

① "清五堆"：柴草堆、垃圾堆、沙石堆、杂物堆、肥粪堆；"改六小"：小厨房、小柴房、小厕所、小鸡圈、小猪圈、小牛圈；"美四旁"：村庄旁、住宅旁、道路旁、沟渠旁。

日生产成品腐竹 500 千克，年销售额约 300 万元，可为村集体创收 20 万元。同时，新建 15 个生猪养殖基地，合力打造农旅综合体。2021 年，邑口村集体经济收入 10 万元，2022 年达 20 万元，村集体经济收入持续稳定向好。目前，邑口村已初步形成水果种植、腐竹加工、生猪养殖、农旅综合体的一、二、三产业融合发展格局。

（四）强化乡村治理，"三治融合"聚"合力"

乡村治，社会安，国家稳。没有乡村治理的现代化，就没有国家治理体系和治理能力的现代化。邑口村积极探索乡村治理新路径，构建"三治融合"新体系。一是创新治理模式，在全村创新推行"一二三四五"基层治理工作法[①]，形成"矛盾纠纷联调、社会治安联防、重点工作联动、突出问题联治、服务管理联抓、基层平安联创"的工作机制，教育引导村民养成良好文明习惯。二是发动群众参与，全面实施"乡村振兴月例会""村民监督月例会""屋场会""板凳会""草坪夜话"等村民议事制度，只要是涉及群众切身利益的事情，如环境整治项目实施，水费、卫生费收缴标准等，都由村支"两委"组织群众召开"屋场会"集体商议。三是加强法治教育。整合天网工程、雪亮工程监控系统，实现治安防范"全覆盖、无死角"。依托新时代文明实践站、"村村响"、宣传栏、微信群等宣传载体，加大法律知识普及力度，多种形式、全方位宣传村庄环境、美丽乡村建设知识理念，晓之以理，动之以情。

第四节　长沙市浏阳市竹联村：农旅融合促进乡村振兴

一、竹联村基本情况概述

竹联村位于浏阳市官渡镇西部，距浏阳市区 32 千米，距长沙市区 90 千米，距大围山景区 28 千米，交通便利。全村占地 10.8 平方千米，于 2004 年由蔗棚、松洲、荆冲、竹联四个自然村合并而成，辖 36 个村民小组，七个居民小区，826 户，总人口 3286 人，常住人口 4800 多人。先后荣获"湖南省基层党建工作示范点""湖南省休闲农业集聚发展示范村""湖南省优秀村规民约村""湖南省卫生村""湖南省美丽乡村建设示范村"等荣誉。

---

① "一约"：村规民约；"两网"：视频防控网、邻里守望网；"三队"：法治宣传队、风险防控队、纠纷调处队；"四会"：乡贤参事议事、邻里纠纷调解、"580"（我帮你）志愿服务、乡风文明理事四个协会；"五联"：人员联控、风险联排、问题联治、信访联席、平安联创。

十年前，竹联村还是一个落后村、贫困村，人居环境极度脏乱差。近年来，凭借"幸福屋场""全域美丽乡村"建设的契机，竹联村以推动全域乡村旅游为目标，大力推进治厕、治垃圾、治房、治水、治风等措施，以乡村旅游促进农业生产。村支两委带领党员开展环境整治、实施垃圾分类、建设美丽屋场等举措，一系列行动让竹联村面貌焕然一新。经过多年发展，村内有诗画中州农业开发有限公司、蔬菜种植示范合作社、水果种植合作社、客家民宿等经营主体，2020年实现村集体经济收入达86万元，村级无负债，村民人均纯收入3.48万元。目前已建成融农业生产、加工、观光体验为一体的休闲旅游型村落，美丽屋场建设基地基本形成。①

二、竹联村美丽乡村建设模式

（一）"党建+"引领发展

在省、市、县各级党委政府的坚强领导下，竹联村大力实施全域美丽乡村建设，大刀阔斧推进治厕、治垃圾、治房、治水、治人情风，探索农村生活污水治理新模式，采取"三级沉淀+人工湿地"的四级模式处理生活污水，实现乡村面貌焕然一新，乡村振兴"竹联样板"小有名气，引来不少外地观摩团争相打卡。通过建立健全"党组织+村组+志愿者+网格员"的工作机制，充分突出党支部和党建在乡村振兴中的战斗堡垒和引领作用。组织党员干部到村、社区开展乡风文明、人居环境、美丽乡村建设等政策集中宣讲，为群众答疑解惑，拉近党群干群关系，增进感情、达成共识。举行"屋场畅谈会"，思民所想，为民分忧，增强民主自治意识和参与热情。常态化开展文明实践活动，修订整理村（居）规民约，组织"文明家庭"评比活动，培育积极、淳朴民风家风。创新"442"利益共享机制，通过村民闲置房屋入股等方式在竹联村"诗画中州"功能区打造客家风情民宿，吸引大批游客前来游玩，村民在家门口就能创收，享受乡村经济发展红利，日子越过越红火。通过实施"党建领航工程"，加大法律法规的宣传力度，倡导和引领村民遵法、守法、学法，不断坚持将新时代文明实践活动向纵深推进，不断夯实乡村治理基层基础，逐步实现美丽乡村的蝶变升级。

（二）"生态环境+"助力发展

从土砖房到"小洋房"，从交通闭塞到路网发达，从环境脏乱到村容整洁，竹联村通过生态环境综合整治不断迎来新发展。近年来，竹联村坚持党建引领统筹推动乡村治理工作，将"治垃圾""治污水"工作列入民生实事工作清单，通过整村推进厕所革

---

① 罗荭，高美祥，杨瑛等.文化资本导向下的乡村公共文化空间更新研究：以浏阳市竹联村美丽屋场营建为例[J].西部人居环境学刊，2022，37（02）：127-133.

命、全面实施垃圾分类、建设人工湿地处理生活污水等方式，让"脏乱差"的情况得到了彻底改变。在全省率先推行"三级沉淀+人工湿地"农村生活污水处理模式，末端出水可达到农业灌溉标准。与此同时，积极发动全体村民，推进以"村旁、宅旁、水旁、路旁"为基础的"四旁"绿化，以庭院为主体的"庭院绿化"，以村口和公共活动空间为内容的"节点绿化"。此外，还成立了一支由86人组成的小微水体管护志愿者队伍，聘请12名保洁员承担全村54口山塘、43条渠道等小微水体的日常保洁工作，每条沟渠都有专门的保洁员。如今在竹联村，"垃圾银行"可回收垃圾兑换日用品已成为常态，以村上的4个垃圾分拣站为平台，每周五被列为可回收垃圾集中回收兑换日，村民们纷纷送来可回收垃圾兑换等价的盐、醋、洗衣粉等生活用品。村域16.5千米主干道全部硬化，全村道路和河道两边绿化率达90%，庭院绿化率达86%。

（三）"农业+"融合发展

竹联村围绕"党建强村、产业兴村"目标，主动适应新形势，顺应群众新期待，积极抓好三产融合，推动产业转型。加强传统农业与观光休闲农业、乡村旅游、美丽屋场建设有机融合，尝试出一条"农业+"的新路子。不仅充分利用宜人的乡村生态风光和原生的人文旅游产品，更注重以规模化、产业化经营来提升传统农业价值，引导发展休闲农业、创意农业、度假农业等"农业+旅游"的新业态。从2012年起，竹联村陆续流转土地2200余亩，采取"合作社+村委会+农户""企业+村委会+农户"等多种合作模式，规划建成了五大园区：集客家特色餐饮、户外运动拓展、会议中心、住宿等于一体的综合性田螺小镇；以种花、养花、赏花、采摘、户外运动拓展为主题的田螺农园；以观光、采摘为主题的果蔬采摘体验公园；以捉螺、做螺、品螺为主题的稻螺共生互动体验区；以历史文化、红色文化感悟、农事体验、生活休闲、研学交流等为主题的浏阳时光里民宿园区。通过农旅融合进一步发展"田间经济""美丽经济"，2022年实现村集体经济收入60多万元，每年来竹联村观摩、旅游、研学的游客超8万人次，不仅带动了当地农户增收，也为竹联村聚集了人气，打响了名气。

（四）"公司+"多元一体

为盘活闲置资源，引导多元产业入驻，竹联村将以往小而散的地块、闲置的"巴掌田"整理成大田，全村集中流转土地面积近2200亩。同时顺应市场需要，帮助打通村民与市场的桥梁，增强群众的参与感和获得感。以中州屋场为主要依托，竹联村通过土地流转、股份合作等方式积极引导农民发展项目生产交易、田园娱乐体验等农业复合功能，带动区域内农民可支配收入持续稳定增长，同步推动美丽乡村建设。以村内的桂园国际度假村为例，这是一家融休闲、餐饮、娱乐为一体的湖南省五星级农庄，占地面积 80 多亩，投资 6000 多万元，是竹联村积极引入社会资本建设美丽乡村的成果。以中州屋场蔬菜公园为例，竹联村采取"合作社＋村委会"的股份模式，通过村组流转 400 多亩土地，入股当地的鑫联蔬菜种植专业合作社，60 多户村民加入合作社。竹联村利用生态环境治理成果，深入推进三产融合，优化农业产业结构，带动村集体经济收益从 2013 年的 3 万元增长到 2020 年的 86 万元，有效带动了村民增收，村内人均可支配收入达 3.6 万元，为实现乡村全面振兴打下坚实的基础。

第七章 美丽乡村建设评价指标体系和模型构建

美丽乡村建设是新时代乡村振兴背景下建设农业强国的应有之义，这是中国共产党立足中国式现代化建设形势下，对乡村建设内涵的进一步拓展深化，深刻体现了党对乡村振兴目标的进一步优化。通过梳理美丽乡村的内涵与外延，借鉴美丽乡村建设的经验与不足，尝试建构美丽乡村建设评价模型。具体而言，运用改进的熵权—层次分析法，依据乡村振兴的总体要求，借鉴《美丽乡村建设指南》（GB/T 32000—2015）、《美丽乡村建设评价》（GB/T 37072—2018）等相关指标内容，设计出产业美、环境美、风尚美、布局美和生活美五大类共27项重点指标。

第一节 美丽乡村建设评价的现状

一、全国美丽乡村建设评价标准

中国乡村是以血脉、家族为组织纽带和基本单元的特殊关系形态，这是有别于国外乡村的最显著特征。乡村的价值无可替代，不仅表现在其生产、生活和生态功能之上，更是由于乡村具有重要的社会和文化功能，是中国社会发展的根系所在。因此，中国共产党历来重视农村工作和乡村建设，先后提出"美丽乡村""乡村振兴战略""生态宜居美丽乡村"等建设发展目标。近年来，随着城镇化率不断提高，乡村常住人口也在不断减少，农业去农民化、去农村化趋势明显。根据国家统计局数据，2022年末城镇常住人口92 071万人，比上年末增加646万人；乡村常住人口49 104万人，比上年末减少731万人；城镇人口占全国人口比重（城镇化率）为65.22%，比上年末提高0.50个百分点。与此同时，在乡村振兴战略、乡村建设行动等各项政策引导下，人才返乡潮逐步涌动。据统计，2021年中国返乡入乡人才数量1120万人，同比增长10.9%。尤其在中国特色社会主义进入新时代的背景下，农业经济发展由要素驱动向创新驱动的转变，土地制度和税收制度改革等不断推动生产要素在农村内外的自由流动，高质量推进乡村全面振兴面临新机遇。党的二十大报告提出建设"宜居宜业和美乡村"，使得美丽乡村建设的目标与内涵得以进一步明晰。

有建就有评，要评就得有标准、有指标，科学有效的评价指标体系，能够有效引领美丽乡村建设朝着村庄秀美、环境优美、生活甜美、社会和美的方向前进。为有效指导"美丽乡村"建设工作，"国家环境保护总局印发了《国家级生态村创建标准（试行）》，原农业部制定出台了"美丽乡村"创建目标体系，以及随后的《美丽乡村建设指南》国家标准等，都详细界定了相关指标分类和具体内容，将美丽乡村建设评价重点放在村庄建设、生态环境、经济发展、公共服务内容方面，为和美乡村建设提供方向指引"[3]。但现有指标还不能概括出所有乡村特色，建立县域美丽乡村评价体系逐渐提上日程。浙江、福建、陕西等省先后依据国家标准，出台了本省美丽乡村评价体系，对构建全域美丽乡村评价指标体系同样具有重要意义。全国美丽乡村建设评价指标标准见表7-1。

表7-1 全国美丽乡村建设评价指标标准

建设标准	指标分类	颁布单位
《国家级生态村创建标准（试行）》	经济水平、卫生环境、污染控制、可持续发展、资源保护与利用、公众参与六大类共15个具体指标，按照东中西部对应设定要求	国家环境保护总局
《全国环境优美乡镇考核标准（试行）》	城镇建成区环境、社会经济发展、乡镇辖区生态环境三大类指标共22个具体指标	国家环境保护总局
《农业农村部"美丽乡村"创建目标体系》	产业发展、民生和谐、生活舒适、文化传承、支持保障五大类指标共20个具体指标	农业部
《美丽乡村建设指南》	村庄规划、村庄建设、生态环境、经济发展、公共服务、乡风文明、基层组织、长效管理八大类指标，同时规定了21项量化指标，并在定量评价时综合考虑了全国水平差异	国家质量监督检验检疫总局和国家标准化管理委员会
《新时代美丽乡村建设规范》省级地方标准	在生态优良、村庄宜居、经济发展、服务配套、民生保障和治理有效六个方面设置了100余项指标要求，新增垃圾分类、数字乡村、就业服务、文化保护、乡村治理等内容，创新性地将指标项目分为否决性指标、基础性指标和发展性指标	浙江省市场监督管理局、浙江省农业农村厅和浙江省标准化研究院

数据来源：生态环境部、农业农村部、国家标准化管理委员会及各省农业农村厅网站

二、湖南省美丽乡村建设评价标准

乡村建设对落实乡村振兴、加快农业农村现代化起着重要的"压舱石"作用。为加

快推进全省美丽乡村建设,推动建立"建立评价、查找问题、推动解决"的乡村建设评价工作机制,中共湖南省委农村工作领导小组办公室在2016年制定出台了《湖南省美丽乡村建设示范村考核办法(修订)》,随后又在2017年颁布了村级和乡镇(街道)级评价指标体系,2021年又由湖南省农业农村厅、湖南农业大学、湖南省美丽乡村建设研究会等单位联合制定了《湖南省美丽乡村建设指南》和《湖南省美丽乡村评价规范》两个省级标准,以高效促进宜居宜业和美丽乡村建设。上述文件坚持问题导向和目标导向相统一,对美丽乡村建设指标都设定了详细分类和具体要求,对本研究的美丽乡村建设评价指标体系构建具有重要的指导作用。湖南省美丽乡村建设评价指标标准见表7-2。

表 7-2 湖南省美丽乡村建设评价指标标准

建设标准	指标分类	起草颁布单位
《湖南省美丽乡村建设示范村考核办法(修订)》	规划科学、生产发展、生活宽裕、乡风文明、村容整洁、管理民主、宜居宜业七大类共30个具体指标	中共湖南省委农村工作领导小组
《湖南省美丽乡村建设村级评价指标体系(试行)》	规划引领布局美、融合发展产业美、村容整洁环境美、宜居宜游生活美、健康文明风尚美五大类共27个具体指标	中共湖南省委农村工作领导小组
《湖南省乡(镇、街道)整域美丽乡村建设主要评价指标(试行)》	科学规划、基础设施、公共服务、产业发展、环境整治、乡村治理、工作措施七大类共27个具体指标	中共湖南省委农村工作领导小组
《湖南省美丽乡村建设指南》和《湖南省美丽乡村评价规范》	规定了规划美、产业美、环境美、风尚美、治理美和生活美"六美"建设要求,设计了产业提质、特色开发、新型服务、生产条件改善等47项具体指标,提出了相应的评价原则、评价内容、评价程序和计算方法	湖南农业大学、湖南省农业农村厅、湖南省美丽乡村建设研究会、湖南工商大学、中国科学院亚热带农业生态研究所、湖南省农业科学院园艺研究所、中南林业科技大学、湖南正智标准咨询有限公司、湖南省市场监督管理局

数据来源:湖南省农业农村厅、湖南省市场监督管理局网站,经作者整理得出

三、现有美丽乡村建设评价指标体系的局限性

(一)数据获取难,评价指标缺乏适用性

无论是当前颁布的国家标准还是湖南省发布的地方标准,其中多数指标都是对一定地域内美丽乡村建设情况的综合考量,如饮用水合格率、水土流失治理率、农作物秸秆综合利用率等,但相关指标有时会面临数据获取较难、时间周期长的问题,既增加了成本,也可能给操作造成较大困难,不利于评价工作的开展。同时,各个评价体系可参照

的指标不具有普适性，有些发布时间较早，可能与当前要求有所背离；有些侧重于自然生态方面的考核，忽略了医疗保障、社会教育、特色产业发展、村庄文化遗存等社会环境因素，这些指标项可能会对美丽乡村建设产生重要的正向或负向影响。因此，构建具有适用性与针对性的美丽乡村建设评价指标体系十分重要。

（二）评价主观性较强，指标权重缺乏主次

以《美丽乡村建设指南》国家标准为例，当前标准仅是确立了评价指标和内容，却没有设计出具体的权重数值来明确指标主次，这样可能导致在运用定量方法进行综合评价时的指导意义不强。虽然湖南省先后发布的《湖南省美丽乡村建设示范村考核办法（修订）》和《湖南省美丽乡村评价规范》等地方标准对各项具体指标设定了相应的权重数值，但有些指标未能因地制宜、与时俱进，通过不同指标的重要程度综合评价建设成效。同时评价多以政府人员为主，由于有些可能缺少对具体评价方法和理论的研究，评价时容易掺杂个人主观情绪，不能以客观身份对美丽乡村进行科学评价。因此，构建具有客观性与主次性的美丽乡村建设评价指标体系十分重要。

第二节 美丽乡村建设评价指标体系的构建

一、指标选取原则

（一）综合性与系统性原则

由于各区域农村间的经济发展水平差距不同，发展模式也多种多样，因此在选取指标时，要在不同地理环境、不同乡村发展模式的前提下，把握综合性与系统性的指标选取原则，建立能够实际反映美丽乡村建设效能、主观与客观结合、定量与定性指标兼容的综合评价体系。同时要明确评价指标内容及其所构成的体系与标准间的相互联系，使评价目标与各项指标能够构成一个整体联系、层次分明的有机整体。

（二）可比性与可操作性原则

美丽乡村建设是一个具有动态性的发展过程，因此评价体系的构建也应具备可比性与可操作性。要能够从时间和空间尺度，通过横向和纵向比较不同时期的发展水平和模式，其中纵向比较是过去和现在的比较，横向比较是区域间的比较。在评价指标选取时要充分考虑数据获取的成本和难度、时间消耗的长短、数据可靠性等多方面因素，选择便于统计的量化指标，这样更有利于做出科学准确的评价。

(三)创新性与实用性原则

美丽乡村建设也是一种投入—产出过程,通过投入资源,实现经济、社会、政治、文化、生态等方面的平衡发展。因此要注重分系统进行指标选取,把握创新性与实用性原则。既要避免遗漏重要指标,同时也要在借鉴现有国家和地方评价标准的基础上,在指标筛选合并时立足县情实际,避免指标体系设置的庞大繁杂,构建适合美丽乡村发展的评价指标体系,真正发挥美丽乡村建设评价的作用。

二、指标设计与选择

党的十九届五中全会提出"实施乡村建设行动,深化农村改革,实现巩固拓展脱贫攻坚成果同乡村振兴有效衔接"。乡村建设有着自身的发展规律,近年来国内外学者从不同视角提出了乡村性评价的体系构建和路径探讨,形成了较丰富的理论研究成果,总结了与众不同的实践发展经验。但鉴于乡村性评价体系的综合复杂性,评价体系构建一般包括确定研究对象—构建研究体系—选取评价指标—明确指标计算方法等过程。实践表明,美丽乡村的产业经济条件、生态环境、乡风文明和乡村治理对于乡村生活质量的影响较为显著,同时公共基础设施、居民健康水平、受教育程度及就业收入水平等也具有相当的重要性,这些要素都应集中反映在美丽乡村建设评价当中。结合美丽乡村的"五美"建设目标①,本研究确定美丽乡村建设应当具备科学的规划布局、可持续的产业发展、优质的人居环境、宜居宜业的生活条件及健康文明的乡村文化,并将五大类评价指标确定为"产业美、环境美、风尚美、布局美和生活美",并初步选取了27个具体指标(如图7-1所示)。

(1)在"产业美"大类指标方面选取5个具体指标。产业持续发展是衡量美丽乡村建设成效的重要保障,直接关系到农民生活水平的质量提升。要立足产业实际,做优农业特色和效率,促进农民持续稳定增收,提高农村发展竞争力,带动集体经济高效发展。因此选取了二、三产业增加值占GDP比重、农业产值占农林牧渔总产值比重、城镇化率、集体经济薄弱村比例、特色产业村覆盖率等作为评价乡村产业发展的具体指标。

(2)在"环境美"大类指标方面选取6个具体指标。优质的生态人居环境是美丽乡村建设的关键,其中既要加强乡村生产居住环境的绿化、美化和净化,更要强化村民保护生态环境的自我意识。因此选取了村庄主干道道路硬化率、户用卫生厕所普及率、生产生活垃圾和污水无害化处理率、农村居民安全饮用水普及率、村容村貌长效管护满意

---

① 在2016年11月30日召开的湖南省美丽乡村建设工作现场推进会上,省委副书记乌兰强调,要以布局美、产业美、环境美、生活美、风尚美"五美"为目标,扎实推进我省美丽乡村建设。

率、农村居民对人居环境状况满意度等作为评价生态环境的具体指标。

（3）在"风尚美"大类指标方面选取5个具体指标。农村居民丰富的文化生活集中体现了美丽乡村建设的灵魂。要在传承和发扬地域优秀文化的基础上，去劣存良，积极满足农民日益增长的精神文化需求，加强乡风文明的塑造提升。因此选取了农村居民文教娱消费支出占总支出比重、村级文体活动群众参与率、学龄儿童入学率、九年制义务教育普及率、人均公共文化体育基础设施面积等作为评价乡风文明的具体指标。

（4）在"布局美"大类指标方面选取5个具体指标。乡村振兴首先在于基层自治管理和治理创新能否顺利落实实施，这是美丽乡村建设的必然要求，而科学规划布局更是美丽乡村建设的基础。乡村规划应当立足乡土文化，坚持生态优先；村庄治理应当因地制宜，尊重差异，坚持德治、法治、自治"三治融合"。因此选取了农村村委会自治达标率、村庄建设群众满意度、群众安全感指数、村庄规划编制调查执行率、基础设施完善度作为评价村庄布局的具体指标。

（5）在"生活美"大类指标方面选取6个具体指标。农民群众的美丽乡村建设效能感知是影响评价指标体系的最大因素。随着人们对美好生活的需求不断提高，对农民富裕程度、农村医疗水平、养老水平、社会保障体系是否完善，网络、通信是否齐全及交通工具能否满足日常出行等各方面都提出了更高标准。因此选取有线电视入户率、行政村汽车通达率、基本医疗保险及社会保障参保率、网络通信覆盖率、非农产业劳动力调查就业率、农村居民人均可支配收入等作为评价生活水平的具体指标。

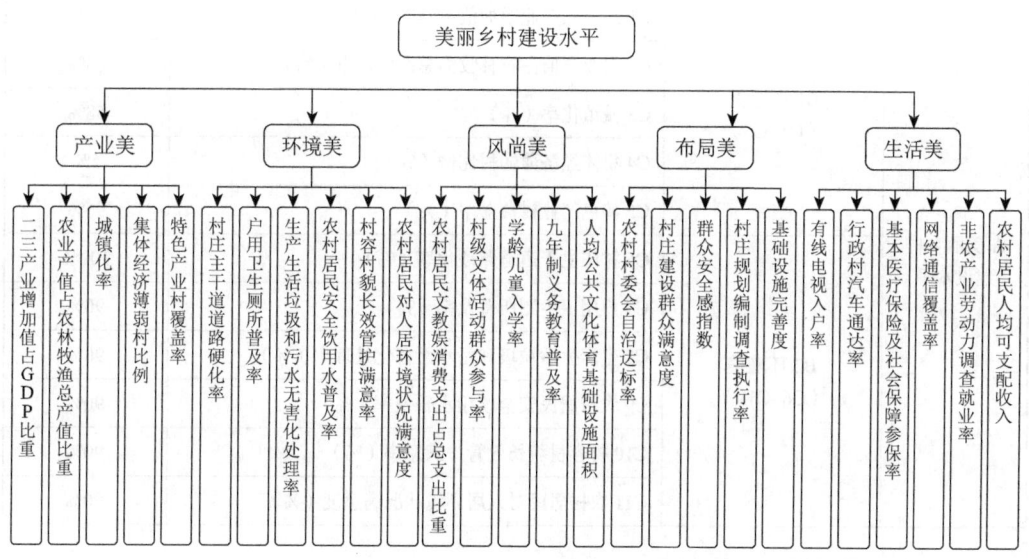

图7-1 美丽乡村建设评价指标体系层次分布图

三、评价体系构建

实施乡村建设行动原则上需要构建"行动—评价—行动"的闭环系统,形成省—县—村的资源配置与项目传导机制,从而在尊重乡村建设发展规律和内在逻辑的基础上,构建了一套目标导向、问题导向和结果导向的评价指标与方法。[①] 一般而言,美丽乡村建设评价指标体系可分为客观和主观两类。客观评价指标体系是从资源供给视角切入,从整体层面关注单个资源的多寡可能对美丽乡村建设总体产生的影响大小,相关数据多来源于客观统计数据,但不能直接对当事人的事件满意度做出感知测评。主观评价指标体系更多的是从内在心理层面关注利益主体对美丽乡村建设的偏好满足程度,田野调查是获取指标数据的主要来源。但由于评价结果可能受限于调查主观因素影响,数据波动性较大。加之本研究中美丽乡村建设的部分客观数据获取较难,为确保评价的科学一致,将采取主客观结合的方法,以主观调查数据弥补客观数据的不足。在参考湖南全省全面建成小康社会考评标准和其他省份相关指标平均值的基础上,通过向相关政府部门、科研院校的专家教授咨询请教,获取走访调研的一手资料,将相关指标进行筛选合并,构建了包括27个具体指标、5个大类指标的美丽乡村建设水平评价指标体系(如表7-3所示),指标说明可见附录C。

表7-3 美丽乡村建设评价指标体系及指标值说明

目标(A)	系统层(B)	指标层(C)	指标值
A 美丽乡村建设水平	B1 产业美(C1~C5)	C1 二、三产业增加值占GDP比重(%)	92%
		C2 农业产值占农林牧渔总产值比重(%)	60%
		C3 城镇化率(%)	58%
		C4 集体经济薄弱村比例(%)	5%
		C5 特色产业村覆盖率(%)	95%
	B2 环境美(C6~C11)	C6 村庄主干道道路硬化率(%)	100%
		C7 户用卫生厕所普及率(%)	90%
		C8 生产生活垃圾和污水无害化处理率(%)	90%
		C9 农村居民安全饮用水普及率(%)	90%
		C10 村容村貌长效管护满意率(%)	90%
		C11 农村居民对人居环境状况满意度(%)	90%

[①] 李郇,黄耀福,陈伟,等.乡村建设评价体系的探讨与实证:基于4省12县的调研分析[J].城市规划,2021,45(10):9-18.

续表

目标（A）	系统层（B）	指标层（C）	指标值
A 美丽乡村建设水平	B3 风尚美（C12~C16）	C12 农村居民文教娱消费支出占总支出比重（%）	15%
		C13 村级文体活动群众参与率（%）	85%
		C14 学龄儿童入学率（%）	100%
		C15 九年制义务教育普及率（%）	100%
		C16 人均公共文化体育基础设施面积（平方米）	3m^2
	B4 布局美（C17~C21）	C17 农村村委会自治达标率（%）	100%
		C18 村庄建设群众满意度（%）	90%
		C19 群众安全感指数（%）	95%
		C20 村庄规划编制调查执行率（%）	90%
		C21 基础设施完善度（%）	90%
	B5 生活美（C22~C27）	C22 有线电视入户率（%）	100%
		C23 行政村汽车通达率（%）	100%
		C24 基本医疗保险及社会保障参保率（%）	100%
		C25 网络通信覆盖率（%）	100%
		C26 非农产业劳动力调查就业率（%）	75%
		C27 农村居民人均可支配收入（年/元）	30 000 元

数据来源：《美丽乡村建设指南》、各省农业农村厅网站，经作者整理得出

第三节 美丽乡村建设评价模型的构建

一、指标测度方法

考虑到乡村性内涵的丰富特征，国内外学界对于乡村性评价通常会采用综合指标的多系统评价方法，并结合客观量化数据和主观赋权的方式协助进行评价。基于评价指标数据的可获取性要求，多系统评价方法在构建客观指标体系方面，一般需要在确定指标权重之前对多数据进行无量纲化处理，进而通过主客观结合的方面确定评价指标的标准值，形成综合性评价指标体系。因此，为科学评估美丽乡村建设的综合成效，本研究将采用改进的熵权—层次分析法来确定各评价指标权重。与传统的熵权法相比，改进的熵

权—层次分析法能够更为合理地确定体系的各项指标权重，使各个一级指标水平得分和最终得分在空间分布上更能与乡村发展的大环境相匹配，与政府政策实践相契合，从而更符合统计规律和乡村振兴总体水平。

具体而言，改进的熵权—层次分析法是将熵权法和层次分析法的优点相互融合，从而确定出更为合理的指标权重。层次分析法是萨蒂为处理定量分析难以通过的决策问题而提出的，其核心是"按照一定原则将决策各要素量化分为目标层、系统层和指标层等不同层次，再根据实地调研数据，赋予各指标具体内容，进行指标两两比较，将比较得来的结果转换为判断矩阵，最后根据专家意见对每项评价指标权重实际赋分"①。熵值法主要用于不确定性信息量的度量，通过某个指标的离散大小来判断该指标对综合评价的影响，指标离散的程度越大，影响也就越大。因此，本文对指标权重的计算思路如下：首先构建出评价指标的层次结构模型，其次采用信息熵的方法来计算各指标权重，并通过倒推得到根据层次模型构造出的判断矩阵，然后根据专家指导意见排除相应干扰项，进而得到更合理的权重比判断矩阵，从而得到各项指标的最终权重。

二、指标权重计算

（一）构建评价指标的层次结构模型

首先将美丽乡村建设水平作为评价目标，即目标层（A），目标层的下级系统层则由产业美（B1）、环境美（B2）、风尚美（B3）、布局美（B4）、生活美（B5）5项构成，其中产业美（B1）包含5个指标、环境美（B2）包含6个指标、风尚美（B3）包含5个指标、布局美（B4）包含5个指标、生活美（B5）包含6个指标，指标层（C1~C27）共有27个具体指标（见图7-1）。

（二）运用熵权法计算各层次指标权重

a. 第一步，构造初始指标数据矩阵，将数据进行标准化。由于在信息熵的公式运算中存在着高低不同类型的指标，正向和负向指标数值所代表的含义不尽相同。对此，本研究在对数据进行相关操作前将采用一定算法进行数据标准化处理，具体如下：

①基于待评价样本与指标层构成的初始指标矩阵为：

$$X = (x_{ij})_{m \times n} (1 \leqslant i \leqslant m, 1 \leqslant j \leqslant n) \tag{1}$$

其中，x_{ij}为标准化后的第 i 个样本的第 j 个指标的数值。

②基于极差标准化方法的初始数据计算公式为：

---

① 邓雪，李家铭，曾浩健，等.层次分析法权重计算方法分析及其应用研究［J］.数学的实践与认识，2012，42（07）：93-100.

$$P_{ij} = (x_{ij} - \min x_{ij}) / (\max x_{ij} - \min x_{ij}) \quad (2)$$

其中，该公式主要用于正向指标计算，若为负向指标，则取相反数后再运用公式计算。

③基于待评价样本与指标层构成的标准化指标矩阵为：

$$P = (P_{ij})_{m \times n} \quad (3)$$

b. 第二步，计算熵值 E

$$e_j = \left(\frac{-1}{\ln m}\right) \sum_{i=1}^{m} P_{ij} \ln p_{ij} \ (0 \leqslant p_{ij} \leqslant 1) \quad (4)$$

其中，倘若 p_{ij} 的取值为 0，则可以定义 $p_{ij} \ln p_{ij} = 0$

c. 第三步，计算指标的差异性系数

$$k_j = 1 - e_j \quad (5)$$

d. 第四步，计算指标权重

$$W_j^c = \frac{k_j}{\sum_{i=1}^{m} k_j} \quad (6)$$

"由公式（6）可以计算求出各指标层指标相对于目标层的权重矩阵：$w^c = (w_1^c, w_2^c, w_3^c, ..., w_n^c)^T$，要求层指标相对于目标层的权重矩阵则为同一要求层的各个元素之和，其公式为：$W^b = (w_1^b, w_2^b, w_3^b, ..., w_l^b)^T$，最后将 W^c 中属于同一要求层的各个元素除以 W^b 中相应元素，即可得到各指标层指标相对于要求层的权重矩阵：$W^d = (w^{d1}, w^{d2}, w^{d3}, ..., w^{dl})_{l \times n}^T$，那么 W^{d1} 被认定为要求层指标 B_1 所支配的指标相对于 B_1 的权重行向量，其余指标也可依据此理类推"。

（三）运用熵权法计算来的指标权重来倒推并调整判断矩阵，具体方法如下：

a. 定义以下倒推判断矩阵：

$$W^{-b} = \left(\frac{1}{w_1^b}, \frac{1}{w_2^b}, \frac{1}{w_3^b}, ... \frac{1}{w_l^b}\right)^T$$

$$B = (W^b, W^b, ..., W^b)_{l \times l}$$

$$C = (W^{-b}, W^{-b}, ..., W^{-b})_{l \times n}^T$$

令 $A = (a_{ij})_{l \times l} (1 \leqslant i \leqslant l, 1 \leqslant i \leqslant l)$ 为判断矩阵，那么

$$A = (a_{ij})_{l \times l} = B \circ C = \left| \frac{w_2}{w_1} : 1 \cdot \cdot \cdot \frac{w_2}{w_{l-1}} : \frac{w_2}{w_l} \right| \quad (7)$$

b. 提取出判断矩阵 A 的上三角形矩阵，在结合指标数据分析与专家经验的基础上，对判断矩阵的元素 a_{ij} 进行调整，从而得到最终的判断矩阵，其他层次的判断矩阵亦是通过这种方法计算得到。

（四）构建层次分析模型进行后续计算，得出最终的权重数值，具体步骤如下：

a. 第一步，通过构建改进的熵权—层次分析法模型，进而明确比较标度，根据两两比较的判断标准，得出如表 7-4 的 1~9 的比较标准。

表7-4 比例标度表

标度	含义
1	表示两个因素相比，具有同样重要性
3	表示两个因素相比，一个因素比另一个因素稍微重要
5	表示两个因素相比，一个因素比另一个因素明显重要
7	表示两个因素相比，一个因素比另一个因素强烈重要
9	表示两个因素相比，一个因素比另一个因素极端重要
2、4、6、8	上述两个相邻判断的中间值
倒数	因素 i 与 j 比较的判断 a_{ij}，则因素 j 与 i 比较的判断 $a_{ji} = 1/a_{ij}$

b. 第二步，根据层次模型构造出相应的比较判断矩阵，按照每一层级均以上一层次为基准的原则，通过两两比较构建出判断矩阵 [D]：

$$[D] = \begin{bmatrix} W_{11} & W_{12} & L & W_{1m} \\ W_{21} & W_{22} & L & W_{2m} \\ M & M & O & M \\ W_{m1} & W_{m2} & L & W_{mm} \end{bmatrix} = \begin{bmatrix} \frac{X_1}{X_1} & \frac{X_1}{X_2} & L & \frac{X_1}{X_m} \\ \frac{X_2}{X_1} & \frac{X_2}{X_2} & L & \frac{X_2}{X_m} \\ M & M & O & M \\ \frac{X_m}{X_1} & \frac{X_m}{X_2} & L & \frac{X_m}{X_m} \end{bmatrix} \quad (8)$$

然后计算出特征根的取值：$[D]W = \lambda_{max} W$，再将运算得来的结果 W 进行正规化处理，并以此作为因素的排序权重。其中，最大特征根 λ_{max} 有且唯一存在。

c. 第三步，通过公式 $DW = \lambda_{max} W$ 计算得出各个判断矩阵的特征值和具体的特征向量。其中 D 是判断矩阵，λ_{max} 属于最大特征根，W 则为特征向量，W_i 是求得的层次单排序权重值，进而依次构建出特征向量的各元素，详细步骤如下：

首先，将判断矩阵的每一列正规化处理：

$$b_{ij} = \frac{a_{ij}}{\sum_{i=1}^{n} a_{ij}} \ (i,j = 1, 2, 3, \ldots n) \tag{9}$$

其次，正规化各列之后，针对判断矩阵按行相加：

$$V_i = \sum_{j=1}^{n} b_{ij} \ (i,j = 1, 2, 3, \ldots n) \tag{10}$$

再次，正规化处理向量 $V = [V_1, V_2, \ldots, V_n]^T$，获取的 $[W_1, W_2, \ldots, W_n]^T$ 为权重向量

$$W_i = \frac{V_i}{\sum_{i=1}^{n} V_i} \ (i = 1, 2, 3, \ldots n) \tag{11}$$

最后，计算判断矩阵的最大特征根）$\lambda_{\max}$：

$$\lambda_{\max} = \sum_{i=1}^{n} \frac{(DW)_i}{nW_i} \ (i,j = 1, 2, 3, \ldots, n) \tag{12}$$

d. 第四步，进行权重比判断矩阵的一致性检验。一般来说，只有当 $CR < 0.1$ 时，判断矩阵 $[D]$ 可以认为通过一致性检验，否则还需要专家继续对所给定的权重比值再次加以调整，修正判断矩阵，直到要求得到满足为止。相关计算步骤如下：

首先，计算权重矩阵一致性指标 CI 的值：

$$CI = \frac{\lambda_{\max} - n}{n - 1} \ (n \text{ 代表判断矩阵的阶数}) \tag{13}$$

其次，计算权重矩阵一致性比率 CR 的值：

$$CR = \frac{CI}{RI} \tag{14}$$

最后，根据构建判断矩阵的阶数找出随机一致性指标 RI 的值（如表 7-5 所示）：

表 7-5 随机一致性指标 RI 值

判断矩阵阶数	1	2	3	4	5	6	7	8	9	10
RI 值	0	0	0.52	0.90	1.12	1.24	1.32	1.41	1.45	1.49

经上述计算并"四舍五入"化零取整后，得到各层级评价指标的权重值，见表 7-6。

表 7-6　美丽乡村建设评价指标体系权重表

大类指标	年份／指标	权重
B1 产业美 （0.1812）	C1 二三产业增加值占 GDP 比重（%）	0.0312
	C2 农业产值占农林牧渔总产值比重（%）	0.0392
	C3 城镇化率（%）	0.0376
	C4 集体经济薄弱村比例（%）	0.0425
	C5 特色产业村覆盖率（%）	0.0307
B2 环境美 （0.2364）	C6 村庄主干道道路硬化率（%）	0.0319
	C7 户用卫生厕所普及率（%）	0.0355
	C8 生产生活垃圾和污水无害化处理率（%）	0.0355
	C9 农村居民安全饮用水普及率（%）	0.0319
	C10 村容村貌长效管护满意率（%）	0.0508
	C11 农村居民对人居环境状况满意度（%）	0.0508
B3 风尚美 （0.1723）	C12 农村居民文教娱消费支出占总支出比重（%）	0.0323
	C13 村级文体活动群众参与率（%）	0.0323
	C14 学龄儿童入学率（%）	0.0406
	C15 九年制义务教育普及率（%）	0.0406
	C16 人均公共文化体育基础设施面积（平方米）	0.0265
B4 布局美 （0.1785）	C17 农村村委会自治达标率（%）	0.0294
	C18 村庄建设群众满意度（%）	0.0307
	C19 群众安全感指数（%）	0.0294
	C20 村庄规划编制调查执行率（%）	0.0375
	C21 基础设施完善度（%）	0.0515
B5 生活美 （0.2316）	C22 有线电视入户率（%）	0.0312
	C23 行政村汽车通达率（%）	0.0312
	C24 基本医疗保险及社会保障参保率（%）	0.0412
	C25 网络通信覆盖率（%）	0.0312
	C26 非农产业劳动力调查就业率（%）	0.0484
	C27 农村居民人均可支配收入（年／元）	0.0484

三、评价分值确定

（一）评分标准确定

本研究将美丽乡村建设评分标准的总分规定为100分，通过将上述指标的权重乘以100后计算得来的数值进行"四舍五入"，作为评价的具体分值。如C1的权重为0.0312，指标得分即为3分。系统层和指标层各指标以此计算，其中B1产业美为18分，B2环境美为24分，B3风尚美为17分，B4布局美为18分，B5生活美为23分，同时对指标层（C）每项指标的具体评分标准也进行了详细说明（如表7-7所示）。

表7-7 美丽乡村建设评价指标评分标准

指标	权重	分值	评分标准
C1 二三产业增加值占GDP比重（%）	0.0312	3	大于或等于92%，计3分；若小于92%则计1分
C2 农业产值占农林牧渔总产值比重（%）	0.0392	4	小于或等于60%，计4分；若大于60%则计2分
C3 城镇化率（%）	0.0376	4	大于或等于58%，计4分；若小于58%则计2分
C4 集体经济薄弱村比例（%）	0.0425	4	小于或等于10%，计4分；若大于10%则计2分
C5 特色产业村覆盖率（%）	0.0307	3	大于或等于95%，计3分；若小于95%则计1分
C6 村庄主干道道路硬化率（%）	0.0319	3	大于或等于90%，计3分；若小于90%则不计分
C7 户用卫生厕所普及率（%）	0.0355	4	大于或等于90%，计4分；若小于90%则计2分
C8 生产生活垃圾和污水无害化处理率（%）	0.0355	4	大于或等于90%，计4分；若小于90%则计2分
C9 农村居民安全饮用水普及率（%）	0.0319	3	大于或等于90%，计3分；若小于90%则计1分
C10 村容村貌长效管护满意率（%）	0.0508	5	大于或等于90%，计5分；若小于90%则计3分
C11 农村居民对人居环境状况满意度（%）	0.0508	5	大于或等于90%，计5分；若小于90%则计3分
C12 农村居民文教娱消费支出占总支出比重（%）	0.0323	3	大于或等于15%，计3分；若小于15%则计1分
C13 村级文体活动群众参与率（%）	0.0323	3	大于或等于85%，计3分；若小于85%则计1分
C14 学龄儿童入学率（%）	0.0406	4	大于或等于100%，计4分；若小于100%则不计分
C15 九年制义务教育普及率（%）	0.0406	4	大于或等于100%，计4分；若小于100%则不计分
C16 人均公共文化体育基础设施面积（平方米）	0.0265	3	大于或等于$3m^2$，计3分；若小于$3m^2$则计1分
C17 农村村委会自治达标率（%）	0.0294	3	大于或等于100%，计3分；若小于100%则不计分
C18 村庄建设群众满意度（%）	0.0307	3	大于或等于≥90%，计3分；若小于90%则计1分

续表

指标	权重	分值	评分标准
C19 群众安全感指数（%）	0.0294	3	大于或等于95%，计3分；若小于95%则计1分
C20 村庄规划编制调查执行率（%）	0.0375	4	大于或等于90%，计4分；若小于90%则计2分
C21 基础设施完善度（%）	0.0515	5	大于或等于90%，计5分；若小于90%则计3分
C22 有线电视入户率（%）	0.0312	3	大于或等于100%，计3分；若小于100%则计1分
C23 行政村汽车通达率（%）	0.0312	3	大于或等于100%，计3分；若小于100%则计1分
C24 基本医疗保险及社会保障参保率（%）	0.0412	4	大于或等于100%，计4分；若小于100%则计2分
C25 网络通信覆盖率（%）	0.0312	3	大于或等于100%，计3分；若小于100%则计1分
C26 非农产业劳动力调查就业率（%）	0.0484	5	大于或等于75%，计5分；若小于75%则计3分
C27 农村居民人均可支配收入（年/元）	0.0484	5	大于或等于30 000元，计5分；若小于30 000元则计3分

（二）评价结果分级

为更为直观地评价美丽乡村建设水平和成效实现程度，本研究采取百分制赋分法，根据上文建立的美丽乡村建设评价标准，将评价结果分为"优秀、良好、较好、一般、较差"5个等级。其中得分在90~100分区间的，可认定为美丽乡村建设成效评价结果为优秀；得分在80~90分区间的为良好水平；得分在70~80分区间的为较好水平；得分在60~70分区间的为一般水平；若综合得分在60分以下的，则认为美丽乡村建设的成效评价结果为较差，未实现美丽乡村建设标准。

第八章　美丽乡村建设评价实证
——基于湖南省浏阳市的分析

建设农业强国，当前要抓好乡村振兴。习近平总书记在2020年中央农村工作会议上强调，"全面推进乡村振兴是新时代建设农业强国的重要任务，人力投入、物力配置、财力保障都要转移到乡村振兴上来。"美丽乡村建设是新时代推进乡村振兴的重要内容，是将美丽中国建设落实到农村地区的具体行动。构建美丽乡村建设评价指标体系是科学评价乡村发展的重要手段。本研究以湖南省浏阳市为案例区域，运用前述提及的改进的熵权—层次分析法构建了美丽乡村建设评价指标体系，定性分析浏阳市美丽乡村建设现状，对2018年至2020年浏阳市美丽乡村建设水平给出总体评分，并从整体上衡量其美丽乡村建设的实现程度，以期为地方政府建立科学评估美丽乡村建设成效的评价体系提供理论参考。

第一节　浏阳市美丽乡村建设现状分析

一、浏阳市基本概况

（一）自然地理概况

"浏阳在地理上位于湖南省东北方向，地处长沙市东部地区，东边紧邻江西铜鼓和宜春，南边接近江西萍乡、株洲醴陵，西边与长沙县搭界，向西则与岳阳平江相连，历史上被称作"吴楚咽喉"，是湘赣边区中心城市，距离省会长沙仅67千米"[①]。浏阳市总面积为5007平方千米，以丘陵山区地形地貌为主，总体格局呈"七山一水二分田"分布，地势整体上呈东北高、西南低。县境内三大水系浏阳河、捞刀河、南川河在此交

---
① 周志强.浏阳市生态农业科技支撑研究［J］.江西农业，2018（14）：74.

汇，交错分布有大围山、连云山等主要山脉，其中城中最高峰就是位于大围山的七星岭，海拔高达 1608 米，最低点则是海拔 37.5 米的柏加镇杉湾里，两个地方海拔差为 1570.5 米。由于高低起伏山势影响，区域内有着明显气候差异。

在气候分布上，亚热带季风性湿润气候为浏阳带来了充裕的光照时间，温和湿润的降雨降水，四季分明，有利于多种植物生长。多年来浏阳市平均气温均在 17.5℃上下浮动，其中 1 月平均气温为 5.4℃，7 月则升至 28.7℃左右。全年平均日照 1516.7 小时，平均降水量 1680mm，无霜期大概有 266 天。根据《2022 年浏阳市环境质量状况公报》，2022 年浏阳市城区空气质量优良天数为 344 天，全年空气质量优良率 94.3%，优于国家二级标准，生活饮用水水质达标率 100%，县域相对天蓝指数评价指标达 A+ 最高级别，为浏阳跻身县域百强第七擦亮了"生态底色"。[①] 全市有 773.34km² 左右的耕地，森林覆盖率同样高达 66.2%，植被分布大多数为阔叶林，其次为针叶林，乔木与灌木混交林主要分布在丘陵地带，因此浏阳也被誉为长株潭的"绿肺"和"氧吧"。目前有 190 多处已探明储量的各类矿藏，主要类型包括金、银、海泡石等，其中菊花石、海泡石等矿产储量更是位居全国第一。同时，"浏阳野生动植物资源丰富，已发现 200 多种野生动物，60 多种重点保护的野生植物及门类繁多的各类古树名木"[②]。

（二）社会经济概况

浏阳古时属于荆州地区管辖，东汉建安十四年开始设置刘阳县，目前是由长沙市代管的省辖县级市。浏阳正式撤县设市始于 1992 年，现辖 4 个街道办事处、28 个乡镇、326 个村（社区）。全市在 2022 年末共有户籍人口 147.7 万人，其中农业人口 72 万人，城市人口 75.7 万人。若按照常住人口比例计算，城镇化率为 63.1%。浏阳工业历史悠久，农业发展水平整体较高，最为闻名的当数鞭炮烟花、生物医药、花卉苗木三大产业，被誉为"花炮之乡""中国花卉苗木之乡"等，先后荣获"全国产粮大县""全国生猪调出大县""国家农产品质量安全县"等荣誉称号[③]。《浏阳市 2022 年国民经济和社会发展计划执行情况与 2023 年国民经济和社会发展计划的报告》显示，地区生产总值 1722.5 亿元，增长 5%。城乡居民人均可支配收入增长 5.9%，农村居民人均可支配收入增长 6.5%，城乡居民收入比为 1.37。2021 年第一产业增加值 130.2 亿元，第二产业增加值 840.9 亿元，第三产业增加值 645.5 亿元，分别增长 9.6%、6.4% 和 7.9%。三次

---

① 上述数据来源于《2022 年浏阳市环境质量状况公报》。
② 张超.浏阳市旅游业的发展现状与对策研究［J］.旅游纵览（下半月），2015（20）：178-179+181.
③ 梁林，柳世煜，柳辉林.以浏阳市 10 个乡村为样本探索乡村振兴实践途径［J］.价值工程，2020（05）：71-73.

产业结构为 8.1∶52.0∶39.9。城乡居民人均生活消费支出 28 666 元，增长 8.6%，其中农村居民人均消费支出 24 302 元，增长 13.6%，城镇居民人均消费支出 32 161 元，增长 5.7%。经济发展水平平稳向好、产业结构不断优化。

作为全省 14 个乡村振兴示范（市）县之一，近年来，浏阳市委、市政府积极贯彻落实中央和省委促进乡村振兴全面实现的相关战略部署，深入推动"三农"工作总抓落实，围绕"布局美、产业美、环境美、生活美、风尚美"的"五美"乡村格局打造，有力出台系列强农惠农富农的优惠政策，不断优化改革农业供给侧结构，积极助力农民增收致富，农村民生不断改善，美丽乡村建设有了很多新变化。从产业结构看，浏阳市 2017—2021 年第一产业比重均已下降到 10% 以下（见图 8-1），三次产业结构比重逐年向好。"依据相关学者的研究成果判断，浏阳市的经济社会发展水平已大致处于工业化中期的快速推进时期，农业和工业间的'二元结构'转化条件已经形成，加快实施农业和农村优先发展的工业化水平基本具备，可以推行工业反哺农业的政策举措"，以为美丽乡村建设提供更多有利的资源条件和重要支撑。

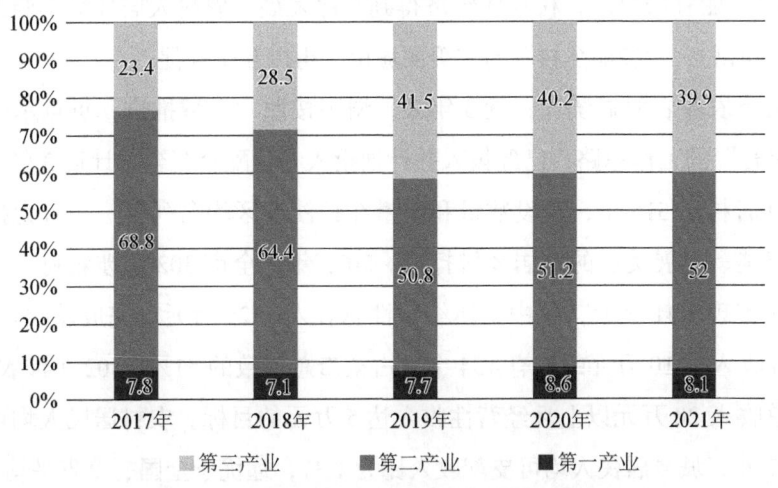

图 8-1　2017—2021 年浏阳市三次产业结构图

数据来源：《浏阳市 2017—2021 年国民经济和社会发展统计公报》

同时，还要清醒地认识到，当前影响浏阳市经济社会发展的突出短板仍在于"三农"相关问题，农业农村依旧是现代化建设中不可控的最大因素。这些问题清晰表现在：农业发展的供给侧结构性矛盾仍较突出，农业资源亟待进一步提质增效；科技在促进农业产业发展的作用发挥不够，农业现代化水平还需持续提高；一、二、三产业融合在广度和深度上都要着力提升；农村基础设施建设相对薄弱，面向全体农民的基本公共服务体系尚未完备；相关的生态和环境问题仍较为明显；农村的"空心房""空心化"

现象尚未改观，乡村基层治理能力和服务水平仍要优化提升；促进城乡间要素资源合理流动的体制机制尚待健全。综合判断，浏阳市乡村发展水平正处于新的历史发展阶段，美丽乡村建设应成为浏阳打造现代化强市的显著标志和鲜明底色，因此必须抢抓机遇，勇于挑战，突出重点、展现优势、补足短板、强化弱项，深入调整优化农业产业结构、提升农村环境、促进农民实现共同富裕，使乡村得以全面振兴。

（三）美丽乡村建设概况

促进乡村全面实现振兴的首要抓手便在于美丽乡村建设，其承载着农民实现共同富裕的共同理想[①]。2022年长沙市委一号文件明确提出，"今年将重点支持浏阳市创建全省乡村振兴示范县（市），在全省县级层面发挥带头示范作用"。作为长沙市唯一的乡村振兴示范省级创建县，近年来，浏阳市深入贯彻落实中央、省市决策部署，发挥"一张蓝图绘到底"的首创精神，持续发力，高标准、严要求促进一、三产业融合发展，高质量推动"五大振兴"落地实施，通过树立样板、打造标杆，创新实施"首厕过关制"，聚焦农村垃圾污水治理，完善农村公共基础设施，着重建设了一批"村民富、村庄美、村风好"的美丽宜居村庄，村集体经济得到有序发展，农村人居环境不断改善，农民逐渐走向共同富裕，"美丽乡村"与"美丽城市"得以互融互促。

据浏阳市农业农村局统计，近3年来，浏阳按照"全域推进，重点示范，以点带面，整体提升"的工作思路，已经投入并计划投入专项配套资金总计近3亿元，高标准建成美丽宜居村庄515个，建设数量和质量在长沙地区均名列第一，有力推动了"全域美、持续美、发展美"的宜居乡村打造。2022年，全市302个涉农村（社区）集体经济总收入实现1.41亿元，其中集体经营性总收入9529万元，完成总收入50万元以上且经营性收入达10万元的村有154个，占全市总村数的51%，302个涉农村（社区）全部完成总收入20万元以上且经营性收入达5万元的目标。农村居民人均可支配收入达到43 407元，城乡居民人均可支配收入比为1.37，远优于全国、全省平均水平。

自2007年起，浏阳先后有永安镇坪头村、官渡镇竹联村、葛家镇金源村等28个村获评"湖南省美丽乡村（新农村）建设示范村"和"特色精品乡村"。在发展过程中，浏阳形成了以产业发展型、环境整治型、社会综治型、城郊集约型、休闲旅游型等为代表的美丽乡村建设典型模式。如官渡镇竹联村通过构建"村集体+企业+农民"三方利益联结机制，成立乡村旅游公司，让国家田园综合体项目实现多方共建、发展成果全体村民共享，促进了村民收入的稳定增长和集体经济的有序发展；北盛镇卓然村以合作

---

① 池泽新，黄敏，赵海婷.美丽乡村建设：理论依据和现实条件：以江西省为例［J］.农林经济管理学报，2015（01）：84-90.

社方式集中流转农户手中的闲置土地,将农业产业与休闲旅游、康养度假等业态深度融合,发展出一批特色创意农业,集体经济活力得以进一步繁荣。为此,本研究选取浏阳市境内具有典型代表性的 5 个美丽乡村为样本,分析其发展模式,总结其发展经验,以期通过以点带面、示范引领,促进浏阳乡村实现全面振兴(见表 8-1)。

表 8-1 浏阳市 5 个典型美丽乡村的发展模式

美丽乡村名称	基本概况	发展途径	发展模式
官桥镇苏故村	地处浏阳市西南方位,村域面积约 23.40km²,总人口 4558 人左右	利用城市近郊优势,成立乡村旅游开发公司,建设苏故旅游度假区,发展特色垂钓、竹筏漂流等项目,村集体以土地和设施入股,全体村民共同参股分红,将资源变资产,资产变资金,村民收入多元化,村集体收入逐年跃增	产业发展型
官渡镇竹联村	村域面积 10.80km²,总人口 3268 人,先后获省级美丽乡村示范村和乡村振兴示范村、省级休闲农业集聚发展示范村等荣誉	通过村支两委带领、群众广泛参与,建设"幸福屋场""五星卫生厕所"等公共设施,加快"五治"工作力度,使水渠成线、山塘成景;依托国家田园综合体成立乡村旅游公司,引进桂园国际、原乡花海等,村集体经济有力发展	环境整治型
永安镇坪头村	地处浏阳市北部方位,村域总面积为 9.18km²,2015 年荣获全省美丽乡村建设示范村,入选 2020 年全国文明村镇	通过开展"党建+微网格"工作机制,建设文化广场、健身公园、农家书屋等设施,推广"屋场会""农民讲习所"等特色宣讲方式,积极弘扬优秀家风民风和社会风气,实现基层社会治理共治共促,营造了良好文明风尚	社会综治型
葛家镇金源村	地处浏阳市北部方位,入选 2020 年第二批国家森林乡村,获得"省级美丽乡村示范村""卫生村""省两型认证村庄"等荣誉	将农业作为村级主导产业,相继成立 2 家农业公司和 10 家农民专业合作社,发展以"鸡肠子辣椒"为主的生态种植产业,将种植、观光、旅游、采摘等多业态融为一体,擦亮辣椒产业名片,助力村民增收致富	城郊集约型
中和镇苍坊村	村域总面积约 24.50km²,总人口 6808 人,是中共中央原主席和总书记胡耀邦同志故里,获评 2019 年度省级美丽乡村建设示范村	依托苍坊旅游区和胡耀邦故居,发展红色研学和生态休闲乡村游,打造了油菜花海、梨园采摘、荷塘经济等不同业态,建设美丽幸福屋场,组建乡村振兴议事会,2020 年村集体收入突破 50 万元,群众相继吃上"文旅致富饭"	休闲旅游型

数据来源:湖南省农业农村厅、长沙市农业农村局、浏阳市农业农村局网站,经作者整理得出

二、浏阳市美丽乡村建设的主要成绩

(一)特色产业发展稳中有进,农业生产能力不断增强

近年来,浏阳市深入推动美丽乡村建设"十百千万"精品示范工程,坚持全域推进、以点带面,结合庭院经济与规模经济共融互促,培育了一批有地方特色的富民产

业，夯实了浏阳市美丽乡村建设的产业基础。2022年全市实现农林牧渔业总产值增长4.1%。建成高标准农田3.8万亩，建设农田水利设施1350处，完成粮食生产面积121万亩。出栏生猪132万头，年末存栏76万头。稳定蔬菜播种面积69.1万亩。完成油茶林营造2.2万亩，花木、烤烟等特色产业提质增效。通过培育发展，目前全市已形成粮食、蔬菜、水果、油菜、烤烟、茶叶、药材、畜禽八大特色农业产业格局。以2020年为例，全年全市稻谷总产量525 668吨，产值174 929万元；油料作物总产量61 242吨，产值51 117万元；蔬菜总产量1 401 966吨，产值551 167万元（见表8-2）。经核算，水果、花卉苗木等主要农作物种植总面积达到1698.6平方千米，实现总产值2 223 792万元。浏阳市获评湖南综合油料大县和茶油大县，浏阳茶油获批国家地理标志商标，农产品国家地理标志商标突破5个，"湘赣红"品牌达到14个，建成高标准农田60.5万亩，农业产业规模化经营比例达60%"①。

表8-2 浏阳市2020年特色种植养殖情况

产品名称	总产量（吨）	产值（万元）
稻谷	525 668	174 929
油料作物	61242	51 117
棉花	74	112
烟叶	6671	19 346
中药材	15 517	36 775
蔬菜	1 401 966	551 167
茶叶	1792	18 687
肉猪	73600	503 639

数据来源：《长沙2021年统计年鉴》、浏阳市人民政府网站，经作者整理得出

同时，结合县情实际，积极引导特色产业向深度融合，提升现代农业生产条件和效率。首先，根据各乡镇、村庄的产业资源和区域禀赋，因地制宜划分出东南西北四个优势产业发展区，其中浏北区瞄准高新技术发展新型工业，浏南区重点生产烟花爆竹，浏东区主要依托大围山生态资源发展观光旅游业，浏西区则以花卉苗木主导产业为主培育创意农业。通过三产融合、价值共创，积极引导各乡镇、村（社区）走"一镇一产、

---

① 浏阳市人民政府.2021年浏阳市政府工作报告［R］.浏阳：浏阳市第十七届人民代表大会第七次会议，2021.

"一村一品"的发展道路[①]。其次,着力提高农业机械化水平和产出效益,不断提升农地经营收益、资源利用频率及农业生产综合效率。数据显示,2015—2019 年浏阳市农业生产条件和效率指标均在全省平均水平以上(见表 8-3)。其中五年内农机总动力由 1 532 800kW 增加至 1 600 000kW,同比增长了 4.38%,单位耕地面积农机总动力由 1.32 kW/667m² 增加到 1.39 kW/667m²;单位耕地面积农业产值由 12 403.01 元/667m² 提升至 16 041.88 元/667m²,其综合增长率高达 29.34%[②]。

表 8-3　2015—2019 年浏阳市农业生产条件和效率相关数据

年份(年)	有效灌溉(%)	单位耕地面积农机总动(kW/667m²)	单位耕地面积农业产值(元/667m²)	劳均经营耕地面积(m²/人)	劳均农业增加值(元/人)
2015	88.37	1.32	12 403.01	960	11 841.36
2016	88.26	1.35	13 647.55	960	11 414.05
2017	88.43	1.36	13 110.67	953	11 970.97
2018	88.44	1.38	13 767.51	947	12 432.13
2019	88.54	1.39	16 041.88	940	13 995.66

数据来源:《湖南 2016—2020 年农村统计年鉴》

(二)人居环境整治成效突出,生态文明建设取得实效

为优化改善农村人居环境,浏阳市提出"用三年左右时间持续聚焦农村治水、治房、治垃圾、治风气等'五治'工作",制定出台了《浏阳市农村环境综合治理整县推进项目实施方案》。目前正在进行农村环境综合整治的行政村有 104 个,完成村实现 71 个新增,从整治数量、生活污水治理率等多项指标看,各项成绩均排在全省前列。2019—2022 年,全市完成农村改厕 15.8 万户,无害化卫生厕所普及率达 97.7%,"首厕过关制"经验模式在全国推广,是 2022 年农业农村部、国家乡村振兴局共同发布的 6 个农村厕所革命典型范例之一。在治垃圾方面,严格按照"每户分类投放、每村分类收集、每镇分类中转、每县分类处理"的原则,有效引导农户垃圾在源头分类,实现就地减量,成功创建 302 个"长沙市生活垃圾分类示范村",覆盖率高达 100%。在治水方面,坚持"河长制"科学管护水体,消灭黑臭水体污染源,全力打造小微水体管护示范片,浏阳河水质已多年实现 Ⅱ 类达标率。在治房方面,坚持乡村规划引领,制定出台

---

① 李平衡,严立冬,邓远建,等.全域美丽乡村建设:来自湖南浏阳的经验与启示[J].生态经济,2018(01):220-224.
② 刘芳清,陈俊宇,刘贝,等.2019 湖南现代农业产业发展报告[M].长沙:湖南科学技术出版社,2020.

《浏阳市规范农村宅基地用地建房审批管理办法》，深入整治"一户多宅""空心房"等农房乱象。在治风气方面，坚持推进乡村移风易俗、树立文明新风，广泛宣传动员群众，通过党员干部、先进模范的示范引导，倡导良好家风民风。具体见表8-4。

表8-4 浏阳市农村人居环境整治工作概况

"五治"工作	相关实践概况
治厕方面	全面推广农户无害化厕所建设，累计完成改厕26万座，超额完成长沙市级任务，率先在全省实现"旱厕清零"目标
治垃圾方面	全市共配置村级收运车306辆、保洁车1434台，建成村垃圾分拣站302个、镇资源回收中心31个、市无害化填埋场1个、市资源回收处理总站1个，实现垃圾分类行政村全覆盖，171个村（社区）启动垃圾分类减量工作，减量率达60%
治水方面	设立市、镇、村三级河长1783名，全市3.13万处小微水体全部纳入河长制；新建污水处理厂14个、管网349千米，生活污水得到处理的建制村比例达68%，2020年获评全国农村生活污水治理示范县（市）
治房方面	合理编制村庄发展规划，加强农房风貌和质量管控，明确村民建房标准，实现农村宅基地房地一体确权登记颁证率100%全覆盖，累计拆除"一户多宅""空心房"等1.46万余户、面积2.19平方千米
治风方面	大瑶南山村、永安坪头村等14个美丽乡村入选文明村镇，村规民约制定率达到100%，322个村（社区）均制定了《红白理事会章程》

数据来源：浏阳市农业农村局、长沙市生态环境局浏阳分局，经作者整理得出

（三）城乡生活面貌显著改观，乡风文明水平有力提升

近年来，为持续深入打造"全国先进、全省样板"的美丽乡村集群，浏阳市因地制宜培育了一批具有浓厚地域文化、民族特质和产业特色的"五美"村镇。依托美丽乡村建设，当地农民物质生活水平不断改观，人均可支配收入从2018年的31 791元提高至2022年的43 407元（见图8-2），城乡差距缩小，居民生活面貌显著改善，基层医疗卫生机构数量持续增加，教育资源供给不断向农村倾斜，人民日益增长的物质文化需要得到优先满足。文化在统领思想、凝聚人心上的积极作用不断得以发挥，村民积极维护美丽乡村建设成果，生活方式不断文明现代，乡村振兴的人文环境土壤更加深厚。

通过建立各项各类奖补政策，积极鼓励农民群众发挥主体作用，让村支两委干部真正成为团结引导村民开展乡风文明建设的"领路人"，借助美丽乡村建设先进个人、各级文明户、"五好家庭"等评选活动，着力提升农民内在综合素质，逐步形成讲文明、树新风、邻里和谐的新面貌，好乡风逐渐成为村民增收致富的好"钱景"。数据显示，目前浏阳已创建18个国家、省卫生镇，全国文明村镇数量达到14个，城乡更加文明风尚，政府管理和服务水平不断向精细化提升。

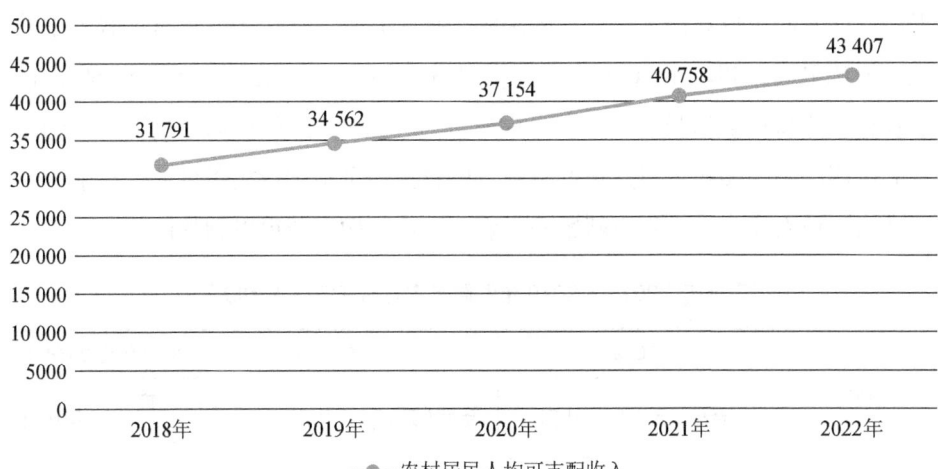

图 8-2　2018—2022 年浏阳市农民居民人均可支配收入

数据来源：《浏阳市 2018—2022 年国民经济和社会发展统计公报》

（四）村级民主管理深入人心，乡村治理能力明显提高

美丽乡村建设的持续推进离不开以村级党组织为核心的基层民主管理机制的建立健全。近年来，浏阳市围绕打造"四个标杆""六个示范"工作，加快推进全域乡村振兴示范区创建，建立便民利民、公开透明的管理机制。一是强化党建工作的基层引领作用，利用"党建＋微网格"实现了"群众事情在网格中办理、社会力量在网格中凝聚"。二是引导村民主动参与"四型""两治"工作。通过美丽乡村建设的设施共建共享，将主动权放到群众手中，坚持"百姓事百姓议、百姓管、百姓办"，创新开展"村委重大决议提前公示""屋场夜话会""乡村振兴议事会"等民主活动，让群众监督村支两委日常工作。通过深入人心的民主管理模式，浏阳全市创建乡村振兴示范镇 5 个、示范村 62 个，各类美丽乡村数量已增至 100 余个，500 余个幸福屋场相继建成；村级集体经营性总收入 4580 万元，涌现出官桥镇苏故村、沙市镇东门村及永安镇芦塘村、礼耕村等一批集体经济强村典型。

（五）农民收入水平不断攀升，基础设施条件深化完善

村民是美丽乡村建设的主体，农民收入水平的提高，既是增强乡村造血能力的关键，也是激发其内生发展动力的重点。考虑到 2020 年浏阳市农村居民家庭人均收入数据可能受新冠疫情等客观因素影响，部分指标值不具备对比性。本研究采用了 2018—2019 年的相关数据进行阐述说明。如表 8-5 所示，浏阳市农村居民家庭人均总收入由 2018 年的 59 999 元 / 人提高到 2019 年的 63 381.18 元 / 人，增长了将近 5.64%；在人均总收入中，工资性收入占比为 24.22%，经营性收入占比达 68.41%，二者较 2018 年均

有所提高,并共同构成农民主要收入的来源。在所有收入分类中,经营性收入中的第三产业收入增幅最高,相较于2018年提升了4896.69元/人,增长率高达8.16%,也侧面说明了农村服务型产业增长潜力较大,提升空间较强[①]。虽然仅通过过去两年的数据对比并不能说明浏阳市美丽乡村建设的成效,但也表明了基础设施条件的完善解放了农村剩余劳动力,使农民收入水平不断攀升,农业产业结构不断得以调整优化。

表8-5 2018—2019年浏阳市农村居民家庭人均收入

指标	2019年		2018年		2019年比2018年	
	金额(元)	比例	金额(元)	比例	相差金额(元)	同比增长率
全年人均总收入	63 381.18	100%	59 999.00	100%	3382.18	5.64%
(一)工资性收入	15 356.58	24.22%	14 121.30	23.54%	1235.28	8.75%
1.工资	15 321.65	24.17%	14 026.00	23.38%	1295.65	9.24%
2.实物福利	14.51	0.02%	52.20	0.09%	-37.69	-72.20%
3.其他	20.42	0.03%	43.10	0.07%	-22.68	-52.62%
(二)经营性收入	43 355.28	68.41%	41 723.10	69.54%	1632.18	3.91%
1.第一产业收入	2955.21	4.67%	2969.40	4.95%	-14.19	-0.48%
2.第二产业收入	31 619.07	49.89%	34 869.40	58.12%	-3250.33	-9.32%
3.第三产业收入	8780.99	13.85%	3884.30	6.47%	4896.69	126.06%
(三)财产性收入	82.35	0.13%	59.10	0.10%	23.25	39.34%
(四)转移性收入	4586.97	7.24%	4095.50	6.82%	491.47	12.00%

数据来源:《长沙统计年鉴》

依托美丽乡村建设成果,浏阳市农村基础设施条件持续优化,基本实现设施共享及全域全覆盖,乡村经济发展成果由全民分享、价值共创。全市农村柏油公路总里程突破3000千米,建成绵延116千米的城镇污水管网,农村劳动力转移就业逐年新增,建成20个标准化村(社区)综合文化服务中心,全面完成农村电网改造、房屋翻新改造、庭院绿化美化等民生项目。通过新改扩建乡镇卫生院,提升农村医疗服务水平,实现标准化村级卫生室村域全覆盖。加速推进教育和医疗卫生设施完备度,实现九年义务教育普及学龄各阶段,义务教育期间学生流失率基本为零,2022年城乡居民基本医疗保险参保率实现100%,农民"看病难"和"养老难"不断被重视和解决,"老有所养,病有

---

① 湖南省统计局.湖南农村统计年鉴2019[M].北京:中国统计出版社,2019.

所医，学有所教"的幸福乡村图景逐渐成为现实。同时，集体经济薄弱村全部消除，省级改厕任务超额高质量完成，县级美丽乡村基本实现整镇全域覆盖，城乡居民生活品质更好、生活环境更优，先后入选"国家县城新型城镇化建设示范县（市）""中国城市创新百佳示范县市"。

第二节 浏阳市美丽乡村建设水平评价

一、数据来源与整理

为综合分析本次实证研究成果，使数据更有说服力，本研究所用到的原始数据均来源于浏阳市农业农村局、长沙市生态环境局浏阳分局、浏阳市文化旅游广电体育局等政府部门提供的相关数据，并通过网上查找、图书馆查阅等不同途径收集了相关统计年鉴、政府工作报告、历年浏阳市国民经济与社会发展统计公报等面板数据，同时综合整理了对浏阳市中和镇苍坊村、官桥镇苏故村、永安镇坪头村、官渡镇竹联村、葛家镇金源村等多个美丽乡村典型建设模式的实地调研数据。

因村镇指标数据不易获取，本研究仅对浏阳市美丽乡村建设的整体水平做出综合评价，并没有对典型村的建设模式进行分类评价，这也是未来研究的努力方向。同时由于2018年以前未对浏阳市美丽乡村建设的一些评价指标值进行相关统计，原始数据存在部分缺失的情况，同时考虑到新冠疫情因素可能对指标计量产生的不利影响，因此本研究仅对2018年至2020年浏阳市美丽乡村建设水平给出总体评分，并从整体衡量其美丽乡村建设的实现程度（如表8-6所示）。

表8-6 2018—2020年浏阳市"五美"乡村建设评价指标原始数据

大类指标	年份/指标	标准值	2018年	2019年	2020年
B1 产业美 （C1~C5）	C1 二三产业增加值占GDP比重（%）	92	92.9	92.3	90.2
	C2 农业产值占农林牧渔总产值比重（%）	60	57.4	56.7	52.4
	C3 城镇化率（%）	58	62.47	62.78	62
	C4 集体经济薄弱村比例（%）	5	7.5	5	0
	C5 特色产业村覆盖率（%）	95	92.5	96.5	100

续表

大类指标	年份/指标	标准值	2018年	2019年	2020年
B2 环境美（C6~C11）	C6 村庄主干道道路硬化率（%）	100	100	100	100
	C7 户用卫生厕所普及率（%）	90	85	88.5	91.6
	C8 生产生活垃圾和污水无害化处理率（%）	90	86.2	90.8	93
	C9 农村居民安全饮用水普及率（%）	90	81.3	89.4	91.7
	C10 村容村貌长效管护满意率（%）	90	82.5	85.5	88
	C11 农村居民对人居环境状况满意度（%）	90	92	95	98
B3 风尚美（C12~C16）	C12 农村居民文教娱消费支出占总支出比（%）	15	15.1	15.5	14.9
	C13 村级文体活动群众参与率（%）	85	76	81	86
	C14 学龄儿童入学率（%）	100	100	100	100
	C15 九年制义务教育普及率（%）	100	100	100	100
	C16 人均公共文化体育基础设施面积（平方米）	3	3.5	4	4.5
B4 布局美（C17~C21）	C17 农村村委会自治达标率（%）	100	100	100	100
	C18 村庄建设群众满意度（%）	90	86.5	91	95
	C19 群众安全感指数（%）	95	96.5	97.5	98.7
	C20 村庄规划编制调查执行率（%）	90	70.7	85.3	87.7
	C21 基础设施完善度（%）	90	83	86	89
B5 生活美（C22~C27）	C22 有线电视入户率（%）	100	100	100	100
	C23 行政村汽车通达率（%）	100	100	100	100
	C24 基本医疗保险及社会保障参保率（%）	100	98.7	98.9	100
	C25 网络通信覆盖率（%）	100	100	100	100
	C26 非农产业劳动力调查就业率（%）	75	63.6	69.5	75.8
	C27 农村居民人均可支配收入（年/元）	30 000	31 791	34 562	37 154

二、评价结论与分析

综合对比前文收集到的浏阳市2018年至2020年"五美"乡村建设评价指标的原始数据，运用改进的熵权—层次分析法构建指标模型，并通过综合评价的专家打分结果分析（如表8-7所示），可得出以下结论：一是浏阳市美丽乡村建设的整体水平较高，总体发展态势稳中向好，其中三年间的综合评分均保持在70分以上的较好水平，由2018年的76分逐渐提高到2020年的90分。二是在"五美"乡村建设评价中，"生活美"方面的实现程度最高,从居民收入层面看,2020年浏阳市农村居民人均可支配收入为37 154元,并远高于全省同期水平。农村劳动力就业充分,职业类型丰富优化,有线电视入户、网络通信、医疗保障、行政村通车等均实现了村域全覆盖。三是"产业美""环境美""风尚美"和"布局美"四大指标数值在不同程度也有一定提升。但在评价体系的二级指标中,部分指标的实现程度仍相对较低,如村容村貌的长效管护、村庄规划编制执行、农村居民文教娱消费支出占总支出比重、基础设施完善度等,未来仍需进一步改进,进而实现乡村更美、农民更富、农业更强。

表 8-7　2018—2020年浏阳市美丽乡村建设综合评价结果

年份/指标	产业美	环境美	风尚美	布局美	生活美	综合评分
2018年	14分	16分	15分	12分	19分	76分
2019年	18分	18分	15分	14分	19分	84分
2020年	16分	22分	15分	14分	23分	90分

同时,相对于2018年和2019年的数据,2020年"产业美"大类指标的综合评分略有降低,考虑到新冠疫情等其他客观因素的影响,此处不再加以论述。在"环境美"方面,总评分由2018年的16分上升到2020年的22分。随着近年来政府加大对美丽乡村建设的投入,村民参与建设的欲望也更为强烈,通过社会共同合力,在村庄主干道道路硬化、户用卫生厕所普及、垃圾和污水无害化处理率等方面都取得了长足进步,当地村民对人居环境的满意度也在逐年提升。在"风尚美"方面,农村居民文教娱消费支出占总支出比重、村级文体活动群众参与率、九年制义务教育普及率、人均公共文化体育基础设施面积等指标均得到满足,乡风更加文明和谐。在"布局美"方面,浏阳市美丽乡村建设的总评分由2018年的12分上升到2020年的14分,看起来似乎整体提升不大,其原因在于村庄规划编制调查执行率、基础设施完善度两项指标尚未达标。资料显示,浏阳市300个美丽乡村将全部在2021年编制完成村庄发展规划,因此这两项指标的满足未来可期。"生活美"大类指标应当是三年间提升最大的指标项,由2018年的19分提高至2020年的23分,有线电视实现百分百入户,所有行政村实现百分百汽车通达,医疗保险及社会保障基本覆盖了全体农村居民,每个乡村都实现了网络通信的全部接通,农村劳动力就业结构更加优化,已不再单纯依靠农业获取生活收入,农村居民人均可支配收入大幅提高,生产生活水平充分改善。具体见图8-3。

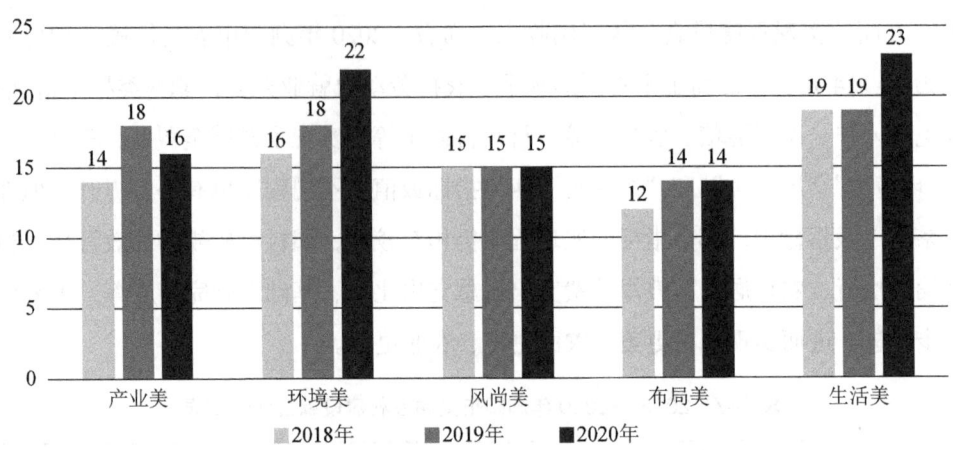

图 8-3 2018—2020 年浏阳市美丽乡村建设五大类指标评价结果
数据来源：作者综合整理计算所得

从总体来看，浏阳市美丽乡村建设正朝着"五美"目标均衡发展，三年来，通过持续推进美丽乡村建设，浏阳市成功打造了一批农民致富、产业发展、乡风文明、治理有效的示范村镇，取得的成绩和硕果显著。农村基础设施逐渐完善，人均可支配收入逐年攀升，生产生活垃圾和污水处理率相对较好，群众对美丽乡村建设的满意度相对较高，乡风文明深入人心，农村文化生活形式多样，基本没有发生义务教育阶段学生辍学的现象，各项治安条件良好，村容村貌得到整体提升，相信这也是浏阳能够先后入选全国"两山"实践创新基地、"全省美丽乡村建设先进县"、"全省14个乡村振兴示范创建县之一"的重要考量因素。

第三节 浏阳市美丽乡村建设存在的问题

一、整体建设水平较高，但部分指标的实现程度仍相对较低

县域作为介于城市聚落形态以外的生产、生活和生态空间，具有相对独立和较为完善的社会经济层级系统，对于乡村地区的资源优化配置及城乡间要素合理流动有着重要作用[①]。因此，无论是从确保"城镇—乡村"经济系统的完整性，还是从合理促进城乡互动关系的角度出发，构建县域美丽乡村建设评价体系都具有深入研究价值。在全国各

---

① 黄磊，邵超峰，孙宗晟，等."美丽乡村"评价指标体系研究［J］.生态经济（学术版），2014（01）：392-394+398.

地美丽乡村建设火热开展的大背景下,有效衡量美丽乡村建设的实现程度、存在的不足与问题,成为众多美丽乡村建设者、管理者所要面临的重要问题。因此,本研究以浏阳市为对象,综合考虑了经济发展、生态环境等要素对美丽乡村建设水平的动态影响问题,通过整理和分析2018—2020年浏阳市美丽乡村建设的相关原始数据,合理评价了浏阳市美丽乡村的近三年建设成效,发现其整体建设水平较高,总体发展态势稳中向好,其中综合评分已由2018年的76分提高至2020年的90分,2020年的美丽乡村发展综合实现程度预计为90%左右,已经达到了整体优秀水平,且过去三年间的综合评价得分均保持在70分以上的较好水平,并以均衡发展的速度朝着"五美"乡村的建设目标稳步推进。

因此,可以认为浏阳市整体上已经实现了美丽乡村建设的基本目标,未来应向建设全省乡村振兴示范区的方向努力。当然,通过研究同样发现,浏阳市美丽乡村建设在村容村貌长效管护、村庄规划编制、基础设施完善、农村居民文教娱消费支出占总支出比重方面还有所欠缺,存在着重建设而轻管理、农民主体地位未能凸显、市场和社会参与作用发挥不够等亟待解决的问题,下文也将对此进行重点阐述。因此,浏阳市要在维护好已有建设成果基础上争取成效再提升、再加强,让美丽乡村真正实现"连片成景",让"绿水青山"真正变成"金山银山",融合乡村内在美与外在美,打造农民宜居宜业宜游的幸福新家园,助力乡村实现全面振兴。

二、强调政府行为较多,美丽乡村重建设而轻管理

美丽乡村建设应充分发挥政府、村民、社会等各方面主体的积极能动作用,实现"各美其美、美美与共"。虽然在综合评价中2018—2020年浏阳市村庄建设群众满意度均在90%的标准值以上,农村村委会自治达标率同样实现100%,农村基层自治组织在美丽乡村建设中发挥着引领作用,但通过对浏阳市中和镇苍坊村、官桥镇苏故村、永安镇坪头村等地的走访调研也发现,当前浏阳市的美丽乡村建设还主要以政府推动为主,被调查的部分村民甚至认为"美丽乡村建设应当是政府要做的民生实事,他们的首要任务是提升自身经济收入,让自己的家庭更加安居乐业",这样的观念在一定程度上也造成了美丽乡村建设"上面热度高、底下稍冷清"的尴尬局面。

一方面,由于政府没有充分发挥群众力量,重视农民提出的相关建议,导致他们对美丽乡村建设的认识有所欠缺,参与性相对不高;另一方面,由于市场行为和社会参与没有在美丽乡村建设中发挥明显作用,没有形成有利于村容村貌长效管护的体制机制,村民缺乏管护意识,使得美丽乡村有"面子"没"里子"。同时,部分村的"美丽乡村

建设"存在着不同程度的"重建设轻管理"现象。一是由于美丽乡村建设专班力量的不足，平时管护工作主要依靠一两个主管负责人开展，没有充分发挥出建设主体的主动性；二是由于长效管理机制没有得到健全，造成部分村镇甚至出现了不同程度的环境整治和乡风治理的"回潮"现象。因此，要持续加大对美丽乡村建设的投入力度，组建专人专班专门力量，避免陷入重复建设的"怪圈"。

三、整村推进动力不足，农民主体地位凸显不够

农民群众的主体力量是美丽乡村建设能否取得成功的不容忽视的重要因素，倘若缺少这个主体，美丽乡村建设也将无从谈起。虽然三年间浏阳市美丽乡村建设在特色产业村覆盖率、村庄主干道道路硬化率、户用卫生厕所普及率等多项指标方面实现了整体提升，集体经济薄弱村更是实现了全部消除，但从问卷调查的结果看，在Q1选项"您对本村美丽乡村建设了解程度有多少？"中，回答"一般了解"和"不了解"的人数仍占35%左右，被调查村民对于村容村貌的长效管护满意率仍有进一步提升的空间。随着浏阳市城镇化率逐年攀升并已突破60%，越来越多的村民选择进城务工，进而在收入和就业稳定后选择长期留在城市，农村人口逐渐减少，甚至在一些较偏远的山区还存在"386499部队"现象，因此真正能将重心投入美丽乡村建设的村民也相对较少，整村推进面临动力不足的问题，长此以往可能会导致部分村民将美丽乡村建设视为政府主管主干的公共事务，依赖思想强烈，出现部分"领导带头干、群众一旁看"的"各自为营"的现象，因此激发乡村建设内部动力成为相关部门的重要考虑。2020年浏阳全市有300个美丽乡村，倘若不能消除村民的等靠思想，发挥其积极主动性，仅仅依靠政府一方的作为也是难以持续深入推动美丽乡村建设的。因此，要充分尊重村民主体地位，发挥其主观能动作用，让他们认识到"美丽乡村建设也需要自己出一份力，这是为公众谋福利的实事，努力做到既不缺位，也不等位"。只有让农民认识到自己也是美丽乡村建设的受益者，是其中之一，他们才会积极主动参与美丽乡村建设，进而通过政府、村民、社会等多方合力，有效推动美丽乡村建设并发挥真正实效，带动乡村实现全面振兴。

四、市场力量参与不足，社会主体作用发挥不够

虽然现阶段浏阳市"五美"乡村建设取得了显著成绩，实现了全部消除集体经济薄弱村、建设特色产业村，有线电视入户、基本医疗保险参保和网络通信基本覆盖了村庄全域，每个乡村主干道全部硬化，但在基础设施完善、户用卫生厕所普及、垃圾和污水无害化处理率、农村居民安全饮用水普及等多方面仍有进一步提升的空间，而这些都

需要借助政府、市场、村民及社会的多方合力、共同参与。通过开展问卷调查和质性访谈，发现有部分村民反馈认为"美丽乡村建设过程中的市场力量和企业主体作用仍发挥不够，社会自愿参与的共同努力不足"。在问卷 Q8 选项"您对村庄现状最不满意的地方是什么？"中，有接近 18% 的被调查村民勾选了"社会力量参与不够"，其中有部分村民直接指出了"市场和社会参与作用发挥不够"的问题。他们认为，社会力量在实际参与美丽乡村建设的深度和广度方面，总体上还相对有限，相关社会组织的主动性还相对欠缺，一方面是由于社会有意愿、有动力参与美丽乡村建设，但受限于某些因素而找不到相关渠道发挥作用。

同样，一些地区也没有探索出有效的社会力量参与美丽乡村建设的激励机制，引导社会多方参与、共同建设。因此要通过构建政府、市场、村民与社会的良性互动机制，让社会力量成为政府开展美丽乡村建设的有力辅助者；积极发挥市场和社会参与的能动作用，提高财政资金用于美丽乡村建设的综合实效，通过以奖代补手段，将补贴资金直达企业或社会组织来带动农业生产发展，实现有限涉农资金的几何式倍数增值，引导社会资本向乡村建设领域倾斜，提升农村社会化服务水平，通过全流程、全要素监管资源资金使用流向和基础设施后期管护，让美丽乡村既建得好，也管得住。

第九章　国内外美丽乡村建设的实践探索、经验及启示

世界主要发达国家在城镇化和工业化水平达到一定水平后，都会产生乡村日渐衰落的问题，而后重启乡村振兴的行动。在西方国家改造当地的传统农业、促进乡村建设转型的过程中，逐步形成了一些乡村建设的发展模式和实践经验，如日本"造村运动"、韩国"新村运动"、德国"村庄更新"及荷兰"农地整改"运动等，尽管东西方在制度机制、乡村环境要素方面有所不同，但这并不妨碍我国借鉴学习西方在具体实践中的成功经验。从 2008 年起，我国在各省市相继开展了"美丽乡村"试点工作，取得了一些成果，涌现出诸如浙江省安吉县鲁家村、陕西省咸阳市袁家村、四川省成都市战旗村等一批美丽乡村建设典型。结合国内外典型案例总结出相应的建设经验，能够为我国其他相对落后地区创建美丽乡村提供思路。

第一节　国外美丽乡村建设的实践探索

一、日本"造村运动"

日本的造村运动（也称造町运动）主要兴起于 20 世纪 70 年代，其基本内容涉及基础设施建设、生态环境治理、公益事业发展等农村生产生活的各个领域。当时的社会背景是随着日本城镇化和工业化进程的加快，大量农村年轻劳动力开始向城市转入，人力资源的减少造成乡村农业产业发展面临阻碍，农村生产条件遭遇巨大危机。为推动国内产业和经济社会均衡发展、提升乡村发展动力和生机，"造村运动"开始推行。[①] 当时的日本政府引导乡村发展特色产业，强调多产业融合，鼓励综合利用农村资源，进而

---

① 王洁.从日本造村运动解锁乡村振兴新思路[J].湖南省社会主义学院学报，2022，23（01）：83-85.

形成内源性动力,使乡村企业不断增多,乡村产业结构得以优化,农民收入水平显著提高,甚至反过来也推动了城市的发展。① 在经过多年的发展后,日本的各种乡村改造运动逐步形成了一套自身的发展逻辑,即要想实现乡村的持续健康发展,一定要利用好当地资源,集中业务重点开发,这样才能为区域经济发展提供长期动力。作为一个"大国小农"特征明显的发展中国家,无论是从地域相邻位置、乡村振兴背景还是小农发展历史看,中国与日本在乡村建设上都有一些"异曲同工之妙"。因此,日本在造村运动中的成功经验,很值得中国学习借鉴。②

二、韩国"新村运动"

中韩两国是一衣带水的邻邦,乡村建设问题也是极为类似。在1960年前,韩国农业非常落后,农村劳动力老龄化、城乡贫富差距较大等问题严重。为解决当时农村发展的困境,韩国政府组织实施了"新村运动",提出"要让工业和农业实现均衡发展"。③ 具体而言,"新村运动"主要分为1971年到1973年的基础建设阶段、1974年到1976年的扩展阶段、1977年到1980年的提高阶段、1981年到1988年的国民自发运动阶段、1989年至今的自我发展阶段五个阶段。④ 通过全面推进"新村运动",韩国农村生产生活条件明显提升,乡村基础设施建设水平稳步提高,农业产业化、农村工业化和农村城镇化基本实现,困扰政府多年的"三农"问题成功破解。我国实施乡村振兴战略,可借鉴韩国新村运动中重视乡村基础设施建设的做法,大力推动乡村发展。⑤

三、德国"村庄更新"

众所周知,德国不仅是一个高度发达的工业国,同时也是一个农业强国。在1895年前后,其城市化率超过50%,进入以城市为中心的发展阶段;在1960年前后,其城市化率超过70%;进入后城市化时期,由于乡村在城市化不同阶段面临的问题和挑战差异较大,能够采取的具体应对策略也需不断调整。⑥ 于是在1950年后,德国正式开启"村庄更新"运动;1954年,西德政府颁布《土地整理法》,将村庄更新的主要任务

---

① 颜毓洁,任学文.日本造村运动对我国新农村建设的启示[J].现代农业,2013(06):68-69.
② 曲文俏,陈磊.日本的造村运动及其对中国新农村建设的启示[J].世界农业,2006(07):8-11.
③ 罗馨茹.韩国新村运动对我国乡村振兴战略的借鉴[J].南方农机,2022,53(02):111-113.
④ 陈业宏,朱培源.从韩国"新村运动"解锁乡村振兴新思路[J].人民论坛,2020(02):72-73.
⑤ 韩道铉,田杨.韩国新村运动带动乡村振兴及经验启示[J].南京农业大学学报(社会科学版),2019,19(04):20-27+156.
⑥ 汉克尔,马媛.德国村庄的历史与现状[J].国际城市规划,2020,35(05):1-5.DOI:10.19830/j.upi.2020.320.

明确为"保证农村地区农业和林业经济的稳定发展,为土地归并整理创造条件,减少城乡差距";1960年,巴登—符腾堡州和黑森州率先出台全州的村庄更新计划;1976年,联邦政府在对《土地整理法》进行修订时,将村庄更新的内容正式写入法律条文之中。①总结德国"村庄更新"的主要做法,一是制定《联邦土地整理法》,为德国农村改革提供法律保障;二是根据就地资源特征与优势,以项目立项推动当地产业结构调整,促进一、二、三产业融合;三是借助媒体、集会和网络平台等力量,充分调动村民参与"村庄更新"的积极性;四是由政府统一出资修建村级基础设施,以市场机制保障美丽乡村日常维护,实现城乡均衡协调发展。因此,德国经验也是值得学习的。②

四、荷兰"土地整理"

荷兰是一个小而美的发达国家,虽然地少人多、资源匮乏,但荷兰农业却取得了一系列非凡成绩,这与其进行土地整治和农地细碎化治理紧密相连。荷兰城镇化水平在1950年时就达到80%,城乡差距并不算大。③随着1960年后荷兰经济迅速发展,"逆城市化"现象使得大量城镇居民逐渐向中心城市转移,从而形成都市乡村,进而造成周边农地经营的整体性和规模化很难确保。④因此,农村土地整改问题迫在眉睫。于是为加快提升农业竞争力,彻底改变农地细碎化状况,荷兰开展了大规模"土地整理"运动,正式实行适度规模经营。⑤顾名思义,"土地整理"即指通过交换农户间土地、减少碎片化农田、修建道路等途径,整理好土地要素资源,然后进行复垦和水资源统一规划管理,从而提高农地的利用率。公开数据显示,截至2020年,荷兰农业经营主体已从20世纪初的30万户减少至4431个,但其农场平均规模在欧盟内部仍排名前列。⑥当前我国乡村地区发展面临区域间不平衡、生态环境面貌普遍不佳、老龄化与空心化、产业可持续发展能力薄弱等诸多问题。因此,荷兰在乡村规划中所运用的一系列土地整理的具体方式和手段值得我国充分借鉴。

---

① 常江,朱冬冬,冯姗姗.德国村庄更新及其对我国新农村建设的借鉴意义[J].建筑学报,2006(11):71-73.
② 叶兴庆,程郁,于晓华.产业融合发展 推动村庄更新:德国乡村振兴经验启事[J].资源导刊,2018(12):50-51.
③ 刘同山,钱龙.发达国家农地细碎化治理的经验与启示:以德国、法国、荷兰和日本为例[J].中州学刊,2023(07):58-66.
④ 张驰,张京祥,陈眉舞.荷兰乡村地区规划演变历程与启示[J].国际城市规划,2016,31(01):81-86.
⑤ 谭荣.荷兰农地非农化中政府的强势角色及启示[J].中国土地科学,2009,23(12):69-74.
⑥ 乔庆伟,许庆福,王增如.国外土地整治管理的经验与借鉴[J].山东国土资源,2012,28(10):68-72.

第二节　国内美丽乡村建设的实践探索

一、浙江省安吉县鲁家村美丽乡村建设实践探索

2003年6月，浙江正式启动"千村示范、万村整治"工程，由此拉开美丽乡村建设的序幕；2005年，习近平在安吉调研时首次提出"两山"理论重要论断。随后从2008年起，安吉县在结合省委"千万工程"基础上，立足县情实际进一步提出"中国美丽乡村建设"。由此，安吉"中国美丽乡村"建设模式成为"国家标准"。在全国乡村振兴的样本中，鲁家村是体现安吉美丽乡村高质量发展的典型代表。[①]

鲁家村位于浙江省湖州市安吉县递铺镇东北部，村域总面积16.7平方千米，常住人口2318人，农户610户。村内有低丘缓坡4000多亩，山林面积17 615亩，水田面积1400亩，土地资源并不丰厚。虽紧邻县城，但以前的鲁家村却是全安吉县产业发展最薄弱、最为脏乱差、基层组织最涣散的落后村之一。2011年，全村人均年收入仅14 719元，全县行政村卫生检查排名倒数第一。

2011年是鲁家村实现"起飞"崛起的转折点，搭乘浙江省全面建设美丽乡村的便车，正式启动美丽乡村建设工程，推动田园综合体建设。经过十二年的努力，如今的鲁家村村容村貌改天换地，可谓"开门是花园，全村是景区"。2013年基本建成美丽乡村，2015年成功创建安吉县中国美丽乡村精品示范村，2016年被评为"中国美丽乡村精品示范村"，2017年"田园鲁家"综合体项目被列入全国首批国家田园综合体试点项目。村集体收入从2011年的1.8万元上升到2019年的560万元，村民人均收入由2011年的1.47万元增长至2019年的4.2万元，村集体资产也从2011年的不足30万元发展到如今的2.9亿元。2021年4月，鲁家村作为"中国共产党的故事——习近平新时代中国特色社会主义思想在浙江的实践"的6个案例之一，向全世界展示发展成果。

（一）加强"有为政府"建设，激活村庄建设沉睡资源

"有为政府"建设是浙江省美丽乡村能够成为全国标杆的重要基础。鲁家村坚持以"绿水青山就是金山银山"重要思想为根本遵循，始终坚持推动乡村经济绿色发展，在"几乎没有任何突出优势"的前提下，依托交通区位条件大力发展乡村旅游与休闲农业

[①] 韩旭东，李德阳，郑风田.政府、市场、农民"三位一体"乡村振兴机制探究：基于浙江省安吉县鲁家村的案例剖析[J].西北农林科技大学学报（社会科学版），2023，23（03）：52-61.

产业，实现"灰姑娘"逆袭。政府以一以贯之的理念，从政策制定、资源供给、产业支持和兜底保障给予鲁家村美丽乡村发展全面帮助。具体而言，鲁家村"有为政府"建设主要体现在激活村庄沉睡资源和引入社会资本两方面。鲁家村以美丽乡村创建契机打造政策支持的集聚平台，积极对接上级部门，全力争项目、要政策，为发展争取了充足的第一桶金。2011年，鲁家村利用获评"美丽乡村精品村"配套奖励的357万元，作为鲁家村腾飞的关键启动金。从2013年到2016年，通过整合各级各类涉农政策和项目，鲁家村共获取项目资金1700多万元。同时，鲁家村在整合村庄资源的基础上促进资源资本化，利用原有的村委会办公楼等村级集体资产，向上级部门争取了1000平方米的建设用地指标建起20幢商住楼，卖一半出租一半，由此获得300多万元收入；对外拍卖村内闲置多年的老学校，租金收入100多万元租金；通过招商引资方式吸引社会资本参与，村集体流转土地8000亩，撬动近20亿元社会资本进入鲁家发展。①

（二）形成"市场有效"机制，促进资源加速变资本

有效的市场力量是保证村庄发展效率与可持续性的关键。在存量资源激活的前提下，要使资源能够变成资本，还需要市场力量的介入，全面推动村庄深入发展。"市场有效"推动资本下乡主要体现在发动精英返乡创业、回流内部资本和对外招商众筹外部资本两种途径。一方面，在外的乡村精英拥有一定资本积累和市场经营思维，发动经济能人返乡创业有利于利用市场力量促进村庄建设发展。鲁家村通过年末乡贤回村探亲的契机组织召开茶话会，邀请乡贤注资领办农场，鼓励乡贤为村庄发展捐款捐物。在村干部的积极动员下，9名乡贤回村发展，累计投资近亿元。同时，在前期针对本村村民回流内部资本的基础上，组织乡贤能人加入招商组，对外众筹层层招商，以市场体制力量突破资金、人才束缚，实现资源资产资金快速聚集。

（三）坚持"农民主体"地位，推动发展收益均衡共享

美丽乡村建设要发挥农民主体性和主动性，因为村民的见证和参与能够有效促进村庄发展。一方面，鲁家村积极创新"村集体+公司"合作模式，采取现代化经营管理手段促进二次经济收益公平公正分配，村集体相继与安吉浙北灵峰旅游公司投资成立了安吉乡土旅游服务有限公司、安吉乡土农业发展有限公司、安吉乡土职业技能培训有限公司，由村集体占股49%，旅游公司占股51%，成功实现了村集体资产的首轮价值转换，使村民成为公司股民，最终外来资本在发展的同时也在反哺村庄基础设施建设，而通过股金分红、旅游开发、培训返利收回来的钱同样用于二次分配。另一方面，鲁家村

---

① 汪菁. 乡村生态产品价值实现的市场化路径研究：以安吉县鲁家村"三级市场"改革为例[J]. 理论观察，2023（08）：79-83.

积极发展集体经济促进收入多元，并坚持在村庄发展过程村民充分参与、发展收益全民共享，以此激发村民在乡村发展中的主体性作用。通过推进农村集体资产股份合作制改革，实现村集体增资产、扩收益，推动村民拿租金、挣薪金、分股金。如今，传统农民不再是鲁家村生产经营的主体，迎面而来的都是职业农民、职业经理、农民企业家等新型农民，"全员就业、全村创业"蔚然成风。

二、陕西省咸阳市袁家村美丽乡村建设实践探索

袁家村位于陕西省礼泉县烟霞镇，距离西安 78 千米，到西安市区仅一个小时的车程，而距离 4 千米外就是著名的唐太宗李世民昭陵墓。20 世纪 70 年代以前的袁家村，还只是一个全村共 69 户、集体成员 282 人的关中贫瘠村，"地无三尺平，砂石到处见"，"耕地无牛，点灯没油"。如今在乡村振兴领域，袁家村可谓"现象级网红"。不仅有"关中第一村""中国十大美丽乡村""全国乡村旅游示范村""国家 4A 级旅游景区"等众多荣誉光环加身，在乡村旅游领域更是当之无愧的流量之王和吸金之王。2020 年袁家村全年接待国内外游客超过 600 万人次，实现旅游综合收入 10 亿元，村民年人均纯收入在 15 万元以上。作为中国乡村产业融合发展的典型案例，袁家村的发展实践更多体现为对在地资源、发展主体及利益联结等因素的重视和调动，能够为其他乡村的产业发展提供参考和借鉴。①

（一）整合在地资源构建产业链，以乡土文化认同联结主体行为

在产业链端，乡村产业发展应充分挖掘在地文化，注重资源再创造。在产业起步的前期，由于本身欠发达的村庄属性，袁家村并未选择盲目跟风复制其他地区的乡村旅游发展经验，而是以特色地域文化为引领，注重展现文化的乡土性和内生性，确立民俗旅游发展方向，将美食、风俗、建筑、工艺、服饰这些可观赏、可体验的乡土生活资源予以旅游活化，率先走上文旅产业带动发展的道路。同时，针对产业发展初期资源缺乏的难题，袁家村积极利用地方社会网络进行资源动员和人力动员，一方面通过自身社会资本筹集资金，另一方面充分调动村庄现有资源，鼓励吸引村域周围有一技之长的乡村能人加入袁家村发展，布局农副产品加工业，逆向推进二、三产业深度融合。随着产业链条不断延长，袁家村又着手推动现代农业发展，订单式合作带动种养殖业发展，壮大食品加工，实现产业共融。如今的袁家村已成功构建出"服务业—工业—农业"的产业融

---

① 刘心译，冯可言，朱云楷等.乡村振兴背景下农村三产融合路径及驱动因素研究：以关中袁家村为例［J］.山西农经，2023（16）：1-4+12.

合链，形成"吃住行游购娱"一体化的农村产业集群。①

（二）以农民为中心构建价值链，打造乡村产业发展共同体

在价值链端，农民是农业产业融合中的价值赋予者，要尊重农民主体性，注重提升村民内生发展能力。村庄发展需要引入外部主体，借助多元主体的技术、资金、资本和先进管理理念，构建产业发展共同体，实现产业可持续发展。对此，袁家村的做法是通过吸纳多元人才、赋权多元主体、提升村民内生能力等多措并举，充分尊重外部意见，推动原本的产业参与者向产业的推动者和维护者身份转变。一方面，多渠道打造优质创业平台，提供优惠政策和资金补贴，吸引管理经营、美食制作、艺术创意等多元人才加盟袁家村，让来袁创业的外来务工者定居安居。另一方面，推动村民参与产业建设发展，通过开展专题培训班的方式组织村民学习政策法规、专业技能，更新村民思想观念，逐步提升人力资本含量，使村民获得内在的增收能力。

（三）打造集体经济股份化利益链，以多次分配实现发展利益共享

在利益链端，合理稳定的利益联结机制是增强产业融合活力与稳定性的关键。为消除多元主体利益分歧，袁家村在省内率先建立起"收益共享、风险共担"的利益共同体联结机制，各参与主体共同分享发展成果，切实保障产业发展中的农民利益，避免陷入农民利益边缘化陷阱。一方面，袁家村通过建立村集体股份经济合作社，对于需要与外来资本合作的开发项目，村集体和农户以土地入股并承担监管责任，外来商户等以资本、技术等要素入股，实行本村及外来人员"交叉入股"，以此构筑村社共同体。另一方面，执行乡土"守望相助"的伦理规范，将"共同富裕"深刻融入集体经济实践，对经营不善的商户给予适当补贴，平衡其收支结构，村集体合作社贫困户优先入股分红，同时限制富裕村民配股份额，有效协调平衡个体利益与集体利益。②

三、四川省成都市战旗村美丽乡村建设实践探索

战旗村位于四川省成都市郫都区唐昌镇西部，全村面积5.36平方千米，耕地面积5441.5亩，下辖16个村民小组，全村共有村民1445户、4493人，其中党员165人。纵观战旗村村史，本是由集凤大队改名而来，由于村集体在1965年水利建设和土地改革运动中旗帜鲜明、表现突出，遂改名为战旗大队，后改为战旗村。③2018年2月12日，

---

① 李伟，王永香，任思琪.旅游型村庄的制度赋能、社会资本和自治有效：以陕西省袁家村为例[J].西北农林科技大学学报（社会科学版），2023，23（06）：104-114.

② 郭占锋，田晨曦.从"村落终结"到"社区再造"：乡村空间转型的实践表达：对陕西省袁家村的个案分析[J].中国农村观察，2023（05）：44-65.

③ 赵孟秋.成都市战旗村幸福美丽新村"共建共治共享"的案例研究[D].成都：电子科技大学，2022.

习近平总书记来川参观考察战旗村，首次在基层一线阐述乡村振兴战略，称赞"战旗飘飘，名副其实"，要求战旗村要把乡村振兴抓好，继续"走在前列、起好示范"。近年来，战旗村紧扣"产业兴旺、生态宜居、乡风文明、治理有效、生活富裕"的乡村振兴二十字要求，牢记总书记殷殷嘱托，积极发展现代农业绿色产业，壮大集体经济活力，切实提高村民收入，先后获评"全国先进基层党组织""全国文明村""全国社会主义精神文明单位""四川集体经济十强村""省级四好村"和省市"新农村建设示范村"等荣誉称号，成功创建国家AAAA级景区。2022年，战旗村集体资产达到1.1亿元，集体收入达到680万元，村民年人均可支配收入3.85万元。可以说，"战旗经验"可行性强、代表性足，是新时代美丽乡村建设的一面旗帜。

（一）坚持集体共建机制，创造乡村产业价值

美丽乡村建设涉及面广、人力和物力投入大，是一项需要强化多元参与的系统工程。为此，战旗村深化农村改革创新，充分发挥多元主体功能优势，企业投入资金技术，政府加强政策引导和宏观调控，村集体组织履行监管协调责任，农户积极开展农业生产，共同推动乡村产业发展。一方面，战旗村通过土地改革盘活村内闲置资产，推动村集体资产上市融资，吸引社会资本投资乡村，其是四川省第一个将农村集体经营性建设用地公开上市挂牌拍卖的行政村，也是实行村集体经济股份制量化改革的省内先进村。通过完善农村生产经营新体制，持续培育新兴产业和业态，以龙头项目带动农业、商业、文化、旅游等产业深度融合，使资源变资产、资金变股金、农民变股东，形成规模化经营优势。同时，建立健全完善的人才培育和经营管理体制机制，既要重视美丽乡村项目建设，更要做到后续管护兼顾同进，发挥党组织的领导作用，统筹、整合各项资源，坚持人才内部培养和对外引进，兴办乡村教育培训，让传统农民化身为有知识、有文化的新农民，助力乡村可持续发展。①

（二）坚持多元共治机制，平衡乡村发展利益关系

乡村治理要坚持农民为主体，发挥基层党组织核心领导作用，强化集体组织功能优势，积极推进民主治村。对此，战旗村的做法是充分发挥党建引领作用，把党支部村建在集体企业或龙头企业中，党员干部下沉到产业一线，带领村民增收致富。通过推行"三问三亮"工作机制②，用制度规范党员干部言行一致；完善议事会决策、监事会

---

① 蒋伟.生态文明时代的乡土家园治理：成都战旗经验[C]//中国城市规划学会.人民城市，规划赋能：2022中国城市规划年会论文集（11城乡治理与政策研究）.[出版者不详]，2023：10.

② "三问"：每个党员都要对照党章思考"入党为什么？党员应该做什么？作为合格党员示范带动了什么？"；"三亮"：要亮身份、亮承诺、亮实绩。

监督、村委会执行的基层自治体制，形成以党员、镇村干部、乡贤、村民参与的乡村多元治理主体；实施乡风文明"十破十树"行动，积极倡导优良家风、民风和村风。从重大问题决策的转变上看，以前都是干部开会决定，如今变为群众投票表决。借助组织结构、经营方式的优化，战旗村充分实现了村民自治、依法治村、以德治村的"三治"融合新格局，村集体管理自我能力有效提升，有力保障了绿色产业发展。①

（三）坚持全民共享机制，逐步实现共同富裕目标

产业兴旺是乡村实现全面振兴、村民走向共同富裕的重要根基。习近平总书记在《求是》杂志刊文指出，"促进共同富裕，最艰巨最繁重的任务仍然在农村。"为早日实现共同富裕目标，战旗村积极探索农村集体产权制度改革，通过村集体经济带动村民致富创收，村民以自家土地入股战旗集体资产管理公司，实行统一经营，利润按占股比例分配。建立健全各项公共服务，强化基本医疗、住房和养老保障，公共设施配套建设全面覆盖，不断提高村民的社会福利待遇。坚持绿色发展思路不动摇，积极开展生态保护和恢复工作，下定决心关停那些对环境污染极大的工业企业，积极发展观光农业、旅游度假产业，营造美丽整洁、宜居宜游的乡村"三生"环境。大力弘扬乡风文明，建文化场馆，办文化活动，定期宣讲经典农耕文化和体育活动，订立村规民约，开展文明家庭评选等活动，富足村民精神文化生活。②

第三节 国内外美丽乡村建设的经验启示

2013年中央一号文件《中共中央 国务院关于加快发展现代农业进一步增强农村发展活力的若干意见》明文提出："加强农村生态建设、环境保护和综合整治，努力建设美丽乡村。"③自此，全国各地区党委政府都在大力推进美丽乡村建设，积极探索实践经验，形成了一批典型案例和先进做法。通过学习借鉴国内外美丽乡村建设经验，结合当前美丽乡村发展实际，得出如下启示：

---

① 喻杨杨.城乡融合背景下乡村协同治理的路径研究［D］.成都：四川省社会科学院，2023.
② 张龙，张新文.新型农村集体经济与乡村共同富裕：逻辑关联、实践过程与路径选择：基于"战旗道路"的经验观察［J］.西北农林科技大学学报（社会科学版），2023，23（04）：27-35.
③ 中共中央 国务院关于加快发展现代农业进一步增强农村发展活力的若干意见［J］.中国合作经济，2013（02）：4-9.

一、建设美丽乡村需要规划先行

科学规划能够有效指引美丽乡村建设。在国外乡村建设案例中，德国"村庄更新"科学规划能够有效指引美丽乡村建设。在国外乡村建设案例中，德国"村庄更新"体现了区域特色、地方特点；日本"造村运动"强调一村一品、发展多元化；荷兰"农地整改"凸显农地保护、效率效益双赢；韩国"新村运动"主抓保增收，缩小城乡差距。①国内典型地区美丽乡村建设的成功经验也着重强调了科学规划的指导作用。然而，在实际的美丽乡村规划和建设工作中却不尽相同，一些美丽乡村由于规划和建设，对别的乡村建设经验照搬照抄，依旧是"照着葫芦画瓢"，带来的结果也只能是"东施效颦"；部分美丽乡村在规划时定下了宏伟目标，绘就了长期发展蓝图，但在乡村建设实施过程中却不尽如人意，指导作用不明显。

我国幅员辽阔、地大物博，不同区域之间的地方文化、民族特色和风俗习惯都各有差异，因此在规划美丽乡村时要将区域特色融入乡村建设当中，避免建筑风格、结构布局的同质化，这样设计规划出来的美丽乡村建设才能令人心驰神往。在建设美丽乡村过程中，首先要制定总体的乡村发展规划，包括道路走向、房屋风格、设施布局等，再去寻找投资主体，出台相关政策法规，同时要求各部门针对遇到的问题不断修订建设方案，直至项目完工并良好运行。因此，美丽乡村建设最重要的是应根据新时期乡村振兴战略的发展要求做好中长期规划。②

二、建设美丽乡村需要产业支撑

产业发展既是建成美丽乡村的重要支撑点，也是全面推进乡村振兴的新引擎。习近平总书记指出："发展特色产业是实现乡村振兴的一条重要途径，要着力做好'土特产'文章，以产业振兴促进乡村全面振兴。"产业兴则乡村兴，产业旺则乡村旺。国务院印发的《关于促进乡村产业振兴的指导意见》对"乡村产业"的定义为"根植于县域，以农业农村资源为依托，以农民为主体，以农村一、二、三产业融合发展为路径"惠农富农的产业。③国内美丽乡村建设先进地区大多十分注重当地产业发展，强调以支柱型特色产业为引领，推动第一、二、三产业的融合发展。如浙江省安吉县鲁家村，在美丽乡

---

① 贺勇，孙佩文，柴舟跃.基于"产、村、景"一体化的乡村规划实践[J].城市规划，2012，36(10)：58-62+92.

② 欧林之，欧志文.生态视角下美丽乡村规划探究[J].邵阳学院学报（自然科学版），2020，17(06)：92-96.

③ 付洪良.美丽乡村建设与农村产业融合发展的协同关系：乡村振兴视角下浙江湖州的实证研究[J].湖州师范学院学报，2019，41（01）：8-12+18.

村的建设过程中积极创新"村集体+公司"合作模式,先后引进万竹农场、葡萄农场、野猪农场等18个各不相同的农场,持续引进住宿、游乐、休闲等多元业态,强化旅游吸引力,用经营的理念把美丽乡村变成美丽经济。再如陕西省咸阳市袁家村,在村党支部书记郭占武的带领下,2007年起便开始大力发展乡村旅游,通过将关中民俗文化和餐饮美食产品做到极致,以"合作社+全村众筹+分红"的模式,组织有效农民,实现村民全面参与、共同致富,成功探索出了农村集体经济发展的"袁家村模式",成为新时代推进乡村振兴的代表。[①]

三、建设美丽乡村需要完善基础设施

基础设施是经济社会发展的重要支撑和必备条件。党的十九大报告明确提出要实施"乡村振兴战略"。为此,国家通过"项目进村"的方式为广大农村地区引入和更新基础设施,改善乡村生态环境,强化基层自治组织,以期早日实现产业兴旺、生态宜居、乡风文明、治理有效、生活富裕的总要求。但与此同时,通过更新乡村既有的基础设施,并未真正给乡村社会带来翻天覆地的变化,反而导致重复建设所带来的资源浪费。从国内外美丽乡村建设的典型经验来看,基础设施建设涉及大额公益事业投资,往往需要各级政府和社会团体、私人企业或农户等多元主体共同出资建设。要在建设中凸显地方文化特色,深挖"一村一品",以整体思维制定总体发展规划,尽可能走出一条具有特色的"农地整改"。[②] 以四川省成都市战旗村美丽乡村建设为例,该村坚持以人民为中心的发展思想,对照构建现代化基础设施体系这一目标,不断完善村域基础设施布局,改善群众生产生活环境,通过土地改革盘活村内土地资源价值,将村集体经济收益的30%用于为村民统缴社保和公共基础设施维护等。经过几十年的探索,战旗村以完善的农村基础设施为美丽乡村提供良好的建设基础,走出了一条"两委"主导、股份合作、市场经营、强村富民、一二三产业融合发展的道路。[③]

四、建设美丽乡村需要长效管护

人与自然的关系是人类社会最基本的关系。党的二十大报告指出,"中国式现代化是人与自然和谐共生的现代化,既要创造更多物质财富和精神财富以满足人民日益增长

---

① 张凯洁.新时期乡村产业振兴的优化路径[J].山西农经,2023(04):40-42.
② 罗士泂.基础设施、国家工程与乡村振兴:基于美丽乡村建设项目的田野调查[J].贵州大学学报(社会科学版),2020,38(04):54-64.
③ 任艳蕾,朱深海,张弼东.美丽乡村背景下农村基础设施建设水平分析:以贵州省印江县为例[J].中外建筑,2017(04):102-105.

的美好生活需要，也要提供更多优质生态产品以满足人民日益增长的优美生态环境需要。"① 从2005年的"新农村建设"，到2013年的"美丽乡村建设"，再到2020年的"乡村建设行动"，推动生态环境保护和经济发展始终是其中的重要内容。无论是日本的"造村运动"、韩国的"新村运动"，还是德国的"村庄更新"，或是荷兰的"土地整理"，乡村环境的改善贯穿乡村建设的始终，为村民富裕提供外部动力。党的十八大以来，以习近平同志为核心的党中央把美丽中国纳入建成社会主义现代化强国的战略目标，生态文明建设纳入"五位一体"总体布局，并做出一系列重大战略部署。但我国生态环境保护的任务依然艰辛，尤其是推进美丽乡村建设还需要付出长期努力。因此，要强化美丽乡村管护的主体责任，按照"谁受益、谁管护、谁使用、谁管护"的原则，吸引更多的社会力量参与乡村建设，精准施策，实现人与自然的和谐相处。②

五、建设美丽乡村需要发挥政府和农民主体作用

当前，随着中国特色社会主义进入新时代，社会主要矛盾发生重大变化，美丽乡村建设成为人民对于美好生活的需要，也是中国共产党全心全意为人民服务的初心体现。在美丽乡村建设中，政府和农民是现实的直接诉求者，是美丽乡村实际的建设主体，而企业只是间接的诉求方。由于各多元主体协同参与度不高，一定程度阻滞了美丽乡村建设的可持续发展。鲁家村、袁家村、战旗村美丽乡村建设的成功实践经验表明，在美丽乡村建设的前期阶段必须依靠政府力量推进，此时其扮演的主要是总设计师的角色，作为建设主体的农民应当是成果享有者和行动参与者，二者缺一不可。③ 习近平总书记在浙江工作期间强调，必须把增进广大农民群众的根本利益作为检验工作的根本标准，充分尊重农民的意愿，充分调动农村基层干部和广大农民群众的积极性和创造性。因此，美丽乡村建设既要充分发挥政府职能，也要尊重民意、维护民利、强化民管，充分调动各个阶层参与进来，"有多少汤泡多少馍"。厘清政府干和农民干的边界，不越位、不包揽、不干预，有效激发农民群众的主人翁意识。④

---

① 左科举.农业农村现代化背景下建设和美乡村路径研究：来自钦州市的实践与思考[J].内蒙古科技与经济，2023（16）：3-6+86.
② 赵华勤，江勇.乡村振兴背景下乡村人居环境改善策略研究：以浙江省为例[J].小城镇建设，2019，37（02）：9-14+93.
③ 刘利利，杨英姿.美丽乡村建设中的主体角色定位探究[J].福建师范大学学报（哲学社会科学版），2019（06）：29-37+168.
④ 陈秋红.农民对美丽乡村建设主要责任主体的认知及其影响因素分析：基于马克思主义主体论的分析[J].经济学家，2018（06）：88-95.

第十章 美丽乡村建设实施策略

美丽乡村建设是实施乡村振兴战略的重要切入口和有效抓手。党的十九届五中全会提出:"实施乡村建设行动,把乡村建设摆在社会主义现代化建设的重要位置。"基于前述对国内外乡村建设发展历程的分析,以点带面剖析当前美丽乡村建设存在的问题,并从顶层设计的角度梳理出美丽乡村发展过程中的逻辑关系与关键要素,提出坚持产业融合创新,构筑更有奔头的现代农业体系,加强环境综合治理,建设更加生态宜居的美丽乡村,补齐基础设施短板,加快乡村后备人才队伍的建设等实施策略,旨在从实操角度解决当下美丽乡村建设方案执行中的关注点和着力点。

第一节 深入分析美丽乡村建设的内在逻辑

2003年6月,在时任浙江省委书记习近平同志的倡导下,浙江省启动"千万工程",选择1万个左右的行政村进行全面整治,把其中1000个左右的中心村建成全面小康示范村。同年,中央一号文件提出"加强农村生态建设、环境保护和综合整治,努力建设美丽乡村"。2005年中央农村工作会议提出"新农村建设"。2013年中央一号文件中,首次提出了建设"美丽乡村"的奋斗目标。2021年,《国民经济和社会发展第十四个五年规划和2035年远景目标纲要》中专门提出"建设美丽宜居乡村"。2022年5月,中共中央办公厅、国务院办公厅印发《乡村建设行动实施方案》。2023年中央一号文件首次把"和美乡村"列入其中,释放出新的改革信号。可以说,从"千村示范,万村整治""社会主义新农村建设"到"美丽乡村建设"再到如今的"乡村建设行动""和美乡村建设",美丽乡村建设是逐步发展和演进的。近20年循序渐进的实践经验,使我们对美丽乡村建设的内在逻辑更加清晰。

倘若说新型工业化和城市化是对传统模式的修正补充,以使工业化和城市化下的城乡关系、人与自然关系失衡损失降到最低限度。那么,新农村建设则是对城乡关系失衡的修复，因为统筹城乡发展、促进城乡发展一体化是其最终目标；美丽乡村建设则是在此基础上对人与自然关系失衡的修复，因为从本质上看，美丽乡村建设是社会主义新农村建设的"升级版"，是将生态文明理念和建设要求贯穿于新农村建设的各个方面和全部环节，是在优化城乡关系基础上协调推进城乡发展和人与自然和谐发展。因此，美丽乡村建设的内在逻辑具有如下关系。

（一）美丽乡村建设要顺应城市化的发展趋势

受城市资源虹吸效应的影响，乡村精英和年轻劳动力加速外流是难以避免的趋势，这是城市化发展的逻辑使然。因此，建设美丽乡村并不是为了吸引农村人口继续留在乡村发展，而是通过推动资源要素向农村配置、现代文明向乡村拓展，进一步缩小城乡差距，统筹城市发展，以加快城市化进程。从这个角度看，美丽乡村建设与新型城市化是有机统一的。

（二）美丽乡村建设要以新农村建设为基础

"社会主义新农村建设"是党的十六届五中全会提出的，是指在社会主义制度下，按照新时代的要求，对农村进行经济、政治、文化和社会等方面的建设，最终实现把农村建设成为经济繁荣、设施完善、环境优美、文明和谐的社会主义新农村。"美丽乡村"是指中国共产党第十六届五中全会提出建设社会主义新农村的重大历史任务时提出的"生产发展、生活宽裕、乡风文明、村容整洁、管理民主"等具体要求。从二者辩证关系来看，美丽乡村建设是改善农村人居环境、提升社会主义新农村建设水平的需要。虽然我国新农村建设取得了许多不错的成绩，但总体而言农村地区基础设施依然薄弱，人居环境脏乱差现象仍然存在。因此，美丽乡村建设与社会主义新农村建设是一脉相承的关系，社会主义新农村建设是美丽乡村建设战略的基础框架，美丽乡村建设是对社会主义新农村建设理念、内容和水平的进一步深化和全面提升。

（三）美丽乡村建设要以生态文明建设为导向

农村生态文明建设，既是全面推进乡村振兴的重要内容，也是加强美丽乡村建设的题中之义。习近平总书记在全国生态环境保护大会上明确指出，"我国经济社会发展已进入加快绿色化、低碳化的高质量发展阶段"，深刻阐述了新时代推进生态文明建设需要处理好的重大关系。美丽乡村建设是美丽中国建设的重要组成部分，生态振兴是乡村振兴的五大目标之一。党的二十大报告强调"建设宜居宜业和美乡村"，既要考量经济社会指标，更要兼顾生态文明指标，将生态文明建设融入美丽乡村建设当中，在深入优化城乡关系过程中不断改善人与自然关系，做到资源节约、环境友好。

（四）美丽乡村建设要强化党政主导、部门协同、群众主体、社会参与、合力攻坚

在党的二十大报告中，习近平总书记强调"全面建设社会主义现代化国家，最艰巨最繁重的任务仍然在农村"，明确要求"全面推进乡村振兴""建设宜居宜业和美乡村"。建设美丽乡村是一项需要持之以恒、与时俱进的系统工程，既需要党委政府加强组织领导，也需要党政部门共同协作，还需要社会各界广泛参与，更需要农民群众自力更生。要坚持"集中攻坚"和"久久为功"相结合，通过各方协同、分级负责，确保各项工作落到实处，促进美丽生态、美丽经济、美好生活有机融合。

第二节 全面把握美丽乡村建设的关键要素

一、构建美丽乡村自然生态体系

习近平总书记指出："生态兴则文明兴，生态衰则文明衰。"生态环境问题归根结底是发展方式和生活方式问题。建设生态宜居的美丽乡村，不仅要改善乡村落后的村容村貌，更主要的是构建节约资源和保护环境、人与自然和谐共生的"三生"空间格局。要科学配置生态保护、产业发展、乡村生活的空间需求，重点围绕自然生态要素体系优化空间结构，关注区域自然生态的本底，即地形地貌、资源类型和分布、生态安全等要素，形成山水林田湖生命共同体，从而利用好各类生态要素，营造乡村特色景观，保障乡村生态基本安全。具体而言，美丽乡村建设要以生态农业为支撑，以绿色生态经济为目标，构建生态且高效的现代农业产业体系。

二、构建美丽乡村绿色市政体系

基础设施建设是推动农业农村发展的重要抓手，城乡间资金、资本、技术等各要素流通需要依靠基础设施网络进行。习近平总书记强调，"要继续把公共基础设施建设的重点放在农村"。党的十八大以来，各级党委政府不断加大基础设施建设投入力度，加快补齐农村基础设施、公共服务短板，在实现农村水源净化、道路硬化、夜晚亮化、能源清洁化、人居环境美化方面取得的成果丰硕。但同时也要看到，在持续推进新型城镇化建设过程中，农村公共服务需求也不断增大，现有的农业农村基础设施建设水平，距离乡村振兴战略全面实施的要求，以及广大农民群众对高品质生活的期待仍有较大差

距。因此，要进一步健全多元投入保障机制，充分发挥政府和市场、中央和地方、国有资本和社会资本多方面的作用，不断扩大有效投资，逐步构建起美丽乡村绿色市政体系，加强乡村水网、路网、绿网和保洁网建设。[①]

三、构建美丽乡村景观环境体系

乡村景观是展示乡村生态环境及文化的重要载体。党的十九届五中全会指出，"十四五"期间中国要全面实施乡村振兴战略，实施乡村建设行动，统筹县域城镇和村庄规划建设，保护传统村落和乡村风貌，改善乡村人居环境。然而，随着新型城镇化的快速推进，广大乡村逐渐边缘空心化，传统农业日益式微，美丽乡村建设面临诸多挑战。乡村是一个由自然生态、经济生产和居住生活三者共同构成的、整体有机的系统，景观环境设计作为其中不可或缺的一部分，具有重要的意义和价值。只有通过科学规划和设计，才能真正实现让农村变得更美丽的目标。要打造乡村景观环境体系，首先应从村庄空间的整体布局出发，构建乡村特色空间体系。根据地理地貌特征区分进行景观营造与节点内容营造，在土地利用规划和生态保护上，注重农田、村庄、自然保护区等不同景观风貌类型的划分，切实保护农村生态系统，合理规划绿地、水系和植被；在村落风貌和乡村建筑改造方面，要贴近生活，充分实现文化互动，既考虑到农业生产的需求，也能有足够空间展示乡村的文化底蕴。

四、构建美丽乡村社会民生体系

好的发展离不开好的治理参与，要实现更好的治理则需要更好的发展。美丽乡村建设进一步巩固了农村社会治理的民生基础，有力推动乡村建设与治理的良性耦合互动。但从实践情况看，目前仍然面临许多不小的挑战。美丽乡村发展的重要考量是村民主体的民生发展，即乡村居民的基本权益和福利能否得到充分保障。因此，构建美丽乡村社会民生体系，一方面要不断完善农村基础设施，改善农民群众出行交通、用水用电等基本需求，推进农村"厕所革命"，整治村域公共空间和庭院环境；另一方面要建立城乡融合、系统覆盖的农村公共服务体系，在就业社保、卫生计生、教育文体方面服务好本地乡村居民，强化数字乡村系统建设，丰富乡村居民精神生活。

---

① 曾夕真.基于实证经验的美丽乡村发展建设研究：以湖南省湘江新区"一带一中心"美丽乡村发展建设为例[J].国土与自然资源研究，2019（01）：69-71.

五、构建美丽乡村产业发展体系

产业发展是乡村振兴和美丽乡村建设的重中之重，解决农村一切问题的前提都要依赖于它。习近平总书记指出："要紧紧围绕发展现代农业，围绕农村一、二、三产业融合发展，构建乡村产业体系，实现产业兴旺。"从欧美等发达国家的乡村建设经验看，许多工业化或后工业化时期经济发展较好的村庄聚落，都是由上下游产业集聚带来的人口、资源与经济的聚集效应，从而演化而成的。在乡村振兴战略的指引下，构建美丽乡村产业发展体系将成为我国农业实现提质增效的有效途径。要以农业农村现有的特色资源和产业基础为依托，充分发动农民群众的主体创造性，积极促进农村一、二、三产业融合发展，引导和植入与"一村一品"关联性较高的产业和服务业态，一村带多村，多村连成片，从而拓展美丽乡村产业的创新发展空间。

第三节　扎实推进美丽乡村建设的具体举措

一、坚持产业融合创新，构筑更有奔头的现代农业体系

农业增效、农村变美、农民致富是美丽乡村建设的核心目标，其中产业兴旺是振兴乡村的重要引擎。要坚持产业融合创新，发展更有奔头的现代农业。纵观当前美丽乡村的典型建设模式，在"产业美"方面成效突出，每个村基本拥有一个以上的特色产业，集体经济相对比较发达，农林牧渔各产业均衡发展，对其他地区有着很好的借鉴意义。要构建利于三产融合发展的体制机制，充分关注城乡产品需求，深入推动农业发展向"绿色、优质、特色、品牌"的"四化"目标前进，让农业实现既增产又提质。要进一步推出"产业兴村"的系列鼓励政策，加大新型农业经营主体培育力度，让小农户和现代农业实现有机衔接，丰富精细农业、观光休闲农业等不同产业业态，打响国家地理标志农产品品牌，形成一批特色鲜明的现代农业基地，从而构筑起产业化的现代农业体系，共同助力当地农业壮大增强，构建"一村一品、一镇一韵"的发展新格局。要通过产业链延伸、价值链提升和利益链完善，让农民能够以股份分红、利润返还等多种形式享受到现代农业发展带来的增值收益，提升参与性和种粮积极性。要加快农业基础设施建设，让市场发挥决定性作用，政府起到宏观调控的作用，持续推进农产品产前、产中和产后的服务平台建设，提升农村现代化商品流通能力，促进农村电商发展。要在已有

高标准农田建设的基础上继续优化提高,坚决把控好粮食安全这条发展底线,严格保护耕地,防止向非粮化发展。[①]

二、加强环境综合治理,建设更加生态宜居的美丽乡村

美丽乡村只有生态宜居才能体现出其内在核心美,实施乡村振兴战略,绝不允许突破农村生态环境保护的底线,以牺牲乡村生态景观为代价换取经济的短期发展。未来在美丽乡村建设中,要进一步将"建设生态宜居乡村"的传统思维向"管护美丽宜居村庄"的方向转变。要在坚持乡村经济绿色引领、融合发展的同时,牢固树立生态文明理念,实现农村居民在生产生活及思维观念上的改变,引领文明新风的树立,既要"绿水青山",也要"金山银山"。要通过积极实施乡村建设行动,科学合理规划村庄布局,保存好传统村落原有的村容村貌,因地制宜高品质打造宜居宜业宜游的美丽乡村建设集群和特色小镇群,让更多的利于环境保护的优质项目落地乡村。要加强专业化人才培养,推动乡村文明建设和居民素质提升,强化党建统领、乡贤带动、家风传承、村规民约等在美丽乡村建设中的积极作用,强化村民参与美丽乡村建设的集体荣誉感和主人翁意识,共同助力乡村生态保护、乡风文明培育。通过改进和提升乡村治理方式和能力,重视和发挥农民自治组织作用,形成一批具有道德约束力的村规民约,促进乡村风景更美丽、风情更淳厚、经济更提高,助力美丽乡村建设发展。

三、补齐基础设施短板,加快乡村后备人才队伍的建设

相对于城市完备的基础设施建设水平来说,乡村发展相对滞后,这是一个不争的事实。因此加快补齐基础设施短板是当前乡村建设的重点工作,要坚持以规划为主、综合布局,提升资金使用水平,既要把重心放在道路交通、水利电力、网络通信等硬件设施条件的完善上,更要注重乡村教育、医疗保障、文化体育等其他公共服务的软件设施提升,着力为乡村公共产品供给增量提质,加快城乡一体化深度融合步伐[②]。在乡村基础设施建成后,更要建立起有效的后续监管维护机制,绝不能因为建设前期有上级验收检查便安排专人管护,等到建完后却"无人问津"。而这些体制机制的建立,既需要上级政府部门制定完善且严格的奖惩制度,定期开展美丽乡村"回头看",加强财政补贴,弥补村级管护资金缺口,也需要村级层面成立一支专业化管护队伍,增强村民保护环境

---

① 韩喜平,孙贺.美丽乡村建设的定位、误区及推进思路[J].经济纵横,2016(01):87-90.
② 黄渊基,徐美,郑毅.基于层次分析法的集中连片特困地区旅游扶贫效果评估与分析:以湖南省武陵山片区为例[J].邵阳学院学报(社会科学版),2019(01):52-60.

和村内设施的自觉性。同时要加快乡村后备人才队伍建设，推动更多知农爱农的人才下乡支农强农，将更多科技转化成果运用到田间地头，保障扎根乡村建设的人才既住得下又住得稳，从而为乡村培养一批有才能的人、能够起带头引领作用的人及一支年轻且有责任的村委班子后备队伍，激励更多有理想、有见识的青年返乡下乡和就业创业。要建立人才引进专业库，加强后期管理服务，既让他们引得进，也让他们留得下，为人尽其才创造更大的舞台和更多的机会。

四、建立利于农民参与的受益机制，促进可持续的农民增收

一个乡村美不美，生活在其中的农民最有说服力，只有农民致富了，生活水平提高了，美丽乡村建设才有落地基础，乡村振兴才有实现可能。而促进可持续的农民增收，关键在于建立利于农民参与的受益机制。要进一步明确政府、农户和新型农业经营主体等的多方利益联结机制，通过采取有效、有力措施使其关系更加紧密，既确保农民持续稳定增收致富，也让新型农业经营主体具备继续扩大生产经营的实力，合理拓展其利润空间，同时也能进一步提升政府的政务服务效能，减轻重复投入建设的财政压力。因此要尽可能避免走以往单纯送钱送物到户的老路，要抓紧培育一批农民合作社、农业合作组织和专业化服务平台，着力提升小农户在产业链条中的组织化发展程度，依靠各种市场手段鼓励新型经营主体扩大产业化经营，让发展的效益真正落实到户到人，实现抱团取暖、共同发展。政府要通过购买服务、以奖代补等不同调控手段，完善农业社会化服务体系，建立防范农业风险基金，实现前、中、后全流程、个性化的生产服务保障，壮大龙头企业、农民合作社和家庭农场的发展潜力和风险抵御能力，有序推动农地经营权流转，有效盘活农村闲置资源，有力拓宽农民增收门道。

五、建立科学合理的绩效评价体系，提高基层管理服务水平

俗话说"没有规矩，不成方圆"，美丽乡村建设也是同理。合理规划是建好的前提，高质量推进是建成的基础，科学考评是实现可持续管护的必然要求。因此可持续深化美丽乡村建设成果，就应当要合理遵循评价标准，科学监督与管理，加强规划先行、村民参与。衡量美丽乡村建设工作究竟做得好不好，就要看那里的环境有没有改善，乡风是否文明，群众生活能否富裕，而这些指标的评价都需要以一套科学标准作为依托，通过这样做才能使美丽乡村的建设者和管理者们树立目标、明确动力、把握准绳[①]。因此，

---

① 毛锦凰.乡村振兴评价指标体系构建方法的改进及其实证研究［J］.兰州大学学报（社会科学版），2021，49（03）：47-58.

要科学合理地对美丽乡村建设成效进行绩效考核评估，尊重客观实际，依照衡量指标，广泛征求民意，引领美丽乡村建设朝着"产业美、环境美、风尚美、布局美、生活美"的方向不断前进。要注重指标的通用性，评价时既不掺杂个人主观感情，也要因地制宜考虑不同发展阶段的地区差异，客观考量各阶段建设成果，发现问题，评析不足，进而才能提出有针对性的改进建议，制定接下来的工作任务，让有限的资金资源有效提升美丽乡村建设水平。要深化基层群众自治，提高服务管理水平，下沉社会治理重心，发挥多方共治的合力作用，不断提升农民群众对乡村建设的满意度。

附录一

美丽乡村建设水平评价指标专家咨询表

尊敬的专家：

您好！本次咨询主要是为确定美丽乡村建设水平评价指标的比重，以下指标被认为可能与美丽乡村建设相关。请您依据"非常重要、重要、一般重要、不重要、非常不重要"5个等级，对各指标的重要程度进行打分，其中重要程度的对应分值分别为9、7、5、3、1。感谢您在百忙之中提供宝贵数据。祝您工作顺利！身体安康！

评价指标	重要程度（对应分值）				
B1 产业美	□9	□7	□5	□3	□1
B2 环境美	□9	□7	□5	□3	□1
B3 风尚美	□9	□7	□5	□3	□1
B4 布局美	□9	□7	□5	□3	□1
B5 生活美	□9	□7	□5	□3	□1
C1 二三产业增加值占GDP比重（%）	□9	□7	□5	□3	□1
C2 农业产值占农林牧渔总产值比重（%）	□9	□7	□5	□3	□1
C3 城镇化率（%）	□9	□7	□5	□3	□1
C4 集体经济薄弱村比例（%）	□9	□7	□5	□3	□1
C5 特色产业村覆盖率（%）	□9	□7	□5	□3	□1
C6 村庄主干道道路硬化率（%）	□9	□7	□5	□3	□1
C7 户用卫生厕所普及率（%）	□9	□7	□5	□3	□1
C8 生产生活垃圾和污水无害化处理率（%）	□9	□7	□5	□3	□1
C9 农村居民安全饮用水普及率（%）	□9	□7	□5	□3	□1
C10 村容村貌长效管护满意率（%）	□9	□7	□5	□3	□1

续表

评价指标	重要程度（对应分值）				
C11 农村居民对人居环境状况满意度（%）	☐9	☐7	☐5	☐3	☐1
C12 农村居民文教娱消费支出占总支出比（%）	☐9	☐7	☐5	☐3	☐1
C13 村级文体活动群众参与率（%）	☐9	☐7	☐5	☐3	☐1
C14 学龄儿童入学率（%）	☐9	☐7	☐5	☐3	☐1
C15 九年制义务教育普及率（%）	☐9	☐7	☐5	☐3	☐1
C16 人均公共文化体育基础设施面积（平方米）	☐9	☐7	☐5	☐3	☐1
C17 农村村委会自治达标率（%）	☐9	☐7	☐5	☐3	☐1
C18 村庄建设群众满意度（%）	☐9	☐7	☐5	☐3	☐1
C19 群众安全感指数（%）	☐9	☐7	☐5	☐3	☐1
C20 村庄规划编制调查执行率（%）	☐9	☐7	☐5	☐3	☐1
C21 基础设施完善度（%）	☐9	☐7	☐5	☐3	☐1
C22 有线电视入户率（%）	☐9	☐7	☐5	☐3	☐1
C23 行政村汽车通达率（%）	☐9	☐7	☐5	☐3	☐1
C24 基本医疗保险及社会保障参保率（%）	☐9	☐7	☐5	☐3	☐1
C25 网络通信覆盖率（%）	☐9	☐7	☐5	☐3	☐1
C26 非农产业劳动力调查就业率（%）	☐9	☐7	☐5	☐3	☐1
C27 农村居民人均可支配收入（年/元）	☐9	☐7	☐5	☐3	☐1

附录二

美丽乡村建设水平评价与提升策略研究调查问卷

尊敬的先生/女士：

您好！我们正在进行一项关于美丽乡村建设水平评价与提升策略研究的调查，目的是了解和掌握当前美丽乡村建设的现状及存在的主要问题，希望您能配合我们调查。本研究相关调查信息将严格保密。请您在填写时不要有任何顾虑。衷心感谢您的支持与合作！祝您生活愉快！

调查地点：_____省_____市_____县（区）_____乡（镇）_____村

（本次调查主要目的是得出相关指标值：村容村貌长效管护满意率、村级文体活动群众参与率、村庄建设群众满意度、社会治安指数等。）

访谈时间：　　　年　　　月　　　日

受访者签名：

一、受访者基本情况问询（在符合您实际情况的选项下画"√"，所有选项均需填写）

S1 请问您的年龄是？

A. 16~34 岁　　　　B. 35~54 岁　　　　C. 55~70 岁　　　　D. 70 岁以上

S2 请问您的受教育程度是？

A. 大学本科及以上　　B. 中专　　　　C. 高中

D. 初中　　　　　　　E. 小学及以下

S3 请问您家的经济来源是？

A. 务农　　　　　　　B. 经商　　　　C. 打工

D. 其他_____

S4 请问您从事的行业是?

A. 农业为主　　　　　　B. 非农业　　　　　　C. 其他_____

S5 请问您经营农业的主要方式是?（非农业从业人员可不填）

A. 一般农户　　　　　　B. 种植大户　　　　　　C. 合作社

D. 农业企业　　　　　　E. 其他_____

二、问卷设置（请在符合您实际情况的选项下画"√"，所有选项均需填写）

Q1 您对本村美丽乡村建设了解程度有多少?

A. 非常了解　　　　B. 比较了解　　　　C. 一般了解　　　　D. 不了解

Q2 您对过去三年间村庄人居环境的整体满意度为?（请您按年度分别填写）

2018 年：A. 非常满意　　B. 满意　　C. 一般满意　　D. 不满意

2019 年：A. 非常满意　　B. 满意　　C. 一般满意　　D. 不满意

2020 年：A. 非常满意　　B. 满意　　C. 一般满意　　D. 不满意

Q3 您认为过去三年间村庄的村容村貌是否有人长期管理?（请您按年度分别填写）

2018 年：A. 经常有人管　　B. 有人但不经常　　C. 一般有人管　　D. 基本没人

2019 年：A. 经常有人管　　B. 有人但不经常　　C. 一般有人管　　D. 基本没人

2020 年：A. 经常有人管　　B. 有人但不经常　　C. 一般有人管　　D. 基本没人

Q4 您对过去三年间村庄的治安状况感觉如何?

2018 年：A. 非常满意　　B. 满意　　C. 一般满意　　D. 不满意

2019 年：A. 非常满意　　B. 满意　　C. 一般满意　　D. 不满意

2020 年：A. 非常满意　　B. 满意　　C. 一般满意　　D. 不满意

Q5 您对过去三年村庄建设的满意度为?

2018 年：A. 非常满意　　B. 满意　　C. 一般满意　　D. 不满意

2019 年：A. 非常满意　　B. 满意　　C. 一般满意　　D. 不满意

2020 年：A. 非常满意　　B. 满意　　C. 一般满意　　D. 不满意

Q6 过去三年间，村级文体活动您是否经常性参加?

2018 年：A. 经常　　B. 偶尔　　C. 很少　　D. 基本不去

2019 年：A. 经常　　B. 偶尔　　C. 很少　　D. 基本不去

2020 年：A. 经常　　B. 偶尔　　C. 很少　　D. 基本不去

Q7 您认为过去三年村庄发生的最大变化是什么?

A. 环境变美了　　　　　B. 收入提高了　　　　　C. 设施完善了

D. 生活便利了　　　　　E、村上民主了　　　　　F. 其他

Q8 您对村庄现状最不满意的地方是什么?

A. 规划需提升　　　　　B. 乡风需改善　　　　　C. 治理有欠缺

D. 产业不兴旺　　　　　E. 社会力量参与不够　　F. 其他

附录三

美丽乡村建设水平评价的部分指标说明

（1）二三产业增加值占GDP比重：指第二产业、第三产业实现的增加值之和在全部地区生产总值中所占的比重。二、三产业占比越大，说明从事农业生产的人就越少，从非农活动中获得的收入就越多。计算方式为：（第二产业增加值＋第三产业增加值）÷地区生产总值（GDP）×100%。

（2）农业产值占农林牧渔总产值的比重：指一年中农业的总收益占农林牧渔总收益的比重。比重越小，说明从林业、畜牧业、渔业等其他相关产业获取收入的人越多，农村产业结构越均衡。相关数据一般可参考相关统计年鉴和公报。

（3）城镇化率：指一个地区城镇常住人口占该地区常住总人口的比例。相关数据一般可在政府工作报告或国民经济和社会发展统计公报中查找。

（4）集体经济薄弱村比例：指一个地区集体经济相对薄弱的村庄占所有行政村的比重，是衡量当地村庄建设和发展水平的一项重要指标。一般数据可在政府工作报告或相关政府部门网站中查找。

（5）特色产业村覆盖率：指一个地区建设有一个以上特色产业的村庄占所有行政村的比重，是衡量当地村庄产业发展水平的一项重要指标。一般数据可在政府工作报告或相关政府部门网站中查找。

（6）村庄主干道道路硬化率：指一个地区所有行政村主干道路面中已硬化面积与总面积之比，是衡量当地村庄基础设施建设水平的一项重要指标。一般数据可在政府工作报告或相关政府部门网站中查找。

（7）户用卫生厕所普及率：指一个地区使用卫生厕所的农户数与农户总户数的比率，是衡量当地生态环境状况的一项重要指标。一般数据可在政府工作报告中查找。

（8）生产生活垃圾和污水无害化处理率：是指一个地区无害化处理的农村生产生活

垃圾和污水数量占垃圾和污水产生总量的百分比，是衡量当地生态环境状况的一项重要指标。一般数据可在相关统计年鉴中直接查找。

（9）农村居民安全饮用水普及率：指一个地区接通安全饮用自来水的村庄占所有行政村的比重，是衡量当地农村基础设施建设状况的一项重要指标。一般数据可在相关统计年鉴中直接查找。

（10）村容村貌长效管护满意率：该指标主要通过实地调查来获得计算基数，用接受调查的群众对村容村貌长效管护认为满意的人数占总调查人数的比例来得到，是村民对村容村貌长效管护满意程度的一项认知指标。

（11）农村居民对人居环境状况满意度：该指标主要通过实地调查来获得计算基数，用接受调查的群众对村庄人居环境状况认为满意的人数占总调查人数的比例来得到，是村民对人居环境状况满意程度的一项认知指标。

（12）农村居民文教娱消费支出占总支出比重：指一个地区的农民用于教育、文化、娱乐等方面的消费支出占生活总支出的比重，是衡量当地农村居民精神文化与乡风文明状况的一项重要指标。一般数据可在相关统计年鉴中直接查找。

（13）村级文体活动群众参与率：该指标主要通过实地调查来获得计算基数，用接受调查的群众积极参与村级文体活动的人数占总调查人数的比例来得到，是反映精神文化与乡风文明状况的一项认知指标。

（14）学龄儿童入学率、九年制义务教育普及率：是衡量一个地区乡村受教育水平和文化发展状况的硬性指标。一般数据可在政府工作报告或相关政府部门网站中查找。

（15）人均公共文化体育基础设施面积：指村域内公共文化体育基础设施面积与建成区常住人口的一个比值，是衡量一个地区公共文化服务供给状况的一项重要指标。一般数据可在政府工作报告或相关政府部门网站中查找。

（16）农村村委会自治达标率：指依据《村民委员会组织法》规定，实行民主选举、民主决策、民主管理、民主监督，通过"四个民主"的实践活动，达到自我管理、自我教育、自我服务的村庄数量占该地区所有行政村的比重，是评价当地基层治理水平的一项重要指标。一般数据可在政府工作报告或相关政府部门网站中查找。

（17）村庄建设群众满意度：该指标主要通过实地调查来获得计算基数，由接受调查的群众对村庄建设状况认为满意的人数占总调查人数的比例来得到，是反映当地乡村建设水平的一项认知指标。

（18）群众安全感指数：该指标主要通过实地调查来获得计算基数，由接受调查的群众对当地社会治安管理认为满意的人数占总调查人数的比例来得到，是村民对乡村社会治安实现程度的一项认知指标。

（19）村庄规划编制调查执行率：指一个地区已编制村庄发展规划的乡村占所有行政村的比重，是衡量"布局美"的一项重要指标。一般数据可在相关政府部门网站查找。

（20）基础设施完善度：是衡量一个地区基础设施类型是否齐备、供给水平能否满足的一项重要指标。一般数据可在政府工作报告或相关政府部门网站中查找。

（21）有线电视入户率、行政村汽车通达率、网络通信覆盖率：是衡量一个地区乡村生活水平和便利程度的重要指标。一般数据可在相关统计年鉴中查找。

（22）基本医疗保险及社会保障参保率：指一个地区在村域内参加合作医疗的人口占符合参加合作医疗人口的百分比，参保率高低可以作为衡量当地社会保障体系是否完善的一项重要指标。一般数据可在相关统计年鉴中查找。

（23）非农产业劳动力调查就业率：指一个地区从事非农业产业就业的农村劳动力占所有被调查人数的比重，是衡量当地村民就业结构丰富程度的重要指标。一般数据可在相关统计年鉴中查找。

（24）农村居民人均可支配收入：指反映居民家庭全部现金收入用于安排家庭日常生活的那部分收入，是衡量当地村民生活富裕状况和收入能力的重要指标。相关数据一般可在政府工作报告或国民经济和社会发展统计公报中查找。

附录四

2018—2023年湖南省省级美丽乡村示范创建名单

一、2018年度全省美丽乡村建设示范村

长沙市（7）：岳麓区学士街道学华村、浏阳市沙市镇东门村、宁乡市夏铎铺镇天马新村、长沙县江背镇金洲村、长沙县开慧镇开慧村、望城区乔口镇盘龙岭村、宁乡市煤炭坝镇贺家湾村

衡阳市（6）：衡阳县西渡镇梅花村、衡东县大浦镇岭茶村、衡南县栗江镇六合村、耒阳市新市镇大兴龙村、衡山县开云镇双全新村、祁东县河洲镇祥和村

株洲市（4）：攸县新市镇丁家垅村、茶陵县严塘镇湾里村、株洲县龙船镇堂市村、天元区群丰镇湘云村

湘潭市（4）：雨湖区鹤岭镇龙安村、韶山市韶山乡韶阳村、昭山示范区昭山镇玉屏村、湘乡市金石镇石坝村

邵阳市（5）：邵东县仙槎桥镇青山村、新宁县崀山镇石田村、隆回县荷香桥镇九牛坳村、武冈市辕门口街道古山村、新邵县严塘镇白水洞村

岳阳市（6）：临湘市羊楼司镇梅池村、湘阴县金龙镇燎原村、君山区许市镇金盆村、华容县三封寺镇莲花堰村、汨罗市白塘镇马厅村、岳阳楼区郭镇乡麻布村

常德市（6）：鼎城区蔡家岗镇五里溪村、安乡县大鲸港镇同庆村、临澧县四新岗镇久丰村、澧县王家厂镇双庆村、津市市药山镇药山村、汉寿县岩汪湖镇金盆岭村

张家界市（1）：永定区教字垭镇龙洞湖村

益阳市（6）：桃江县牛田镇金凤山村、南县南洲镇南洲村、大通湖区金盆镇大东口村、资阳区张家塞乡乌龙堤村、赫山区泉交河镇奎星村、安化县江南镇黄石村

郴州市（6）：北湖区华塘镇石山头村、临武县汾市镇龙归坪社区、苏仙区栖凤渡

镇瓦灶村、安仁县永乐江镇高陂村、资兴市三都镇流华湾村、永兴县油麻镇下青村

永州市（6）：双牌县麻江镇廖家村、金洞管理区金洞镇小金洞村、冷水滩区上岭桥镇仁山村、新田县枧头镇龙家大院村、道县梅花镇贵头村、江华瑶族自治县湘江乡桐冲口村

怀化市（5）：鹤城区黄岩旅游度假区管理处大坪村、新晃县鱼市镇华南村、通道县牙屯堡镇文坡村、沅陵县官庄镇界亭驿村、溆浦县桥江镇黄潭村

娄底市（4）：新化县吉庆镇油溪桥村、娄星区石井镇水口村、冷水江市铎山镇岩口村、新化县奉家镇下团村

湘西自治州（4）：花垣县双龙镇十八洞村、泸溪县浦市镇都歧村、龙山县里耶镇岩冲村、凤凰县腊尔山镇夯卡村

二、2019年度全省美丽乡村建设示范村

长沙市（7）：长沙县春华镇春华山村、浏阳市中和镇苍坊村、宁乡市大成桥镇鹊山村、浏阳市葛家镇金源村、岳麓区含浦街道含泰社区、望城区靖港镇新峰村、望城区铜官街道中山村

衡阳市（6）：衡南县泉溪镇喇叭堰村、衡阳县库宗桥镇华山村、衡东县白莲镇白莲村、祁东县鸟江镇金槐村、常宁市罗桥镇庙山村、耒阳市新市镇渠塘村

株洲市（6）：天元区雷打石镇先锋村、渌口区朱亭镇浦湾村、荷塘区仙庾镇樟霞村、攸县宁家坪镇自力村、茶陵县高陇镇龙匣村、醴陵市船湾镇清水江村

湘潭市（4）：湘乡市东郊乡浒洲村、雨湖区姜畲镇易建河村、岳塘区荷塘街道荷塘村、湘潭经开区响水乡鹤岭村

邵阳市（5）：北塔区陈家桥乡李子塘村、大祥区城南街道办事处台上村、双清区渡头桥镇两塘村、邵阳县五峰铺镇新田村、绥宁县乐安铺苗族侗族乡大团村

岳阳市（7）：屈原管理区营田镇三洲村、云溪区云溪街道八一村、汨罗市屈子祠镇伏林村、岳阳县黄沙街镇三和村、湘阴县鹤龙湖镇新河村、君山区广兴洲镇沿江村、平江县安定镇横冲村

常德市（7）：鼎城区草坪镇三角堆村、桃源县热市镇龙家嘴村、桃花源旅游管理区桃花源镇汤家山村、西洞庭管理区祝丰镇毡帽湖村、临澧县佘市桥镇蒋家村、津市市毛里湖镇樟树村、汉寿县毛家滩回维乡马涧村

张家界市（2）：武陵源区协合乡龙尾巴村、慈利县阳和乡杨家坪村

益阳市（4）：资阳区新桥河镇八一村、赫山区笔架山乡笔架山村、桃江县埻回族

乡军功嘴村、南县南洲镇南山村

郴州市（5）：北湖区华塘镇吴山村、苏仙区许家洞镇兰王庙村、临武县西山瑶族乡谷富塘村、资兴市黄草镇前程村、汝城县暖水镇广泉村

永州市（6）：零陵区富家桥镇高贤村、新田县陶岭镇周家村、双牌县麻江镇白水岭村、道县寿雁镇水源头村、冷水滩区蔡市镇邓家铺村、祁阳县文明铺镇新塘角村

怀化市（4）：芷江县三道坑镇五郎溪村、中方县泸阳镇下坪村、鹤城区黄岩旅游度假文管理处白马村、洪江市黔城镇长坡村

娄底市（1）：娄星区万宝镇石塘村

湘西自治州（3）：泸溪县浦市镇浦溪村、花垣县双龙镇岩锣村、永顺县高坪乡场坪村

三、2020年度全省美丽乡村建设示范村

长沙市（11）：岳麓区雨敞坪镇泉水湖村、望城区桥驿镇白石村、望城区茶亭镇苏蓼村、长沙县福临镇孙家桥村、长沙县安沙镇油铺村、宁乡市煤炭坝镇东山村、宁乡市花明楼镇杨林桥村、宁乡市双江口镇槎梓桥村、浏阳市淳口镇狮岩村、浏阳市北盛镇边洲村、浏阳市文家市镇新发村

衡阳市（10）：珠晖区东阳渡街道新龙村、石鼓区黄沙湾街道灵官庙村、蒸湘区雨母山镇新竹村、南岳区南岳镇荆田村、衡阳县西渡镇新桥村、衡山县开云镇山竹村、衡东县水镇仙楠村、耒阳市泗田镇集凤村、常宁市塔山乡东江村、衡南县泉湖镇红湖村

株洲市（8）：荷塘区仙庾镇蝶屏村、芦淞区白关镇卦石村、天元区三门镇株木村、渌口区金田镇官塘村、攸县丫江桥镇仙石村、茶陵县江街道诸睦村、炎陵县河渡镇长江村、醴陵市茶山镇铁河口村

湘潭市（6）：雨湖区姜畲镇白鹭湖村、湘潭市高新区板塘街道新农村、昭山示范区昭山镇红旗村、湘潭县花石镇罗汉村、湘乡市泉塘镇泉塘村、韶山市银田镇华南村

邵阳市（8）：大祥区板桥乡板桥村、邵东市两市塘街道云山村、新邵县寸石镇武桥村、隆回县虎形山瑶族乡崇木凼村、城步苗族县丹口镇桃林村、武冈市水西门街道里仁村、双清区渡头桥镇姚喆村、邵阳县塘渡口镇蔡山团村

岳阳市（9）：君山区钱粮湖镇牛奶湖村、岳阳市经开区西塘镇西塘社区、岳阳县新开镇龙湾村、华容县操军镇湖城村、湘阴县六塘乡文丰源村、汨罗市汨罗镇瞭家山社区、临湘市坦渡镇万峰村、平江县加义镇丽江村、屈原管理区河市镇大湾村

常德市（10）：武陵区芦荻山乡黄爱村、鼎城区草坪镇兴隆街村、西湖管理区西洲

乡黄泥湖村、柳叶湖旅游度假区白鹤镇太阳山村、安乡县安康乡向阳村、澧县澧南镇仙峰村、桃源县市镇三里铺村、石门县秀坪园艺场鳝鱼村、津市市毛里湖镇青苗村、汉寿县沧港镇军刘村

张家界市（4）：永定区谢家垭乡高坪村、武陵源区索溪峪街道双星村、慈利县通津铺镇长峪铺村、慈利县阳和乡九澧村

益阳市（9）：资阳区长春镇先锋桥村、资阳区新桥河镇车前巷村、赫山区衡龙桥镇衡龙桥村、益阳市高新区谢林港镇北峰垸村、大通湖区河坝镇沙堡洲村、桃江县马迹塘镇龙溪村、安化县东坪镇大园村、沅江市黄茅洲镇民心村、南县南洲镇班嘴村

郴州市（8）：北湖区华塘镇茅坪村、苏仙区坳上镇坳上村、永兴县黄泥镇姜冲村、嘉禾县龙潭镇扶塘村、临武县镇南乡镇南村、安仁县金紫仙镇赤滩村、资兴市白廊镇白廊村、桂阳县正和镇极乐村

永州市（10）：零陵区石山脚街道悟山里村、冷水滩区蔡市镇零东圩村、祁阳市潘市镇龙溪村、东安县大庙口镇新溪村、双牌县上梧江乡上梧江村、道县营口街道芒头寨村、江永县潇浦镇向光村、宁远县清水桥镇刘家坪村、新田县龙泉镇潭田村、回龙圩管理区回龙圩镇回龙村

怀化市（5）：沅陵县借母溪乡借母溪村、辰溪县辰阳镇周家人村、会同县连山乡大坪村、芷江县水宽乡拾担村、麻阳县岩门镇新坪村

娄底市（4）：双峰县荷叶镇荷塘村、新化县荣华乡龙湾村、涟源市杨市镇板桥村、娄底市经开区大埠桥街道西阳村

湘西自治州（5）：吉首市马颈坳镇隘口村、花垣县麻栗场镇沙科村、龙山县茨岩塘镇甘露村、泸溪县浦市镇五果溜村、凤凰县千工坪镇胜花村

四、2021年度全省美丽乡村建设示范村

长沙市（23个）：望城区茶亭镇九峰山村、浏阳市永安镇永和村、宁乡市回龙铺镇回龙铺村、长沙县黄兴会展经济区车马村、望城区白铺镇大塘村、长沙县春华镇金鼎山社区、望城区乌山街道金树村、宁乡市喻家坳乡湖溪塘村、浏阳市大瑶镇天和村、望城区桥驿镇杨桥村、浏阳市柏加镇柏铃村、宁乡市沙田乡沙田村、长沙县安沙镇新华村、浏阳市集里街道宏源村、长沙县春华镇武塘村、望城区乔口镇湛水村、宁乡市煤炭坝镇砖塘村、浏阳市永和镇永福村、宁乡市煤炭坝镇煤炭坝社区、岳麓区含浦街道九丰村、宁乡市双江口镇白玉社区、长沙县黄兴会展经济区斗塘新村、浏阳市大瑶镇枫林村

衡阳市（28个）：珠晖区茶山坳镇金甲村、衡阳县台源镇东湖寺村、雁峰区岳屏镇

山林村、衡阳县洪市镇明翰村、石鼓区角山镇旭东村、衡南县三塘镇大广村、衡南县栗江镇长坪村、衡阳县西渡镇青里村、衡东县吴集镇红坪村、衡阳县金兰镇金狮村、衡阳县岘山镇岘山村、衡东县水镇状元村、衡东县杨桥镇南冲村、珠晖区东阳渡街道光辉村、常宁市兰江乡兰江村、衡山县萱州镇堰江村、南岳区寿岳乡龙池村、衡山县白果镇楚南桥社区、衡东县蓬源镇潭江村、衡南县花桥镇麦元村、衡山县长江镇石桥铺社区、衡山县贯塘乡板仓村、衡阳县台源镇花滩村、常宁市宜阳街道塘湾村、常宁市官岭镇竹塘村、耒阳市永济镇大河边村、祁东县白鹤街道黄龙社区、衡南县宝盖镇宝盖村

株洲市（25个）：石峰区井龙街道茅太新村、陵市泗汾镇茶田村、天元区三门镇月福村、攸县网岭镇北坪村、陵市沩山镇沩山村、荷塘区仙庾镇徐家塘村、茶陵县虎踞镇水源村、渌口区龙门镇果田村、醴陵市浦口镇三铺村、炎陵县鹿原镇西草坪村、芦淞区白关镇东山村、茶陵县舲乡官溪村、攸县网岭镇槚山社区、醴陵市嘉树镇渗泉村、茶陵县腰潞镇潞理村、攸县莲塘坳镇高楼社区、口区龙潭镇龙潭村、天元区群丰镇新塘社区、醴陵市浦口镇贯古社区、攸县春联街道盘龙村、云龙示范区龙头铺街道鸡嘴山社区、炎陵县中村瑶族乡平乐村、茶陵县火田镇大龙村、绿口区古岳峰镇三旺村、炎陵县水口镇水西村

湘潭市（13个）：湘潭县茶恩寺镇茶花村、雨湖区长城乡和平村、湘潭经开区响水乡毛家村、韶山市韶山乡湘韶村、湘乡市育塅乡育塅村、湘潭县锦石乡金湖村、湘乡市龙洞镇泉湖村、韶山市韶山乡平里村、湘乡市梅桥镇梅桥村、湘潭县中路铺镇柱塘村、高新区双马街道云和村、湘潭县乌石镇乌石村、湘乡市月山镇白龙村

邵阳市（23个）：武冈市龙溪镇同心村、武冈市邓元泰镇木瓜桥村、隆回县羊古坳镇雷峰村、武冈市司马冲镇杨梅村、邵东市廉桥镇丛光村、新宁县清江桥乡桃花村、绥宁县寨市乡上堡村、洞口县高沙镇石榴村、邵东市廉桥镇太阳村、邵阳县塘田市镇对河村、城步县儒林镇兰藤村、新宁县万塘乡三江村、邵东市流泽镇两兴村、新邵县寸石镇南岳村、隆回县北山镇易洋村、隆回县六都寨镇明德村、绥宁县关峡乡插柳村、城步县儒林镇塔溪村、新邵县巨口铺镇白云铺村、邵阳县白仓镇鸟语村、隆回县金石桥镇黄金井村、大祥区板桥乡蔡家村、武冈市大甸镇立新村

岳阳市（22个）：罗市子祠镇金山村、平江县岑川镇大义村、汨罗市桃林寺镇高丰村、湘阴县东塘镇黄甲村、岳阳张谷英镇大峰村、临湘市白羊田镇八百村、君山区柳林洲街道濠河村、云溪区云溪街道双花村、华容县三封寺镇墨山铺村、临湘市长安街道荆竹山村、湘阴县静河镇湾河口社区、君山区钱粮湖镇分路口社区、岳阳县新开镇马山村、经开区康王乡长石桥村、经开区西塘镇金黄村、屈原区河市镇三和村、临湘市江南

镇鸭栏村、湘阴县洋沙湖镇名山村、岳阳楼区郭镇乡磨刀村、平江县口镇西江村、汨罗市古培镇岳峰村、平江县江镇盘石村

常德市（30个）：鼎城区谢家铺镇施家陂村、安乡县深柳镇官保社区、石门县三圣乡山羊冲村、西洞庭管理区祝丰镇彭家洲村、临澧县修梅镇赵家巷村、柳叶湖旅游度假区白鹤镇月亮社区、澧县大堰镇九旺村、鼎城区草坪镇枫林口村、汉寿县聂家桥乡武峰村、临澧县四新岗镇众胜村、石门县秀坪园艺场木山村、津市市白衣镇白衣庵社区、桃源县架桥镇马路村、临澧县烽火乡哗溪桥村、安乡县安康乡虾趴垴村、桃花源旅游管理区桃花源镇黄土坡村、澧县城头山镇詹家岗村、石门县楚江街道龙凤社区、西湖管理区西洲乡新兴村、贺家山大洲分场马龙村、汉寿县岩汪湖镇水果山村、桃源县茶庵铺镇松阳坪村、安乡县大湖口镇新兴堡村、澧县澧西街道高路铺村、安乡县黄山头镇丁福村、津市市毛里湖镇箭楼村、鼎城区谢家铺镇鹿角坪村、桃源县杨溪桥镇岩吾溪村、武陵区芦荻山乡蓼子坪村、临澧县停弦渡镇彭家河村

张家界市（7个）：武陵源区锣鼓塔街道张家界社区、慈利县东岳观镇阳凤坪村、永定区四都坪乡牧笛溪村、桑植县洪家关乡泉峪村、永定区沙堤街道氽水溪村、武陵源区天子山街道泗南峪社区、永定区大桥街道金山村

益阳市（18个）：赫山区八字哨镇高粱坪村、桃江县桃花江镇大华村、安化县羊角塘镇王家坪村、大通湖区河坝镇农丰村、南县中鱼口镇南仙村、资阳区湖口镇祁青村、沅江市新湾镇新湾村、赫山区岳家桥镇洗澡坪村、桃江县浮邱山乡浮邱山村、赫山区衡龙桥镇华林村、桃江县灰山港镇麻元坳村、安化县江南镇黄花溪村、益阳高新区谢林港镇谢林港村、赫山区欧江岔镇长东湖村、资阳区张家塞乡堤南村、南县乌嘴乡又东村、桃江县沾溪镇洋泉湾村、南县华阁镇天然港村

郴州市（28个）：北湖区保和瑶族乡月峰村、资兴市黄草镇黄草村、宜章县玉溪镇廖家湾村、嘉禾县普满乡雷家村、桂东县东洛乡下洞村、汝城县文明瑶族乡东山村、临武县汾市镇寺冲村、永兴县湘阴渡街道油塘村、苏仙区飞天山镇清江村、安仁县灵官镇古铛村、桂阳县桥市乡辉山村、资兴市州门司镇塘家湾村、宜章县天塘镇台宵村、安仁县渡口乡石冲村、汝城县泉水镇旱塘瑶族村、永兴县高亭司镇油市村、桂阳县春陵江镇社下村、北湖区华塘镇梨园村、苏仙区良田镇堆上村、资兴市汤溪镇汤边村、临武县舜峰镇禾鱼村、苏仙区飞天山镇高椅岭村、桂阳县黄沙坪街道沙坪村、桂东县寨前镇流源村、北湖区华塘镇招旅村、苏仙区许家洞镇板屋村、永兴县马田镇高仓村、宜章县关溪乡东源村

永州市（26个）：祁阳市茅竹镇三家村、东安县鹿马桥镇马坪村、冷水滩区牛角坝

镇麦子园村、零陵区朝阳街道石烟塘村、江华县大石桥乡鹧鸪塘村、宁远县九嶷山乡西湾村、道县清塘镇陈熊村、新田县中山街道黄沙溪村、蓝山县湘江源瑶族乡坪源村、宁远县湾井镇周家坝村、江永县夏层铺镇洞美村、双牌县打鼓坪乡单江村、冷水滩区花桥街镇敏村、东安县川岩乡白牙水村、零陵区黄田铺镇邓家冲村、零陵区接履桥街道马坝村、道县祥霖铺镇八家村、道县祥霖铺镇两河口村、蓝山县塔峰镇雷家岭村、双牌县茶林镇新院子村、祁阳市七里桥镇乌山冲村、金洞管理区金洞镇白泡村、江华县白芒营镇秦岩村、蓝山县毛俊镇栗江村、宁远县柏家坪镇坝子头村、江华县大圩镇宝镜村

怀化市（27个）：芷江县大树坳乡新庄村、通道县坪坦乡横岭村、沅陵县七甲坪镇大桥村、辰溪县辰阳镇锦岩村、会同县高椅乡雪峰村、溆浦县思蒙镇仁里冲村、洪江市安江镇下坪村、靖州县寨牙乡岩脚村、新晃县扶罗镇伞寨村、中方县中方镇塔灯田村、麻阳县锦和镇村子园村、洪江区横岩乡菖蒲村、鹤城区坨院街道梨头园村、通道县万佛山镇木脚村、芷江县洞下场乡红旗村、沅陵县官庄镇舒家溪村、辰溪县仙人湾瑶族乡渔业村、会同县若水镇吉巢村、中方县新建镇黑禾田村、麻阳县高村镇富田坳村、溆浦县小横垅乡治湾村、新晃县晃州镇洞坡村、靖州县渠阳镇官团村、新晃县林冲镇道丁村、洪江市黔城镇桃源村、沅陵县五强溪镇夸父山村、辰溪县潭湾镇三甲塘村

娄底市（13个）：新化县奉家镇渠江源村、冷水江市禾青镇炉竹村、娄星区杉山镇花溪村、双峰县梓门桥镇黄马洲村、双峰县荷叶镇石林村、新化县槎溪镇杨家边村、娄星区水洞底镇石脚村、涟源市桥头河镇竹则村、新化县水车镇紫鹊界村、新化县水车镇正龙村、冷水江市锋山镇槐花村、新化县琅瑭镇晚坪村、娄星区杉山镇杉山村

湘西自治州（18个）：吉首市矮寨镇德村、永顺县芙蓉镇河畔社区、凤凰县麻冲乡竹山村、保靖县碗米坡镇沙湾村、凤凰县廖家桥镇拉毫村、保靖县葫芦镇国茶村、龙山县红岩溪镇毛坝村、泸溪县武溪镇红土溪村、永顺县高坪乡高坪村、吉首市双塘街道大兴村、龙山县咱果乡脉龙村、泸溪县达岚镇达岚坪社区、古丈县默戎镇翁草村、花垣县麻栗场镇新科村、古丈县默戎镇中寨村、泸溪县洗溪镇三角塘村、永顺县万坪镇上坪村、花垣县双龙镇芷耳村

五、2022年度全省美丽乡村建设示范村

长沙市（2个）：浏阳市古港镇三口村、长沙县果园镇田汉社区

衡阳市（3个）：珠晖区茶山坳镇茶兴村、南岳区南岳镇光明村、祁东县双桥镇兰古村

株洲市（2个）：茶陵县桃坑乡双元村、攸县酒埠江镇酒仙湖村

湘潭市（1个）：韶山市清溪镇长湖村

邵阳市（2个）：城步县茅坪镇金兴村、新邵县迎光乡顺水村

岳阳市（2个）：华容县禹山镇八岭村、临湘市白羊田镇合盘村

常德市（3个）：澧县梦溪镇五福村、临澧县刻木山乡黄鳌村、鼎城区谢家铺镇向家巷村

张家界市（2个）：永定区新桥镇老木峪村、武陵源区索溪峪街道双文村

益阳市（2个）：安化县小淹镇肖家村、桃江县修山镇花桥港村

郴州市（2个）：苏仙区许家洞镇钟家村、桂阳县正和镇阳山村

永州市（3个）：冷水滩区蔡市镇红卫村、零陵区梳子铺乡赶塘村、道县蚣坝镇石马神村

怀化市（2个）：沅陵县沅陵镇隆兴村、芷江县芷江镇沙湾村

娄底市（2个）：涟源市湄江镇朱岩社区、新化县水车镇锡溪村

湘西自治州（2个）：保靖县碗米坡镇柳树坪村、吉首市马颈坳镇椰木村

六、2023年度全省美丽乡村建设示范村

长沙市（4个）：长沙县安沙镇和平村、浏阳市沿溪镇大光圆村、宁乡市东湖塘镇陶家湾村、宁乡市资福镇合星村

衡阳市（4个）：蒸湘区雨母山镇群益村、衡南县茶市镇粮塘村、常宁市大堡乡乔木村、耒阳市永济镇大众村

株洲市（1个）：渌口区朱亭镇朱亭村

湘潭市（3个）：雨湖区鹤岭镇长安村、湘潭县锦石乡文佳村、经开区响水乡红星村

邵阳市（4个）：双清区火车站乡杨柳村、邵东市仙槎桥镇千子村、隆回县虎形山瑶族乡白水洞村、绥宁县关峡苗族乡花园阁村

岳阳市（4个）：汨罗市桃林寺镇三新村、平江县三市镇高和村、湘阴县六塘乡旭日村、岳阳县张谷英镇莲花湖村

常德市（5个）：西洞庭管理区祝丰镇紫湾村、桃花源旅游管理区桃花源镇白鳞洲村、津市市新洲镇庹家峪村、安乡县安丰乡永槐垸村、澧县澧西街道向阳社区

张家界市（3个）：永定区天门山镇塘家村、武陵源区中湖乡檀木岗村、桑植县竹叶坪乡浸峪村

益阳市（4个）：资阳区张家塞乡富民村、赫山区衡龙桥镇高家桥村、大通湖区千

山红镇大莲湖村、沅江市四季红镇阳雀洪村

  郴州市（4个）：北湖区华塘镇同和村、苏仙区许家洞镇温泉村、资兴市回龙山瑶族乡二峰村、宜章县莽山瑶族乡西岭村

  永州市（4个）：宁远县中和镇坦坝村、江永县桃川镇邑口村、新田县三井镇谈文溪村、双牌县上梧江瑶族乡盘家村

  怀化市（4个）：沅陵县杜家坪乡松溪村、麻阳县高村镇洲上村、洪江市龙船塘乡翁朗溪村、会同县堡子镇黄旗村

  娄底市（4个）：娄星区万宝镇槐柳村、涟源市三甲乡新玉峰村、冷水江市金竹山镇麻溪村、新化县吉庆镇张家岭村

  湘西自治州（2个）：花垣县石栏镇朋岩村、永顺县高坪乡西米村

附录五

湖南省美丽乡村建设指南

前 言

本文件按照 GB/T1.1—2020《标准化工作导则第 1 部分：标准化文件的结构和起草规则》的规定起草。

请注意本文件的某些内容可能涉及专利。本文件的发布机构不承担识别专利的责任。

本文件由湖南省农业农村厅提出。

本文件由湖南省农业标准化技术委员会归口。

本文件起草单位：湖南农业大学、湖南省农业农村厅、湖南省美丽乡村建设研究会、湖南工商大学、中国科学院亚热带农业生态研究所、湖南省农业科学院园艺研究所、中南林业科技大学、湖南正智标准咨询有限公司。

本文件主要起草人：邹冬生、梁先明、黄昕、李锋、唐鹏、谢宜章、李胜、唐贤巩、刘大社、罗丽仁、谢永宏、李卫东、钟永德、王唐攀、何丽波、高志强、刘浩然。

引 言

湖南美丽乡村建设指南，在全面遵循 GB/T 32000—2015《美丽乡村建设指南》原则要求的基础上，结合湖南"三高四新"战略和高质量发展需求，注重普适性与先进性、指导性与操作性、保基本与促提升、抓共性与显特色有机结合，全面提升湖南省美丽乡村建设水平，精准助力湖南省乡村振兴战略落地，着力将新时代湖南农村建设成为宜居、宜业、宜游的富饶、美丽、幸福新乡村。

1 范围

本文件提供了湖南省美丽乡村建设的指导，包含了规划美、产业美、环境美、风尚美、治理美和生活美"六美"建设要求。

本文件适用于单个行政村或多个自然村共同构成的自然地理单元美丽乡村建设。

2 规范性引用文件

下列文件中的内容通过文中的规范性引用而构成本文件必不可少的条款。其中，注日期的引用文件，仅该日期对应的版本适用于本文件；不注日期的引用文件，其最新版本（包括所有的修改单）适用于本文件。

GB 3095 环境空气质量标准

GB 3838 地表水环境质量标准

GB 5768 道路交通标志和标线

GB 7959 粪便无害化卫生要求

GB/T 8321（所有部分）农药合理使用准则

GB/T 14848 地下水质量标准

GB 15618 土壤环境质量农用地土壤污染风险管控标准

GB 18596 畜禽养殖业污染物排放标准

GB/T 18973 旅游厕所质量等级的划分与评定

GB 36600 土壤环境质量建设用地土壤污染风险管控标准

GB 50039 农村防火规范

GB 50201 防洪标准

GB 50288 灌溉与排水工程设计标准

GB 50445 村庄整治技术规范

DL 493 农村低压安全用电规程

NY/T 496 肥料合理使用准则通则

DB 43/T 876（所有部分）高标准农田建设

DB 43/ 1665 农村生活污水处理设施水污染物排放标准

DB 43/ 1752 水产养殖尾水污染物排放标准

DBJ 43/T 517 湖南省农村生活垃圾处理技术标准

3 术语和定义

下列术语和定义适用于本文件。

3.1 美丽乡村 beautiful village

经济、政治、文化、社会和生态文明建设"五位一体",集中体现规划美、产业美、环境美、风尚美、治理美和生活美"六美"的可持续发展乡村(包括单个行政村和多个自然村共同构成的自然地理单元)。

4 总则

4.1 科学规划

坚持基于当地资源禀赋和现有发展基础,准确定位、多规合一,在完成生态保护红线、永久基本农田、城镇开发边界三条控制线划定的基础上,合理布局、循序推进。

4.2 注重质量

坚持紧扣规划美、产业美、环境美、风尚美、治理美、生活美"六美"落地,统筹分解建设任务、明确建设标准,严把建设质量关。

4.3 从容建设

坚持聚焦阶段任务,找准突破口,排出优先序,一件事情接着一件事情办,一年接着一年干,久久为功,积小胜为大成。

4.4 多方合力

坚持政府引导、村民主体、社会参与,集成政策、资源、资本等要素共同发力。

5 规划美

5.1 规划原则

5.1.1 因地制宜

基于国土空间规划体系构建背景下,依据湖南省村庄功能分类引导,贯彻城乡融合和以城带乡的发展宗旨,深入挖掘不同乡村所特有的资源环境禀赋及地域风貌特征,强化美丽乡村建设行动,彰显和传承乡村内涵,因地制宜地编制具有建设指导意义的实用性乡村规划。

5.1.2 布局合理

规划宜符合上位国土空间规划,落实国土空间规划管控要求,科学区分生产生活区域,做到功能布局合理。

5.1.3 突出特色

在村域内具有可识别的自然山水环境或历史文化资源特征，可传承和彰显乡村特有的民居风貌、农业景观、森林景观、乡土文化等。

5.1.4 顺势而为

规划目标应顺应我国新时代乡村发展大势，落实湖南省乡村振兴战略和湖南省农业农村现代化规划，致力于实现农业强、农村美、农民富。

5.1.5 公众参与

做好村民调查问卷、村组讨论、集体决策等基础工作，保障村民的知情权、参与权、表达权和监督权；引导各类规划人才队伍驻村服务和乡贤能人参与村庄规划编制。

5.2 规划要求

5.2.1 规划范围

村庄规划以行政村为单元组织编制，也可以将地理空间相邻、地形地貌相近、产业结构相似、种类资源共享等连片的多个村庄合并组织编制。

5.2.2 规划内容

规划内容至少包括：基础情况分析、功能定位与发展目标、国土空间布局、耕地与生态保护红线保护、住房布局、产业发展、公共服务设施、基础设施、乡村风貌管控与引导、生态保护修复和土地综合整治、历史文化保护与自然遗迹保护、防灾避险、近期建设方案等。

5.2.3 规划效果

规划应做到实用、管用、好用，规划整体效果宜以乡村生态风貌为承载、以绿色产业与乡村文化为灵魂、以宜居乡村为主体，科学地将生产、生活和生态（三生）结成一个有机整体，在"三生"功能的融合中实现村庄的宜业、宜居、宜游。

5.3 规划流程

5.3.1 前期准备

5.3.1.1 组建村庄规划编制委员会，宜由县（市、区）级党委政府主要领导负责，相关职能部门参与。

5.3.1.2 规划编制委员会负责制订规划编制方案、落实规划编制经费、确定规划编制技术服务单位。

5.3.1.3 通过资料收集、线上或线下问卷调查、实地踏勘和访（座）谈等形式，开展相关基础调查。

5.3.2 规划编制

5.3.2.1 在基本调查的基础上，开展村域国土空间保护开发现状分析评价，重点找准村域国土空间保护开发突出问题。

5.3.2.2 在传导上位规划确定的约束性指标和衔接各专项规划与建设项目安排的基础上，落实管控要求和建设项目。

5.3.2.3 以落实规划传导为前提，综合评估评价结论，回应村民诉求与发展意愿，充分尊重调查和问卷结果，以问题为导向，确定村庄规划的各项内容。

5.3.2.4 规划宜深入实地调查，宣讲规划意图，并充分征求和吸纳当地居民的意见。规划过程中，设计人员应就不同阶段的规划成果进行宣讲及意见征集。规划完成后，应依法完成相关程序并及时公示。

5.3.3 规划审批

村庄规划需经全体村民会议或村民代表会议讨论通过，规划总平面图及其他法定内容宜在村庄显著位置公示，并由村党支部和村民委员会报上级人民政府审批后公布实施。

6 产业美

6.1 产业提质

6.1.1 绿色高效

6.1.1.1 保障国家粮食安全，对接地域性优势产业，重点发展有品牌保障的系列绿色农产品种植、养殖、加工，以及花卉苗木等园艺生产。

6.1.1.2 引导乡村产品加工业实行园区化清洁生产，无化工、印染、电镀等高污染、高能耗、高排放企业向农村转移。

6.1.2 特色开发

6.1.2.1 利用地域性特色资源或地方性历史文化要素，重点开发有原产地地理标志或融入地方历史文化元素的特色（农）产品和手工艺品。

6.1.2.2 注重保护文物古迹和优秀文化，无破坏当地历史文物或消极对待优秀文化行为。

6.1.3 新型服务

面向城市人群对美好生活的需求，重点提供乡村民宿、观光、休闲、体验、度假、研学、游学、养生、养老等目的地的多功能配套服务。

6.2 经营升级

6.2.1 新型主体

6.2.1.1 培育种养专业大户、家庭农（林）场、农民合作社和龙头企业等新型经营主体。

6.2.1.2 壮大村集体经济组织，村集体经济年收入高于本县域平均水平，财务合理收支、无不良债务。

6.2.2 "三产"融合

6.2.2.1 通过乡村多功能拓展和产业链延伸，推动第一产业、第二产业和第三产业的有效融合。

6.2.2.2 利用互联网、物联网，实行线上线下产品营销和服务供给。

6.2.3 品牌打造

6.2.3.1 参与区域性公共品牌打造，共享区域性公共品牌经营。

6.2.3.2 制定自有主导产品和主营服务标准，创造条件注册相应商标，建立自有品牌。

6.3 条件改善

6.3.1 农业

6.3.1.1 结合实际开展田园土地和水面整治和保护；基本农田得到有效保护与利用，适合高标准农田建设的重点区域，按 DB43/T 876 的要求进行规范建设；无耕地撂荒现象。

6.3.1.2 防洪、排涝和灌溉保证率等分别达到 GB50201 和 GB50288 的要求。

6.3.1.3 配备先进、适用的现代化农业生产设施和农机具。

6.3.2 加工业

依法、规范、有序建设厂房和配套生产设施，"三废"处理设施齐备，运行效果好。

6.3.3 服务业

依法、规范、有序建设生产性、经营性用房和配套设施，无浪费资源和破坏（污染）环境现象。

7 环境美

7.1 生态优良

7.1.1 质量达标

7.1.1.1 村域内生态环境中的空气质量达到 GB 3095 中与当地环境功能区相对应的

要求。

7.1.1.2 村域内生态环境中的土壤质量达到 GB 15618 和 GB 36600 中与当地环境功能区相对应的要求。

7.1.1.3 村域内主要河流、湖泊、水库等地表水体的水质和地下水的水质分别达到 GB 3838 和 GB/T 14848 的要求。

7.1.2 保护有力

7.1.2.1 严格执行生态保护红线和生态空间管控制度，无非法占地和破坏植被、野生动物资源的行为。

7.1.2.2 河长制、湖长制、林长制等管理制度落实到位，河道、沟渠等长效保洁。

7.1.2.3 对村域山水林田湖草等自然资源和生态景观进行有效保护、保育和修复。

7.1.2.4 村庄绿化宜采用本地果树林木花草品种，兼顾生态、经济和景观效果，与当地的地形地貌相协调。

7.2 设施齐备

7.2.1 路桥交通

7.2.1.1 结合地形地貌、山体、水系等自然环境条件，科学布局村域道路和桥梁。

7.2.1.2 道路和桥梁建设质量达标，通建制村和 25 户及 100 人以上自然村的道路硬化率 100%，基本实现域内外道路交通互联互通。

7.2.1.3 村域内通村道路和游道两旁利用本土植物绿化美化。

7.2.1.4 道路交通标志和标线符合 GB 5768 要求。

7.2.2 水电网络

7.2.2.1 村域用水、用电、用气和信息通信的"管线网"应达标建设，布局有序。

7.2.2.2 通村道路和公共场所合理配置照明路灯，宜使用节能灯具。

7.2.2.3 村域内饮用水达到《农村饮用水安全卫生评价指标体系》基本安全档次的覆盖率 100%。

7.2.2.4 电线杆和管线排列应整齐、安全、美观。

7.2.2.5 建立村级信息服务平台。

7.2.3 附属配套

7.2.3.1 建有占地面积适度、环境适宜、户内户外结合的村级综合服务场所，具备村民集会、集市、休闲等功能场所。

7.2.3.2 集中居住地常住人口 600 人及以上的建制村及自然村建有公共厕所，村域内户用卫生厕所普及率达 100%。新建、改建、扩建公共厕所符合《湖南省农村厕所建设技术导则》（2020）的要求，旅游村或景区旅游厕所达到 GB/T 18973 质量等级要求。

7.2.3.3　因地制宜设置村庄游览路线、游步道和导向标牌系统。

7.3　村容管控

7.3.1　住宅建筑

7.3.1.1　村庄新建、改建、扩建住宅活动按照《湖南省农村住房建设管理办法》和当地农村建房管理相关规定执行，且均办理宅基地和村庄规划建设审批手续。

7.3.1.2　落实农村建房"一户一宅"和"建新拆旧"政策，结合村容村貌整治和产业发展，依法开展危房及违规建筑整治，集中清理村庄乱堆乱放。

7.3.1.3　建筑风格符合地方政府规划导引要求，体现乡村特色，能较好地与当地历史文化和地域风格相呼应。

7.3.2　环境整治

7.3.2.1　村庄整治应符合 GB 50445 的要求，突出村容村貌和山水林田湖草综合整治，村庄标志性建筑和景观得到有效保护和修复。

7.3.2.2　落实"门前三包"制度，保持房前屋后和室内整洁与舒适。

7.3.2.3　宣传栏、广告牌、店招等设置规范，无违章占道、占用红线和车辆乱停乱放等现象。

7.3.2.4　村域内无散落或堆存垃圾及柴草不乱堆现象，清扫保洁全覆盖，垃圾清运及时，且无露天焚烧垃圾和秸秆的现象。

7.3.2.5　村域内村民主要集聚区及其外延伸 500 米区域，按《农村黑臭水体治理工作指南（试行）》消除黑臭水体。

7.3.2.6　建立并实施公共卫生保洁、园林绿化养护、基础设施维护等管护机制，配备与村级人口相适应的管护人员，做到每个自然村落有专人管护。

7.3.3　污染防控

7.3.3.1　实施测土配方施肥，肥料施用符合 NY/T496 的要求。推进病虫害统防统治和绿色防控，农药施用符合 GB/T 8321 的要求。肥料、农药包装等农业投入废弃物得到无害化处理。

7.3.3.2　建立作物秸秆综合利用处置体系，提升作物秸秆综合利用效能。

7.3.3.3　畜禽集中圈养，畜禽养殖场（小区）污染物排放应符合 GB 18596 要求，全面推广畜禽粪污资源化利用，不发生畜禽环境污染事件。水产养殖废水按 DB 43/1752 要求达标排放。

7.3.3.4　村域内工业企业的废水、废气、噪声、固体废物等污染物达标排放，工业污染源达标排放率 100%。

7.3.3.5 建立生活垃圾分类收运处置体系，生活垃圾处理应符合 DBJ 43/T 517 要求。

7.3.3.6 厕所实行网格化管理，三格式化粪池管护到位，并按 GB 7959 要求进行粪便无害化处理。

7.3.3.7 农村生活污水应实行雨污分流，因地制宜采取分散或集中相结合的方式，建立农村生活污水处理系统并定期维护，处理设施水污染物按 DB 43/ 1665 要求达标排放。生活污水处理覆盖农户的比例不低于 60%，农村黑臭水体治理率 100%。

8 风尚美

8.1 崇尚美德

8.1.1 家国情怀

8.1.1.1 培育和践行社会主义核心价值观，深入推进文明村镇创建活动，开展爱国主义、集体主义、社会主义教育、民族团结进步教育。

8.1.1.2 以村民喜闻乐见的方式，深入开展习近平新时代中国特色社会主义思想学习教育。

8.1.1.3 抵制封建迷信活动、非法宗教活动，普及科学技术、卫生健康、生态文明、公共安全、文明礼仪、依法办事等知识。

8.1.1.4 制定、完善新村规民约，积极倡导勤劳致富、邻里和睦、尊老爱幼等优良传统。

8.1.2 移风易俗

8.1.2.1 倡导"婚事新办、丧事简办、其他廉办"新风，遏制大操大办、厚葬薄养、天价彩礼、人情攀比等陈规陋习。

8.1.2.2 杜绝失信老赖、好逸恶劳、黄赌毒黑、庸俗表演等不良社会现象。

8.1.2.3 推进文明安全祭祀和绿色殡葬，村民普遍认同节地生态安葬。

8.1.3 身心健康

8.1.3.1 村民养成良好的生活习惯，村民具有健康的体魄。

8.1.3.2 崇尚人与自然、人与社会、人与人和谐相处的理念并在实际生活中努力践行。

8.1.3.3 形成珍爱生命、热爱生活、乐观大度、与人为善的健康心态，保持良好的人际关系。

8.2 文体兼修

8.2.1 文体设施

8.2.1.1 建有一个综合性文化服务中心,村民能便捷获取图书资源和数字文化资源。

8.2.1.2 建有文化宣传栏,包括阅报栏或电子阅报屏、通知栏(公示栏)、公益广告牌等,及时更新宣传内容。

8.2.1.3 建有占地面积适宜的运动场地,添置健身活动器材。

8.2.2 文体活动

8.2.2.1 设有文体管理员,组建群众性文体协会。

8.2.2.2 适时组织开展民俗文化活动、文艺演出、电影放映、体育比赛等文体活动。

8.2.3 文化保护

8.2.3.1 建立乡村传统文化与红色文化管理与保护制度,编制历史文化遗存资源清单,形成传统文化保护与传承体系。

8.2.3.2 文物古迹、古树名木、传统村落、民族村寨、传统建筑、农业遗迹、农耕文化遗产等得到科学有效保护。

8.2.3.3 注重优秀传统乡土文化的挖掘、传承与创新。

8.3 率先垂范

8.3.1 党员带头

8.3.1.1 建立健全党员联系群众、为民办实事公开承诺制度,组织党员致富能手结对帮扶群众。

8.3.1.2 发挥党员模范带头作用。

8.3.2 典型引路

8.3.2.1 树立"新乡贤",发挥能人作用,吸纳社会资源共创美好家园。

8.3.2.2 树立"好人物",引导村民孝老爱亲行为风范。

8.3.2.3 树立"示范户",引导乡村新时代家风、乡风建设。

8.3.3 志愿服务

8.3.3.1 重视志愿服务组织的外引内培,成立党员志愿服务队伍、巾帼志愿服务队伍等志愿者服务组织。

8.3.3.2 围绕乡村公益需求,制订志愿者奖励激励计划。

8.3.3.3 依托新时代文明实践中心、所、站,广泛开展"雷锋家乡学雷锋"志愿服务活动，形成"有时间做志愿者、挤时间当志愿者、有困难找志愿者"的乡村志愿服务氛围。

9 治理美

9.1 组织有力

9.1.1 村党组织

9.1.1.1 组织健全，管理规范，担当作为。

9.1.1.2 党组织战斗堡垒作用和党员先锋模范作用充分发挥。

9.1.2 村民委员会

9.1.2.1 组织健全、管理规范，组织力和协调力强。

9.1.2.2 能及时了解和处理村民问题。

9.1.2.3 稳步提高村级公共服务网格化、精准化、信息化水平，主动为村民提供便利服务。

9.1.3 村务监督委员会

9.1.3.1 主动对监督事项进行全程监督，及时发现并纠正存在的问题，促进清廉乡村建设。

9.1.3.2 健全村级集体资金、资产、资源监督管理机制。

9.1.3.3 对发现的涉嫌贪腐谋私、侵害群众利益等违纪违法问题，及时向村党组织、乡镇党委和政府及纪检监察机关报告。

9.1.3.4 遏制村民群众身边的不正之风和腐败问题，促进乡村和谐稳定。

9.1.4 群众组织

9.1.4.1 成立爱村卫生协会，有效管理村容村貌。

9.1.4.2 成立红白理事会，树新风、除陋习。

9.1.4.3 成立文化体育协会，提升村民文明素养和推动乡村文明创建。

9.2 "三治"结合

9.2.1 村民自治

9.2.1.1 建立健全村级民主选举、民主协商、民主决策、民主管理、民主监督体系。

9.2.1.2 坚持民主集中制原则，按照"四议两公开"程序，实行民主决策。

9.2.1.3 村级权力明晰，村级事务运行规范。

9.2.2 乡村法治

9.2.2.1 每建制村宜配备法律顾问，及时为村民提供法律服务。

9.2.2.2 加强乡村法治宣传教育，开展民主法治示范村创建，形成村民学习法律、尊崇法律、依法办事、依法监督的氛围。

9.2.2.3 发挥乡村人民调解委员会和人民调解员在调处矛盾纠纷中的积极作用。

9.2.2.4 建立乡村法治档案记录。

9.2.3 乡村德治

9.2.3.1 践行社会主义核心价值观，倡导勤劳致富、邻里和睦、尊老爱幼等文明风尚。

9.2.3.2 建立新的村规民约，明确消除陋习和禁止非法宗教清单，打造清廉乡村。

9.2.3.3 健全村级道德评议体系，定期开展道德榜样评选活动。

9.3 公共安全

9.3.1 社会治安

9.3.1.1 完善治保会及群防群治组织，健全村庄社会治安管理制度，应急响应迅速有效。

9.3.1.2 重要道路、要害部位、进出村路口安装社会治安动态视频监控系统。

9.3.1.3 一村一辅警，社会治安良好，无黑恶势力，无非法宗教，乡村违法犯罪率低。

9.3.2 灾害救助

9.3.2.1 村庄有完善的村级自然灾害救助应急预案。

9.3.2.2 根据不同自然灾害类型建立相应防灾设施和避灾场所，预案响应机制健全。

9.3.2.3 按 GB 50445 的要求开展防洪及内涝整治、气象防灾减灾整治。

9.3.3 消防管理

9.3.3.1 建立专职群防群治、义务消防等队伍，消防管理制度健全，有应急响应处置能力。

9.3.3.2 消防安全管理按照 GB 50039 的要求执行。

9.3.3.3 农村用电安全应符合 DL 493 的要求。

10　生活美

10.1　安居乐业

10.1.1　家庭和睦

居住条件达到《农村住房建设技术政策（试行）》标准，家庭成员团结和气、互相关怀，家风良好。

10.1.2　收入增长

村域内成人劳动力就业充分，常住农民年收入逐年增长，年人均可支配收入达到当年全县农民人均可支配收入的中上水平。

10.2　学有所教

10.2.1　学前教育

学前教育三年毛入园率95%以上。

10.2.2　义务教育

九年义务教育目标人群覆盖率100%。

10.2.3　非义务教育

没有因家庭经济困难不能接受高中教育和大学教育的现象。

10.3　病有所医

10.3.1　村卫生室

建有一所标准化的村卫生室，且至少拥有一名合格的乡村医生。

10.3.2　医疗保险

城乡居民医疗保险参保率95%以上，其中困难群众对象医疗保险参保率100%。

10.3.3　大病救助

符合规定对象的大病医疗救助率100%。

10.4　老有所养

10.4.1　养老保险

城乡居民养老保险参保率95%。

10.4.2　养老服务

养老服务纳入村"两委"议事日程，农村互助养老服务设施完善，成立养老服务志愿者队伍，发展农村互助养老服务。

10.4.3　关爱老人

建立养老互助基金等老年人帮扶机制，没有老年人无人关爱现象。

参考文献

[1] 水利部、卫生部《农村饮用水安全卫生评价指标体系》
[2] 国家住房城乡建设部《农村住房建设技术政策（试行）》
[3] 中华人民共和国生态环境部《农村黑臭水体治理工作指南（试行）》
[4] 湖南省人民政府令第299号《湖南省农村住房建设管理办法》(2019)
[5] 湖南省农业农村厅《湖南省农村厕所建设技术导则（试行）》(2020)

附录六

湖南省美丽乡村评价规范

前　言

本文件按照 GB/T1.1—2020《标准化工作导则第 1 部分：标准化文件的结构和起草规则》的规定起草。

请注意本文件的某些内容可能涉及专利。本文件的发布机构不承担识别专利的责任。

本文件由湖南省农业农村厅提出。

本文件由湖南省农业标准化技术委员会归口。

本文件起草单位：湖南农业大学、湖南省农业农村厅、湖南省美丽乡村建设研究会、湖南工商大学、中国科学院亚热带农业生态研究所、湖南省农业科学院园艺研究所、中南林业科技大学、湖南正智标准咨询有限公司。

本文件主要起草人：邹冬生、梁先明、黄昕、李锋、唐鹏、谢宜章、李胜、唐贤巩、刘大社、罗丽仁、谢永宏、李卫东、钟永德、王唐攀、何丽波、高志强、刘浩然。

1　范围

本文件规定了湖南省美丽乡村建设的评价原则、评价内容、评价程序、计算方法。

本文件适用于湖南省美丽乡村建设的综合评价。

2　规范性引用文件

下列文件中的内容通过文中的规范性引用而构成本文件必不可少的条款。其中，注日期的引用文件，仅该日期对应的版本适用于本文件；不注日期的引用文件，其最新版本（包括所有的修改单）适用于本文件。

GB 19379 农村户厕卫生规范

DB43/T 2269—2021 湖南省美丽乡村建设指南

3 术语和定义

下列术语和定义适用于本文件。

3.1 美丽乡村 beautiful village

经济、政治、文化、社会和生态文明建设"五位一体"，集中体现规划美、产业美、环境美、风尚美、治理美和生活美"六美"的可持续发展乡村（包括单个行政村和多个自然村共同构成的自然地理单元）。

3.2 评价指标 evaluation index

反映湖南省美丽乡村建设情况的要素。

3.3 指标权重 index balance

单一指标在评价指标体系中的相对重要程度，采用数值表示。

4 评价原则

4.1 综合评价

坚持全面客观、科学公正和注重实效的综合评价原则。

4.2 指标分类

坚持定性与定量、现状与未来相结合的评价指标分类原则。

5 评价内容

5.1 基本要求

实施评价单位应根据 DB43/T 2269—2021 中的规划美、产业美、环境美、风尚美、治理美、生活美"六美"建设内容进行评价。

5.2 评价指标

5.2.1 分类

5.2.1.1 评价指标分为 6 个一级指标、31 个二级指标和 1 个加分项。

5.2.1.2 考虑到湖南省美丽乡村建设的阶段性和区域性方面的不同要求，将二级指标细分为以下两类：a）基础项：湖南省美丽乡村建设过程中应评价的指标项目；b）加强项：湖南省美丽乡村建设过程中鼓励实现的指标项目。

5.2.1.3 加分项为湖南省美丽乡村建设过程中取得重大成效的指标项目。

5.2.1.4 进行二级指标评价打分时，根据 DB43/T 2269—2021 所确定的内容，分为定量评价指标和定性指标。

5.2.2 内容和计算方法

5.2.2.1 具体评价指标内容见附录 A。

5.2.2.2 具体定量评价指标计算方法见附录 B。

6 评价程序

6.1 确定评价方式

根据需要可选择自我评价、政府主管部门评价或第三方评价。其中第三方应为独立于被评价对象和政府主管部门之外的相关组织。

6.2 组建评价小组

评价小组宜由村庄规划、村庄建设、村庄治理、环境生态和产业发展等相关领域经验丰富的人员或专家组成。

6.3 制订评价方案

评价小组应根据评价方式制订相应的评价方案。评价方案应满足如下要求：

a）应能全面覆盖参评单位美丽乡村建设内容，客观公正评价参评单位美丽乡村建设成果；

b）应重点对产业美、环境美、风尚美、治理美、群众满意度等方面进行评价，可根据 DB 43/T 2269—2021 的要求和参评单位建设现状与建设导向，适当取舍附录 A 中的评价指标；

c）应用科学方法合理确定各项评价指标的权重。权重总和为 100%，其中环境美的一级指标权重应不低于 25%，产业美的一级指标权重应不低于 20%，风尚美的一级指标权重应不低于 15%，治理美的一级指标权重应不低于 10%，加分项目的权重应不高于 5%，村民满意度权重应不低于 10%。其余一级指标的权重由评价小组在满足上述权重限定要求基础上，根据评价对象实际情况合理分配。根据参评单位实际情况，确定二级指标权重。

6.4 实施评价工作

评价工作宜按如下程序实施：

a）召开评价工作安排会议。评价小组到参评单位后，应召开由评价小组组长主持、参评单位相关人员参加的评价工作安排会。会议内容包括：

1）介绍评价小组组成人员及分工；

2）向参评单位说明评价的目的、范围、方法和程序；

3）参评单位向评价小组介绍乡村基本情况，美丽乡村建设规划、实施及美丽乡村建设自我评价的结果和存在的问题。

b）现场打分评价。评价小组采用听取汇报、查阅资料、访问座谈、材料审核、实地调查等评价方式对参评单位提供的佐证材料的真实性和有效性进行审查、打分，确认最后评价分数，提出评价意见及建议。

c）召开评价结果通报会议。向美丽乡村建设参评单位宣布评价结果，并就评价过程中发现的问题及建议向参评单位进行反馈。

7 计算方法

7.1 评价指标计算

7.1.1 指标项目评价打分

评价按附录A进行逐项打分。附录A中每个评价指标按百分制打分。打分依据为A、C两档说明，实际定位为A、B、C、D四档。介于A、C档之间为B档，低于C档为D档。打分分值确定区间为：A档取值90分~100分，B档取值76分~89分，C档取值60分~75分，D档取值40分~59分。

7.1.2 计算

将各指标得分按照评价指标中赋予的具体权重逐层加权求和，得到综合得分，计算如下：

一级指标得分 P_k 的计算见式（1）：

$$P_k = \sum_{j=1}^{n} (B_j f_j) \tag{1}$$

式中：

P_k——第 k 项一级指标得分；

B_j——第 j 项二级指标得分；

f_j——第 j 项二级指标权重。

评价指标项目总得分的计算见式（2）

$$P_{总} = \sum_{j=1}^{n} (P_k f_k) \tag{2}$$

式中：

$P_{总}$——评价指标总得分；

P_k——第 k 项一级指标得分；

f_k——第 k 项一级指标权重。

7.2 村民满意度计算

7.2.1 鼓励委托第三方调查评估机构实施村民满意度调查。要求调查问卷应设计合理，调查对象应具有代表性、能体现真实民意。村民满意度调查评价表参见附录C。

7.2.2 村民满意度调查评价得分 M 由所有调查评价得分的平均值乘以村民满意度权重。

7.3 综合评价计算

湖南美丽乡村建设评价综合得分由评价指标总得分、村民满意度得分组成，按式（3）计算。

$$Z = P_{总} + M \quad (3)$$

式中：

Z——美丽乡村建设评价综合得分；

$P_{总}$——评价指标总得分；

M——村民满意度得分。

附录 A
（规范性）
湖南省美丽乡村建设指标考核评价表

湖南省美丽乡村建设指标考核评价表见表 A.1。

表 A.1 湖南省美丽乡村建设指标考核评价表

序号	一级指标	二级指标 指标类型	二级指标 指标名称	打分档级明细 打分	打分档级明细 A	打分档级明细 C	评价方式
1	P_1 规划美	基础项	B_1 规划内容		规划内容至少包括：背景诊断，功能定位与发展目标，"三线"控制与国土空间布局，村落住房布局与整治，产业发展，公共服务与基础设施建设，乡村风貌引导与防灾避险，历史文化与自然遗产保护，生态环境修复与整治，近期建设方案等	规划内容缺失不多于3项（含3项）	听取汇报、查阅资料
2	P_1 规划美	基础项	B_2 规划编制		严格遵循规划原则，实行多规合一，充分体现村庄特色；规划编制过程中完全做到村民参与和民主决策	遵循规划原则，实行多规合一，充分体现村庄特色；规划编制过程中基本做到村民参与和民主决策	实地调查、听取汇报、开座谈会
3	P_1 规划美	加强项	B_3 规划落实		坚持规划引领，生态保护红线、永久基本农田和村域开发边界"三线"控制完全到位；落实"户有所居"要求；风貌管控有序，严控乱搭乱建；房屋外观整洁，体现村庄特色	生态保护红线、永久基本农田和村域开发边界"三线"控制基本到位；逐步规范建房，落实"户有所居"要求；风貌管控基本有序，无乱搭乱建，房屋外观整洁	听取汇报、查阅资料、实地调查
4	P_2 产业美	基础项	B_4 绿色生产		在保障国家粮食安全的前提下，完全做到对接地域性优势产业，重点发展有品牌保障的系列绿色农产品种植、养殖、加工，观赏园艺种苗、苗木种植	在保障国家粮食安全的前提下，基本做到发展有品牌保障的系列绿色农产品种植、养殖、加工，观赏园艺种苗、苗木种植	实地调查、查阅资料、听取汇报
5	P_2 产业美	基础项	B_5 新兴产业		开发新的特色（农）产品和手工艺品有成效；规范地提供乡村民宿、观光、休闲、体验、度假、游学、养生、养老目的地的多功能配套服务	开发新的特色（农）产品和手工艺品；提供乡村民宿、观光、休闲、体验、度假、游学、养生、养老目的地的多功能配套服务	实地调查、查阅资料、听取汇报
6	P_2 产业美		B_6 经营升级		实现新型经营主体经营，"三产融合"、线上线下联动经营，村集体经济年收入高于本县域平均水平	有新型经营主体和村集体经济组织，呈现"三产融合"、线上线下联动经营现象	查阅资料、听取汇报

附录六

续表

序号	一级指标	二级指标		打分档级明细			评价方式
		指标类型	指标名称	打分	A	C	
7	P_2 产业美	加强项	B_7 产业设施		严格落实国家耕地保护政策，高标准农田建设成效显著，配备先进、适用的现代化农业生产设施，完全做到依法、规范、有序地建设生产性、经营性用房和必要的配套设施	基本农田得到有效保护与利用，配备适用的现代化农业生产设施，基本做到依法、规范、有序地建设生产性、经营性用房和配套设施	听取汇报、实地调查
8	P_3 环境美	基础项	B_8 路面硬化		通村道路路面硬化率达100%	通村道路路面硬化率80%≤I＜90%	实地调查、查阅资料
9			B_9 路灯安装		通村道路和公共场所路灯安装率达到100%	通村道路和公共场所路灯安装率80%≤I＜90%	实地调查、查阅资料
10			B_{10} 卫生厕所		村域户用卫生厕所普及率达100%，集中居住地常住人口600人以上的建制村及自然村建有公共厕所	村域户用卫生厕所普及率80%≤I＜90%，集中居住地常住人口600人以上的建制村及自然村建有公共厕所	实地调查、查阅资料
11			B_{11} 饮水安全		村域内饮用水达到《农村饮用水安全卫生评价指标体系》基本安全档次的覆盖率达100%	村域内饮用水达到《农村饮用水安全卫生评价指标体系》基本安全档次的覆盖率80%≤I＜90%	听取汇报、实地调查
12			B_{12} 危房违建处置		村域内危房及违规建筑处置率达100%	村域内危房及违规建筑处置率80%≤I＜90%	实地调查、查阅资料
13			B_{13} 生活污染治理		生活垃圾分类收运处置体系全村域覆盖、运行良好，生活污水处理农户覆盖率≥60%，农村黑臭水体治理率达100%	初步建立生活垃圾分类收运处置体系，生活污水处理农户覆盖率40%≤I＜50%。农村黑臭水体治理率70≤I＜80%	听取汇报、查阅资料
14			B_{14} 村容村貌		村容十分整洁，生活区域实现绿化、美化、亮化，村庄标志性建筑和景观得到很好保护、保育和修复	村容整洁，主要生活区域实现绿化、美化、村庄标志性建筑和景观基本得到保护和修复	实地调查、查阅资料
15		加强项	B_{15} 专班管护		公共卫生保洁、园林绿化养护、基础设施维护等管护机制运行良好，配备与村级人口相适应的管护人员，做到每个自然村落有专人管护	建立公共卫生保洁、园林绿化养护、基础设施维护等管护机制，配备与村级人口相适应的管护人员，基本做到每个自然村落有专人管护	听取汇报、实地调查、查阅资料
16			B_{16} 服务场所		建有占地面积适度、环境适宜、户内户外结合的村级综合服务场所，具备村民集会、集市、休闲等功能场所	建有占地面积适中、环境良好的村级综合服务场所，基本具备办公议事、集会集市、便民服务等功能	听取汇报、实地调查

续表

序号	一级指标	二级指标 指标类型	二级指标 指标名称	打分档级明细 打分	打分档级明细 A	打分档级明细 C	评价方式
17	P_4 风尚美	基础项	B_{17} 思想道德		宣传弘扬社会主义核心价值观，开展习近平新时代中国特色社会主义思想学习教育，制定、完善新村规民约，积极倡导勤劳致富、邻里和睦、尊老爱幼等优良传统	宣传弘扬社会主义核心价值观，开展习近平新时代中国特色社会主义思想学习教育，制定新村规民约，倡导勤劳致富、邻里和睦、尊老爱幼等优良传统	听取汇报、查阅资料
18		基础项	B_{18} 移风易俗		践行"婚事新办、丧事简办、厚养薄葬、其他喜庆事宜不办"新风，坚决遏制大操大办、厚葬薄葬、高价彩礼、人情攀比等陈规陋习；有效推进文明安全祭祀和绿色殡葬	倡导"婚事新办、丧事简办、厚养薄葬、其他喜庆事宜不办"新风，遏制大操大办、厚葬薄葬、高价彩礼、人情攀比等陈规陋习；推进文明安全祭祀和绿色殡葬	听取汇报、查阅资料
19			B_{19} 文体活动		设有文体管理员，组建群众性文体协会；适时组织开展民俗文化活动、文艺演出、电影放映、体育比赛等文体活动	组建群众性文体协会；组织开展民俗文化活动、文艺演出、电影放映、体育比赛等文体活动	听取汇报、查阅资料
20		加强项	B_{20} 身心健康		村民养成良好的生活习惯，具有健康的体魄，在实际生活中努力践行和谐相处理念，保持良好的人际关系	引导村民养成良好的生活习惯，具备健康的体魄，在实际生活中崇尚和谐相处理念，保持较好的人际关系	听取汇报、查阅资料
21			B_{21} 志愿服务		党员志愿服务队、巾帼志愿服务队等志愿服务的组织健全、作用彰显，完善志愿者奖励激励计划，形成人人争当志愿者的乡村志愿服务氛围	成立党员志愿服务队、巾帼志愿队等志愿服务组织，制订志愿者奖励激励计划，营建人人争当志愿者的乡村志愿服务氛围	听取汇报、查阅资料
22	P_5 治理美	基础项	B_{22} 村两委		村党组织和村委会组织健全，管理规范，敢担当作为，组织力和协调力强，主动为村民提供精准便利服务，深受村民拥护	村党组织和村委会组织健全，管理规范，担当作为，组织力和协调力强，为村民提供便利服务	听取汇报、查阅资料
23			B_{23} 群众组织		成立爱村卫生协会，有效管理村容村貌；成立红白理事会，除陋习、树新风效果好；成立文化体育协会，提升村民文明素养和推动乡村文明创建效果显著	成立爱村卫生协会，管理村容村貌；成立红白理事会，除陋习、树新风；成立文化体育协会，提升村民文明素养和推动乡村文明创建	听取汇报、查阅资料
24			B_{24} 村民自治		建立健全村级民主选举、民主协商、民主决策、民主管理、民主监督体系，村级小微权力明晰、村级事务运行规范	基本建立村级民主选举、民主协商、民主决策、民主管理、民主监督体系，村级事务运行正常	听取汇报、查阅资料

续表

序号	一级指标	二级指标 指标类型	二级指标 指标名称	打分档级明细 打分	打分档级明细 A	打分档级明细 C	评价方式
25	P_5 治理美	基础项	B_{25} 乡村法治		配备一名及以上法律顾问,省级民主法治示范村创建卓有成效,实现"小事不出村"	民主法治建设见成效,形成村民学习法律、尊崇法律、依法办事、依法监督的氛围	听取汇报、查阅资料
26		基础项	B_{26} 乡村德治		践行社会主义核心价值观,建立新的村规民约,健全村级道德评议体系,按清单彻底消除陋习和禁止非法宗教,打造清廉乡村	倡导社会主义核心价值观,建立新的村规民约,明确消除陋习和禁止非法宗教清单,开展清廉乡村建设活动	听取汇报、查阅资料
27		加强项	B_{27} 公共安全		村庄社会治安管理制度健全,治保会及群防群治组织健全,应急响应迅速有效;村庄有完善的村级自然灾害救助应急预案;消防安全和用电安全有保障	村庄建立社会治安管理制度和治保会及群防群治组织,应急响应迅速;村庄建有村级自然灾害救助应急预案;做到消防和用电安全	听取汇报、实地调查
28	P_6 生活美	基础项	B_{28} 学有所教		学前三年毛入园率达到95%以上,九年义务教育目标人群覆盖率达到100%;没有因家庭经济困难不能接受高中教育和大学教育的现象	学前三年毛入园率和九年义务教育目标人群覆盖率分别达到80%≤I<90%,基本没有因家庭困难不能接受高中教育和大学教育的现象	听取汇报、实地调查
29		基础项	B_{29} 病有所医		建有一所标准化的村卫生室、至少拥有一名合格的乡村医生,城乡居民医疗保险参保率100%,符合规定对象的大病医疗救助率达到100%	建有一所村卫生室、至少拥有一名合格的乡村医生,城乡居民医疗保险参保率和符合规定对象的大病医疗救助率分别达到80%≤I<90%	听取汇报、实地调查
30			B_{30} 老有所养		将养老服务纳入村"两委"议事日程,大力建设农村互助养老服务设施,成立养老服务志愿者队伍,发展农村互助养老服务;城乡居民养老保险参保率达到100%;没有老人无人关爱现象	将养老服务纳入村"两委"议事日程,成立养老服务志愿者队伍,开展农村互助养老服务,城乡居民养老保险参保率达到80%≤I<90%;建立养老互助基金	听取汇报、实地调查
31		加强项	B_{31} 安居乐业		成人劳动力充分就业,家居条件达标准,形成勤劳、进取家风,年人均可支配收入处于当年全县农民人均可支配收入前列	成人劳动力充分就业,形成勤劳、进取家风,年人均可支配收入处于当年全县农民人均可支配收入中等水平	听取汇报、实地调查
32	加分项				美丽乡村建设受到国家级表彰奖励的,在国家各部委以上工作会议上做典型发言的,受到省级表彰奖励的,在省级工作会议上做典型发言的,在市级及以上媒体进行宣传报道的		听取汇报、查阅资料

注:加分项目由评议小组根据整体考核情况确定,并填写打分理由。

附 录 B
（规范性）
定量评价指标计算方法

B.1 通村道路面硬化率

通村道路面中已硬化里程数占通村道路总里程数的百分比。按式（B.1）计算：

$$通村道路面硬化率 = \frac{通村道路面已硬化里程数}{通村道路总里程数} \times 100\% \tag{B.1}$$

注：通村道路指通建制村和 25 户及 100 人以上自然村道路的总称。

B.2 村域内户用卫生厕所普及率

村域内户用卫生厕所符合 GB 19379 要求的农户数占全村常住农户总数的百分比。按式（B.2）计算：

$$村域卫生厕所普及率 = \frac{使用达标卫生厕所的农户数}{全村常住农户总数} \times 100\% \tag{B.2}$$

B.3 村域内危房及违规建筑处置率

村域内已处置危房及违规建筑栋数占全村危房及违规建筑总栋数的百分比。按式（B.3）计算：

$$村域内危房及违规建筑处置率 = \frac{已处置危房及违规建筑栋数}{全村危房及违规建筑总栋数} \times 100\% \tag{B.3}$$

B.4 饮用水安全覆盖率

村域内饮用水达到《农村饮用水安全卫生评价指标体系》基本安全档次的户数占全村总户数的百分比。按式（B.4）计算：

$$饮用水安全覆盖率 = \frac{达标基本安全档次户数}{全村总户数} \times 100\% \tag{B.4}$$

B.5 生活污水处理覆盖率

村域内生活污水经过处理的农户数占全村常住农户总数的百分比。按式（B.5）计算：

$$生活污水处理覆盖率 = \frac{生活污水经过处理的农户数}{全村常住农户总数} \times 100\% \tag{B.5}$$

B.6 农村黑臭水体治理率

村域内黑臭水体达到治理要求的面积占村域范围内黑臭水体总面积的百分比。按式（B.6）计算：

$$黑臭水体治理率 = \frac{村域范围内黑臭水体已治理面积}{村域范围内黑臭水体总面积} \times 100\% \quad (B.6)$$

B.7 学前教育三年毛入园率

村域内在园（班）幼儿数与3~5岁年龄组人口数的百分比。按式（B.7）计算：

$$学前教育三年毛入园率 = \frac{学前教育在园（班）幼儿数}{全村 3~5 岁年龄组人口数} \times 100\% \quad (B.7)$$

B.8 九年义务教育目标人群覆盖率

村域内享受免学费、杂费及农村寄宿费，免费提供教科书；享受中小学年生均公用经费标准的适龄儿童和少年数占全村适龄儿童和少年总数的百分比。按式（B.8）计算：

$$九年义务教育目标人群覆盖率 = \frac{享受九年义务教育的适龄儿童和少年数}{全村适龄儿童和少年总数} \times 100\% \quad (B.8)$$

B.9 城乡居民基本医疗保险参保率

村域内参加城乡居民基本医疗保险人数与符合参加城乡居民基本医疗保险人数的百分比。按式（B.9）计算：

$$城乡居民基本医疗保险参保率 = \frac{参加城乡居民基本医疗保险的人数}{符合参加城乡居民基本医疗保险的人数} \times 100\% \quad (B.9)$$

B.10 符合规定对象的大病医疗救助率

村域内符合规定对象得到大病医疗救助的人数占全村符合规定对象总人数的百分比。按式（B.10）计算：

$$符合规定对象的大病医疗救助率 = \frac{符合规定对象得到大病医疗救助的人数}{全村符合规定对象总人数} \times 100\% \quad (B.10)$$

B.11 城乡居民养老保险参保率

按照国家有关法律和社会保险政策规定，村域内实际参加城乡居民养老保险人数与法定应参加城乡居民养老保险人数的百分比。按式（B.11）计算：

$$城乡居民养老保险参保率 = \frac{全村参加城乡居民养老保险人数}{全村法定应参加城乡居民养老保险人数} \times 100\% \quad (B.11)$$

附 录 C
（资料性）
湖南省美丽乡村建设村民满意度调查评价表

湖南省美丽乡村建设村民满意度调查评价表见表 C.1。

表 C.1 村民满意度调查评价表

一、调查对象基本信息							
村庄名称：							
1.您的性别：□男 □女 2.您的年龄：□25岁以下 □26~45岁 □46~64岁 □65岁以上							
二、分项评价（请在符合您情况的选项下方空格内打√：非常满意10分，满意8分，基本满意6分，不满意4分，很不满意2分。满分80分。）							

评分因子	调查与评价内容	评分				
		非常满意	满意	基本满意	不满意	很不满意
村庄规划	您对村庄规划整体的满意程度？（村庄规划整体效果是否符合您的期望、村庄规划是否经过村民代表会议讨论、村庄规划制定过程中是否征求您的意见、村庄规划图是否在村里公示过、村庄规划意图和内容是否向您深入浅出地宣讲过）					
村庄建设	您对住宅建筑整体的满意程度？（住宅建筑施工是否有序、危房是否全部拆除或改造、住房是否存在安全问题、村庄住宅布局是否合理）					
	您对生活设施整体的满意程度？（路、桥、用水、用电、用网络是否方便、是否有人维护管理、是否存在不安全因素、村级综合服务场所是否满足大家的需要）					
	您对生产设施整体的满意程度？（农业生产设施是否满足农业生产所需、工业"三废"处理设施是否齐备和正常运行、生产用房和配套设施布局是否有序）					
产业发展	您对产业发展整体的满意程度？（本村生产的产品是否好销、生产效益好不好、村里找没找到新的生财路、到村里来消费的城里人是否比以前增加、在村里做事挣钱的人是否更多、新的经营主体经营状态做得好不好、集体经济发展得好不好）					
环境生态	您对村庄环境生态整体的满意程度？（空气、土壤、水体质量好不好、村容是否整洁、绿化美化做得好不好、家庭和共同区域卫生是否经常打扫、畜禽是否圈养、生产废弃物和生活垃圾是否得到及时清理）					
配套服务	您对村庄配套服务整体的满意程度？（学前教育和义务教育是否达标、文化学习与文体活动设施设备是否齐全和方便、是否做到病有所医和老有所养）					

续表

评分因子	调查与评价内容	评分				
		非常满意	满意	基本满意	不满意	很不满意
长效治理	您对村庄长效治理整体的满意程度？（村党支部和村委会是否成为村民的主心骨、干部和模范带头作用做得好不好、邻里间是否和睦相处、社会治安好不好、群众组织在村庄治理中作用是否得到很好发挥）					

三、总体评价（请在符合您情况的选项下方空格内打√：非常满意 20 分，满意 16 分，基本满意 12 分，不满意 8 分，很不满意 4 分。满分 20 分。）

非常满意	满意	基本满意	不满意	很不满意

四、其他建议和意见：

您对本村美丽乡村建设工作还有其他建议和意见吗？

参考文献

(一) 国外文献

[1] CLOKE P J. An Index of Rurality for England and Wales [J] .Regional Studies, 1977 (01): 31-46.

[2] CLOKE P J. EDWARDS G.Rurality in England and Wales 1981: A Replication of the 1971 Index [J] .Regional Studies, 1986 (04): 289-306.

[3] D E CHAUDHRI. Rural China: Imperial Control in the Nineteenth Century [M]. Seattle: University of Washington Press, 1962: 198-201.

[4] DAVID A M LEE. Chinese Village: Taitou, Shandong Province [M] .New York: Columbia University Press, 1955: 246.

[5] DERNOI L. Prospects of rural tourism: needs and opportunities [J] . Tourism Recreation Research, 1991, 16.

[6] DUENCKMANN F. The Village in the Mind: Applying QMethodology to Reconstructing Constructions of Rurality [J]. Journal of Rural Studies, 2010 (16): 284-295.

[7] E MYLOTT. Rural-Urban Connections: A Review of the Literature [J]. Laryngoscope, 2009, 52 (10).

[8] HANNIGAN J. A regional analysis of tourism growth in Ireland [J]. Regional Studies, 1994, 28.

[9] INAYATULLAHAL. Approaches to rural development: some Asian experiences [M]. Kuala Lumpur: Asian and Pacific Development Administration Center, 1979.

[10] LEA D A, CHAUDHRI D P. Rural Development and the State: Contradictions and Dilemmas in Developing Countries [G] .London and New York: Methuen Publishing, 1983.

[11] MARSDEN T, Sonnino R. Rural Development and the Regional State: Denying

Multifunctional Agriculture in the UK［J］. Journal of Rural Studies，2008（04）：422-431.

［12］MCGEE T G. New Regions of Emerging Rural-Urban Mix in Asia：Implications for National and Regional Policy［R］. Paper Presented at the Seminar on "Emerging Urban-Regional Linkages：Challenge for Industrialization，Employment and Regional Development"，Bangkok：August，p16-p19.

［13］MCGEE T G. New Regions of Emerging Rural-Urban Mix in Asia：Implications for National and Regional Policy［R］. Paper Presented at the Seminar on "Emerging Urban-Regional Linkages：Challenge for Industrialization，Employment and Regional Development"，Bangkok：August，16-19.

［14］PINI B. Focus Groups，Feminist Research and Farm Women：Opportunities for Empowerment in Rural Social Research［J］. Journal of Rural Studies，2002（18）：339-351.

［15］PUGA，DIEGO. Urbanization Patterns：European versus Developing Countries［J］. Journal of Regional Science，1998（02）：231-52.

［16］ROBERTA MACDONALD，LEE JOLLIFFE. Culture rural tourism：evidence from Canada［J］. Annals of Tourism Research，2003，30.

［17］SHUBIN S. The Changing Nature of Rurality and Rural Studies in Russia［J］. Journal of Rural Studies，2006（04）：422-440.

［18］STEVENHAK，CORNELISJVL. Assessment of the Sustainabilityof Water Resources Management：A Critical Review of the City Blueprint Approach［J］. Water Resources Management，2015（15）：5649-5670.

［19］TEMPLE，JONATHAN. Growth and Wage Inequality in a Dual Economy［J］. Bulletin of Economic Research，2005（02）：145-169.

（二）国内文献

［1］白雪秋.党的三代领导核心统筹城乡发展思想之演进［J］.毛泽东思想研究，2004（02）：111-114.

［2］蔡禾.中国劳动力动态调查：2015年报告［M］.北京：社会科学文献出版社，2015.

［3］蔡克信，杨红，马作珍莫.乡村旅游：实现乡村振兴战略的一种路径选择［J］.农

村经济，2018（09）：22-27.

[4] 曾夕真.基于实证经验的美丽乡村发展建设研究：以湖南省湘江新区"一带一中心"美丽乡村发展建设为例［J］.国土与自然资源研究，2019（01）：69-71.

[5] 曾祥麟，李盼.我国农村发展模式的比较分析［J］.中国商界（下半月），2010（05）：166-167.

[6] 常江，朱冬冬，冯姗姗.德国村庄更新及其对我国新农村建设的借鉴意义［J］.建筑学报，2006（11）：71-73.

[7] 常征征.成都周边农事生态乡村旅游农居衍生空间研究［D］.成都：西南交通大学，2008.

[8] 陈虹.人对自然的支配源于人对人的支配：布克金对生态危机根源的探究［J］.牡丹江大学学报，2013（12）：12-14.

[9] 陈静伟.美丽乡村建设评价研究：以保定市司徒村为例［D］.石家庄：河北师范大学，2016.

[10] 陈秋红，于法稳.美丽乡村建设研究实践进展综述［J］.学习与实践，2014（06）：107-116.

[11] 陈秋红.农民对美丽乡村建设主要责任主体的认知及其影响因素分析：基于马克思主义主体论的分析［J］.经济学家，2018（06）：88-95.

[12] 陈文胜.乡村振兴蓝皮书：湖南乡村振兴报告（2022）［M］.北京：社会科学文献出版社，2022.

[13] 陈业宏，朱培源.从韩国"新村运动"解锁乡村振兴新思路［J］.人民论坛，2020（02）：72-73.

[14] 池泽新，黄敏，赵海婷.美丽乡村建设：理论依据和现实条件：以江西省为例［J］.农林经济管理学报，2015（01）：84-90.

[15] 崔腾飞.美丽乡村建设同质化：现象分析、驱动机制与转向策略［J］.贵州社会科学，2022（12）：145-152.

[16] 邓楚雄，刘唱唱.乡村旅游发展背景下农户生态适应性研究：以长沙市光明村为例［J］.湖南师范大学自然科学学报，2019，42（01）：18-26.

[17] 杜辉.资源型城市可持续发展保障的策略转换与制度构造［J］.中国人口·资源与环境，2013（02）：88-93.

[18] 范利利.乡村振兴视域下实施乡村建设行动的研究［J］.上海农村经济，2022（06）：45-48.

［19］房旭平，郑浩，白雪冰，等.民族地区"美丽乡村"建设：内涵提出、指标构建和对策分析［J］.中国商论，2018（03）：50-52.

［20］费切尔，孟庆时.论人类生存的环境：兼论进步的辩证法［J］.哲学译丛，1982（05）：54-57.

［21］费孝通.乡土中国［M］.北京：北京大学出版社，2012：7-8.

［22］冯欣，师晓春.农村水环境污染现状及治理对策［J］.环境保护与循环经济，2011，31（05）：40-42.

［23］弗里德曼.区域发展政策：委内瑞拉案例研究［M］.北京：商务印书馆，1991：54-59.

［24］付洪良.美丽乡村建设与农村产业融合发展的协同关系：乡村振兴视角下浙江湖州的实证研究［J］.湖州师范学院学报，2019，41（01）：8-12+18.

［25］甘有军，吴丹.基于新型城镇化的广州村庄规划编制新思路［C］//中国城市规划学会.新常态：传承与变革——2015中国城市规划年会论文集（14乡村规划），2015：1417-1425.

［26］高秉雄，陈国申.韩国新村运动与农民权利［J］.江汉论坛，2007（05）：57-60.

［27］郭海霞，王景新.中国乡村建设的百年历程及其历史逻辑：基于国家和社会的关系视角［J］.湖南农业大学学报（社会科学版），2014（02）：74-80.

［28］郭伟.社会主义新农村建设的历史脉络［J］.广东省社会主义学院学报，2007（03）：41-44.

［29］郭蔚霞.建设美丽乡村背景中村民自治的障碍及其消解：以龙岩市上杭县为例［J］.农村经济与科技，2014，25（06）：133-134.

［30］郭占锋，田晨曦.从"村落终结"到"社区再造"：乡村空间转型的实践表达：对陕西省袁家村的个案分析［J］.中国农村观察，2023（05）：44-65.

［31］国家市场监管总局.《美丽乡村建设评价》国家标准发布［J］.大众标准化，2019（01）：1.

［32］韩道铉，田杨.韩国新村运动带动乡村振兴及经验启示［J］.南京农业大学学报（社会科学版），2019，19（04）：20-27+156.

［33］韩喜平，孙贺.美丽乡村建设的定位、误区及推进思路［J］.经济纵横，2016（01）：87-90.

［34］韩旭东，李德阳，郑风田.政府、市场、农民"三位一体"乡村振兴机制探究：基于浙江省安吉县鲁家村的案例剖析［J］.西北农林科技大学学报（社会科学版），

2023，23（03）：52-61.

[35] 汉克尔，马媛.德国村庄的历史与现状[J].国际城市规划，2020，35（05）：1-5. DOI：10.19830/j.upi.2020.320.

[36] 和沁.西部地区美丽乡村建设的实践模式与创新研究[J].经济问题探索，2013（09）：187-190.

[37] 贺丽君.扎实推进乡村建设行动 打造宜居宜业美丽乡村[J].农村工作通讯，2022（01）：16.

[38] 贺丽君.战贫传捷报 振兴再出发[J].新湘评论，2022（20）：18-19.

[39] 贺雪峰.中国村治模式实证研究丛书总序[M].济南：山东人民出版社，2009.

[40] 贺勇，孙佩文，柴舟跃.基于"产、村、景"一体化的乡村规划实践[J].城市规划，2012，36（10）：58-62+92.

[41] 胡晓红.基于生态文明建设的城乡一体化的路径选择：以苏州为例[J].开发研究，2012（03）：155-157.

[42] 胡雪蕾.城乡一体化背景下弱势群体的养老保险法律制度研究[D].南昌：华东交通大学，2016.

[43] 湖南省统计局.湖南农村统计年鉴2019[M].北京：中国统计出版社，2019.

[44] 淮建峰.国外城乡统筹发展理论研究综述[J].科技咨询导报，2007（14）：205.

[45] 黄磊，邵超峰，孙宗晟，等."美丽乡村"评价指标体系研究[J].生态经济（学术版），2014（01）：392-394+398.

[46] 黄森.美丽乡村可持续发展研究：以湖南省望城光明村"两型"农村建设为例[J].清远职业技术学院学报，2017，10（04）：6-10.

[47] 黄渊基，蔡保忠，郑毅.新时代城乡融合发展：现状、问题与对策[J].城市发展研究，2019（06）：22-27.

[48] 黄渊基，匡立波.城市化进程中的"美丽乡村"建设研究：基于城乡一体化视角的分析[J].湖南社会科学，2017（06）：141-146.

[49] 黄渊基，匡立波.城乡一体化与生态文明建设的若干思考[J].湖南科技大学学报（社会科学版），2017，20（05）：112-117.

[50] 黄渊基，熊曦，郑毅.生态文明建设背景下的湖南省绿色经济发展战略[J].湖南大学学报（社会科学版），2020，34（01）：75-82.

[51] 黄渊基，徐美，郑毅.基于层次分析法的集中连片特困地区旅游扶贫效果评估与分析：以湖南省武陵山片区为例[J].邵阳学院学报（社会科学版），2019（01）：

52-60.

[52] 霍华德. 明日的田园城市［M］. 金经元, 译. 北京：商务印书馆, 2000：9.

[53] 蒋伟. 生态文明时代的乡土家园治理：成都战旗经验［C］//中国城市规划学会. 人民城市, 规划赋能：2022中国城市规划年会论文集（11城乡治理与政策研究）.［出版者不详］, 2023：10.

[54] 蒋志勇. 城市化、城镇化和城乡一体化的演进与发展关系研究：基于新兴古典经济学分工和城市化理论的分析［J］. 城市发展研究, 2015, 22（01）：1-3+8.

[55] 金丽华, 郑学荣. 乡村吸引力的影响因素及测度分析：以湖南省望城区白箬铺镇光明村为例［J］. 农村经济与科技, 2019, 30（17）：268-270.

[56] 金鑫. 美丽乡村建设背景下的传统文化保护［J］. 重庆社会科学, 2018（06）：68-75.

[57] 景庆虹, 孙燕丽, 刘静. 美丽乡村建设科学内涵与实现路径［J］. 山东农业工程学院学报, 2020（01）：5-9.

[58] 李东成. 建设生态宜居的美丽乡村［N］. 六盘水日报, 2019-07-27（003）.

[59] 李红波, 张小林. 乡村性研究综述与展望［J］. 人文地理, 2015（01）：16-20+142.

[60] 李郇, 黄耀福, 陈伟, 等. 乡村建设评价体系的探讨与实证：基于4省12县的调研分析［J］. 城市规划, 2021, 45（10）：9-18.

[61] 李技文. 民族地区美丽乡村建设的问题及对策［J］. 学习月刊, 2014（04）：27-28.

[62] 李佳. 乡土社会变局与乡村文化再生产［J］. 中国农村观察, 2012（04）：70-75+91+95.

[63] 李平衡, 严立冬, 邓远建, 等. 全域美丽乡村建设：来自湖南浏阳的经验与启示［J］. 生态经济, 2018（01）：220-224.

[64] 李威阳, 杨毅. 美丽乡村建设下乡村聚落的保护与发展策略研究：以腾冲市桥街村美丽乡村规划为例［J］. 建筑与文化, 2019（11）：83-84.

[65] 李伟, 王永香, 任思琪. 旅游型村庄的制度赋能、社会资本和自治有效：以陕西省袁家村为例［J］. 西北农林科技大学学报（社会科学版）, 2023, 23（06）：104-114.

[66] 李文蕊.《2013中国人类发展报告》在京发布中国将新增3.1亿城市居民［N/OL］. 中国广播网, 2013-08-27［2024-09-19］. http://native.cnr.cn/city/201308/

t20130827_513431697.shtml.

[67] 李增元,李圆圆.制度整合与农民"自由":基于新中国成立初期的分析[J].社会学评论,2014(01):48-56.

[68] 李智,张小林,陈媛,等.基于城乡相互作用的中国乡村复兴研究[J].经济地理,2017(06):144-150.

[69] 梁林,柳世煜,柳辉林.以浏阳市10个乡村为样本探索乡村振兴实践途径[J].价值工程,2020(05):71-73.

[70] 刘德林,周倩.我国美丽乡村建设水平的时空演变及影响因素研究[J].华东经济管理,2020(01):1-8.

[71] 刘芳清,陈俊宇,刘贝,等.2019湖南现代农业产业发展报告[M].长沙:湖南科学技术出版社,2020.

[72] 刘刚.南京永宁街道美丽乡村建设发展研究[D].南京:东南大学,2019.

[73] 刘利利,杨英姿.美丽乡村建设中的主体角色定位探究[J].福建师范大学学报(哲学社会科学版),2019(06):29-37+168.

[74] 刘同山,钱龙.发达国家农地细碎化治理的经验与启示:以德国、法国、荷兰和日本为例[J].中州学刊,2023(07):58-66.

[75] 刘武.新型城乡关系视阈下城乡融合发展路径探究[J].理论建设,2018(06):70-75.

[76] 刘翔.河南省新型城镇化与美丽乡村建设耦合研究[J].中国农业资源与区划,2019(01):74-78.

[77] 刘晓光,侯晓菁.中国农村生态文明建设政策的制度分析[J].中国人口·资源与环境,2015,25(11):105-112.

[78] 刘心译,冯可言,朱云楷,等.乡村振兴背景下农村三产融合路径及驱动因素研究:以关中袁家村为例[J].山西农经,2023(16):1-4+12.

[79] 刘彦随,陆大道.中国农业结构调整基本态势与区域效应[J].地理学报,2003(03):381-389.

[80] 刘跃洲,石谷龙,蒋阳洋.农村人居环境发展模式总结:以长沙市光明村为例[J].经济研究导刊,2020(20):47-49.

[81] 浏阳市人民政府.2021年浏阳市政府工作报告[R].浏阳:浏阳市第十七届人民代表大会第七次会议,2021.

[82] 龙花楼,刘彦随,张小林,等.农业地理与乡村发展研究新近进展[J].地理学报,

2014（69）：1145-1158.

[83] 卢渊，李颖，宋攀.乡土文化在"美丽乡村"建设中的保护与传承［J］.西北农林科技大学学报（社会科学版），2016，16（03）：69-74.

[84] 罗荩，高美祥，杨瑛，等.文化资本导向下的乡村公共文化空间更新研究：以浏阳市竹联村美丽屋场营建为例［J］.西部人居环境学刊，2022，37（02）：127-133.

[85] 罗士泂.基础设施、国家工程与乡村振兴：基于美丽乡村建设项目的田野调查［J］.贵州大学学报（社会科学版），2020，38（04）：54-64.

[86] 罗馨茹.韩国新村运动对我国乡村振兴战略的借鉴［J］.南方农机，2022，53（02）：111-113.

[87] 毛凤仪.乡村振兴背景下湖南省乡村农业产业空间格局与优化策略研究［D］.株洲：湖南工业大学，2022.

[88] 毛锦凰.乡村振兴评价指标体系构建方法的改进及其实证研究［J］.兰州大学学报（社会科学版），2021，49（03）：47-58.

[89] 农业部"美丽乡村"创建目标体系［N］.农民日报，2013-05-15（005）.

[90] 农业部发布中国"美丽乡村"十大创建模式［J］.中国乡镇企业，2014（03）：45-46.

[91] 农业部科技教育司美丽乡村创建工作办公室.全国美丽乡村创建主要模式［N］.农民日报，2013-12-11（008）.

[92] 欧林之，欧志文.生态视角下美丽乡村规划探究［J］.邵阳学院学报（自然科学版），2020，17（06）：92-96.

[93] 彭忠益，柯雪涛.中国地方政府间竞争与合作关系演进及其影响机制［J］.行政论坛，2018，25（05）：92-98.

[94] 乔庆伟，许庆福，王增如.国外土地整治管理的经验与借鉴［J］.山东国土资源，2012，28（10）：68-72.

[95] 曲文俏，陈磊.日本的造村运动及其对中国新农村建设的启示［J］.世界农业，2006（07）：8-11.

[96] 唐任伍，唐堂，李楚翘.中国共产党成立100年来乡村发展的演进进程、理论逻辑与实践价值［J］.改革，2021（06）：10-21.

[97] 任艳蕾，朱深海，张弼东.美丽乡村背景下农村基础设施建设水平分析：以贵州省印江县为例［J］.中外建筑，2017（04）：102-105.

［98］萨义德.东方学［M］.王宇根，译.北京：生活·读书·新知三联书店，2000：123.

［99］邵子南，陈江龙，苏勤，等.江苏省乡村性空间格局影响因素研究［J］.长江流域资源与环境，2015（02）：185-193.

［100］世界环境与发展委员会.我们共同的未来［R］.王之佳，柯金良，译.吉林：吉林人民出版社，1987.

［101］舒尔茨.经济增长与农业［M］.郭熙保，周开年，译.北京：北京经济学院出版社，1991：24-30.

［102］宋安平.湖南美丽乡村建设的经验、问题与对策［J］.湖南人文科技学院学报，2020，37（04）：66-72.

［103］宋彦峰.美丽乡村建设的农户行为响应、影响因素及政策启示［J］.当代经济，2023，40（12）：33-40.

［104］谭荣.荷兰农地非农化中政府的强势角色及启示［J］.中国土地科学，2009，23（12）：69-74.

［105］汤正刚.城乡一体化：中心城市市域城镇规划的总方针［J］.经济体制改革，1995（04）：17-22.

［106］唐良虎，廖成中，李彦晶.论统筹城乡经济社会发展与生态文明建设的关系［J］.知识经济，2016（17）：20-21.

［107］唐良虎，廖成中.新时代城乡融合发展的绿色框架、蕴涵及进路［J］.西南科技大学学报（哲学社会科学版），2020，37（04）：75-81.

［108］田毅鹏，张红阳.村落转型再生进程中"乡村性"的发现与重写：以浙西M村为中心［J］.学术界，2020（07）：61-72.

［109］汪金英.关于社会主义新农村建设的几点思考［J］.黑龙江科技信息，2007（13）：82.

［110］汪菁.乡村生态产品价值实现的市场化路径研究：以安吉县鲁家村"三级市场"改革为例［J］.理论观察，2023（08）：79-83.

［111］王惠林，洪明.政府治理与村民自治的互动机制、理论解释及政策启示：基于"美丽乡村建设"的案例分析［J］.学习与实践，2018（03）：105-112.

［112］王洁.从日本造村运动解锁乡村振兴新思路［J］.湖南省社会主义学院学报，2022，23（01）：83-85.

［113］王曼，唐浩.城郊型村庄集体经济发展现状、问题及对策研究：基于长沙市光明

村的案例分析［J］.农村经济与科技，2021，32（23）：46-50.

［114］王秋鸟，邓华峰.基于AVC的乡村景观综合评价研究：以三岔村为例［J］.西北林学院学报，2016（03）：298-303.

［115］王一，洪晓楠.美丽乡村建设视域下基层社会治理探究［J］.人民论坛，2019（30）：84-85.

［116］王羽强.国外"城乡统筹"研究现状及经典理论述评：基于EBSCO及牛津期刊数据库的文献检索［J］.前沿，2012（07）：11-13.

［117］王雨辰，李芸.我国学术界对生态文明理论研究的回顾与反思［J］.马克思主义与现实，2020（03）：76-82.

［118］韦家华，连漪.乡村振兴评价指标体系研究［J］.价格理论与实践，2018（09）：8-17.

［119］魏宝丽.美丽乡村建设的主体与重点［J］.中国农业资源与区划，2022，43（08）：30+82.

［120］文军，刘雨航.迈向新内生时代：乡村振兴的内生发展困境及其应对［J］.贵州社会科学，2022（05）：142-149.

［121］翁鸣.社会主义新农村建设实践和创新的典范："湖州·中国美丽乡村建设（湖州模式）研讨会"综述［J］.中国农村经济，2011（02）：93-96.

［122］乌兰.探索乡村振兴湖南路径 建设湖湘特色美丽乡村［J］.新湘评论，2019（03）：4-5.

［123］吴理财，吴孔凡."美丽乡村"建设四种模式及比较：基于安吉、永嘉、高浮、江亭四地的调查［J］.华中农业大学报，2014（01）：15-22.

［124］吴平.贵州黔东南传统村落原真性保护与营造：基于美丽乡村建设目标的思考［J］.贵州社会科学，2018（11）：92-97.

［125］吴秋凤，程天然.美丽乡村建设中农村生活垃圾治理的实践困境及破除：基于鄂州市X区五个社区（村）的调查［J］.湖北经济学院学报（人文社会科学版），2018（11）：14-16.

［126］西村幸夫.再造魅力故乡：日本传统街重生故事［M］.王惠君，译.北京：清华大学出版社，2007：17.

［127］习近平.农村绝不能成为荒芜的农村［EB/OL］.（2013-07-22）［2019-02-01］.http://news.xinhuanet.com/politics/2013-07/22/c-116642856.htm.

［128］习近平.习近平谈治国理政：第二卷［M］.北京：外文出版社，2017.

［129］习近平.在全国脱贫攻坚总结表彰大会上的讲话［N］.人民日报，2021-02-26（003）.

［130］习近平.之江新语［M］.杭州：浙江人民出版社，2007：223.

［131］向富华.基于内容分析法的美丽乡村概念研究［J］.中国农业资源与区划，2017（10）：25-30.

［132］肖方仁."美丽乡村建设"政策效应的权利分析视角［J］.湖州师范学院学报，2017（01）：30-37.

［133］谢小芹."多功能"的村民小组：来自中部农村的经验调查［J］.中国乡村发现，2013（04）：152-157.

［134］新华社.中共中央、国务院关于实施乡村振兴战略的意见［EB/OL］.2018-02-04［2024-09-19］.https://www.gov.cn/zhengce/2018-02/04/content_5263807.htm.

［135］徐良根.更好更快推进湖南美丽乡村建设面临的制约因素及其解决对策探析：基于长沙美丽乡村建设的调查研究［J］.邵阳学院学报（社会科学版），2016，15（06）：47-52.

［136］徐敏，王成晖.基于多源数据的历史文化街区更新评估体系研究：以广东省历史文化街区为例［J］.城市发展研究，2019（02）：74-83.

［137］许征帆.马克思主义辞典［M］.长春：吉林大学出版社，1987.

［138］薛忠跃.中国大陆31个省区可持续发展因子分析［J］.经济研究导刊，2013（04）：148-151.

［139］颜毓洁，任学文.日本造村运动对我国新农村建设的启示［J］.现代农业，2013（06）：68-69.

［140］杨晓航.城乡等值化发展与公平发展研究：以贵州贵安新区为例［J］.青岛科技大学学报（社会科学版），2014，30（01）：13-17.

［141］姚龙，刘玉亭.乡村发展类型与模式研究评述［J］.南方建筑，2014（02）：44-50.

［142］姚树荣，龙婷玉.农户福利视角下的美丽乡村建设模式比较研究［J］.四川大学学报（哲学社会科学版），2019（01）：170-180.

［143］叶兴庆，程郁，于晓华.产业融合发展 推动村庄更新：德国乡村振兴经验启示［J］.资源导刊，2018（12）：50-51.

［144］叶云，李斌琪.试析社会网络视角下多元主体参与美丽乡村建设的结构平衡：基于湖北X村的实践［J］.中南民族大学学报（人文社会科学版），2017（03）：

141-146.

[145] 叶云, 王芊."美丽乡村建设"项目"异化"的表现、缘由与修正路径：以湖北M村为例[J].湖北社会科学, 2016（09）：72-78+87.DOI：10.13660/j.cnki.42-1112/c.013753.

[146] 于法稳, 李萍.美丽乡村建设中存在的问题及建议[J].江西社会科学, 2014, 34（09）：222-227.

[147] 于炜, 艾慧.破局：从"城乡一体化"到"城乡一元生命体"[J].中国名城, 2016（12）：30-36.

[148] 余丽平.江西婺源乡村民宿产业发展研究[J].延边党校学报, 2017（03）：76-78.

[149] 喻杨杨.城乡融合背景下乡村协同治理的路径研究[D].成都：四川省社会科学院, 2023.

[150] 张超.浏阳市旅游业的发展现状与对策研究[J].旅游纵览（下半月）, 2015（20）：178-179+181.

[151] 张驰, 张京祥, 陈眉舞.荷兰乡村地区规划演变历程与启示[J].国际城市规划, 2016, 31（01）：81-86.

[152] 张国磊, 张新文."美丽乡村"建设中的政府动员与基层互动：基于广西钦州的个案调研分析[J].北京社会科学, 2015（07）：32-39.DOI：10.13262/j.bjsshkxy.bjshkx.150704.

[153] 张卉, 张捷.基于环境保护视角的村镇建设政策内容变迁研究[J].环境科学与管理, 2018, 43（07）：1-4.

[154] 张晶.美丽乡村建设背景下传统村落保护与发展策略探析[J].城市发展研究, 2020, 27（08）：37-43.

[155] 张凯洁.新时期乡村产业振兴的优化路径[J].山西农经, 2023（04）：40-42.

[156] 张龙, 张新文.新型农村集体经济与乡村共同富裕：逻辑关联、实践过程与路径选择：基于"战旗道路"的经验观察[J].西北农林科技大学学报（社会科学版）, 2023, 23（04）：27-35.

[157] 张孝德, 杜鹏程.乡村生态文明建设的使命、道路与前景：基于文明形态与"现代化悖论"理论的分析[J].中国农业大学学报（社会科学版）, 2022, 39（06）：5-19.

[158] 张艳萍.乡村振兴战略下中国城乡关系的重构[J].农业经济, 2018（12）：

68-70.

[159] 张颖，马金龙．乡村振兴视域下生态文化的生成、价值与实现［J］．山西高等学校社会科学学报，2020，32（06）：47-51.

[160] 张云，李自林，薛炳勇．浅析多元资本主体参与下美丽乡村的建设模式［J］．科技风，2018（36）：56.

[161] 赵华勤，江勇．乡村振兴背景下乡村人居环境改善策略研究：以浙江省为例［J］．小城镇建设，2019，37（02）：9-14+93.

[162] 赵孟秋．成都市战旗村幸福美丽新村"共建共治共享"的案例研究［D］．成都：电子科技大学，2022.

[163] 甄峰．城乡一体化理论及其规划探讨［J］．城市规划会刊，1998（06）：28-31.

[164] 郑向群，陈明．我国美丽乡村建设的理论框架与模式设计［J］．农业资源与环境学报，2015（02）：106-115.

[165] 中共中央 国务院关于加快发展现代农业进一步增强农村发展活力的若干意见［J］．中国合作经济，2013（02）：4-9.

[166] 中共中央马克思恩格斯列宁斯大林著作编译局．马克思恩格斯全集［C］．北京：人民出版社，2008：224.

[167] 中共中央文献研究室．毛泽东文集：第六卷［M］．北京：人民出版社，1999：21-24.

[168] 中国标准化委员会．美丽乡村建设指南：GB/T32000-2075［S］．北京：中国标准出版社，2015.

[169] 中国要强 农业必须强：中央农村工作会议专题报道［J］．中国合作经济，2013（12）：29-35.

[170] 周佳欣，曹冰玉．"后疫情时代"湖南乡村旅游发展创新及金融支持［J］．湖南行政学院学报，2020（03）：122-129.

[171] 周志强．浏阳市生态农业科技支撑研究［J］．江西农业，2018（14）：74.

[172] 卓美行．基于城乡一体化的乡村景观规划设计研究［D］．哈尔滨：东北农业大学，2012.

[173] 左科举．农业农村现代化背景下建设和美乡村路径研究：来自钦州市的实践与思考［J］．内蒙古科技与经济，2023（16）：3-6+86.

后 记

本书是"新时代文化和旅游融合发展研究丛书·应用型本科院校文化旅游专业丛书"中的一本，得到国家社科基金一般项目"民族地区文旅融合发展促进脱贫巩固和乡村振兴研究"（21BKS026）、湖南省社科基金重大项目（"学术湖南"精品培育项目）"湖南民族地区文旅产业促进乡村振兴和共同富裕研究"（23ZDAJ019）、湖南省教育厅科学研究重点项目"可持续生计框架下南岭走廊文旅产业与乡村振兴耦合发展机制和路径研究"（22A0578）、湖南省哲学社会科学重点项目"湖湘文化走出去与传统文化对外传播研究"（20ZDB013）、湖南省社会科学成果评审委员会重大项目"湖湘文化走出去与中国特色哲学社会科学对外话语体系建构研究"（XSP2023ZDA006）、湖南省社会科学成果评审委员会重点项目"构建以对接'一带一路'和粤港澳大湾区为重点的湘南内陆开放合作示范区对策研究"（XSP2023ZDI020）、湖南省社科基金重大委托项目"发挥结合部优势打造大湾区后花园"、湖南省文化领军人才资助项目"湖南文化科技旅游融合发展研究"、湖南省自然科学基金项目"永州文化科技融合发展战略研究"等项目资助。

党的二十大报告提出：统筹乡村基础设施和公共服务布局，建设宜居宜业和美乡村。近些年来，我国新农村和美丽乡村建设取得了显著成效，美丽乡村建设框架基本成型、农业产业逐步转型壮大、基层活力不断彰显、农村基础设施不断完善、城乡差距不断缩小、机构和制度建设不断优化。本书在梳理现有文献研究动态和理论成果的基础上，科学界定了美丽乡村、美丽乡村建设、美丽乡村建设评价的概念内涵，归纳总结了美丽乡村建设的实践和成绩，分析了存在的问题，总结了国内外先进经验，构建了五大类指标共 27 个具体指标的美丽乡村评价指标体系并选取案例地进行了综合实证评价，最后提出了相关对策建议。可供农林经济管理、农村发展专业及其他相关学科专业的本科生、研究生、教师、科研人员及政府和企事业单位、行业人员使用参考。

本书撰写过程中，参考了很多学界同仁和产业同行的资料、数据和观点，有些未一一注明出处，在此一并致谢并致歉。

由于水平有限和编校时间较仓促，不当和疏误之处在所难免，敬请朋友们和读者们谅解和批评指正。

作者

2023 年 12 月

图书在版编目（CIP）数据

乡村振兴背景下美丽乡村建设研究 / 黄渊基，郑毅著. -- 北京：旅游教育出版社，2023.12
（新时代文化和旅游融合发展研究丛书. 应用型本科院校文化旅游专业丛书）
ISBN 978-7-5637-4625-5

Ⅰ. ①乡… Ⅱ. ①黄… ②郑… Ⅲ. ①农村－社会主义建设－中国－高等学校－教材 Ⅳ. ①F320.3

中国国家版本馆CIP数据核字(2023)第235267号

新时代文化和旅游融合发展研究丛书
应用型本科院校文化旅游专业丛书
乡村振兴背景下美丽乡村建设研究
XIANGCUN ZHENXING BEIJING XIA MEILI XIANGCUN JIANSHE YANJIU

黄渊基　郑　毅　著

责任编辑	何　玲
出版单位	旅游教育出版社
地　　址	北京市朝阳区定福庄南里1号
邮　　编	100024
发行电话	（010）65778403　65728372　65767462（传真）
本社网址	www.tepcb.com
E-mail	tepfx@163.com
排版单位	北京旅教文化传播有限公司
印刷单位	唐山玺诚印务有限公司
经销单位	新华书店
开　　本	787毫米 × 1092毫米　1/16
印　　张	14.25
字　　数	218千字
版　　次	2023年12月第1版
印　　次	2023年12月第1次印刷
定　　价	68.00元

（图书如有装订差错请与发行部联系）